Grenzverletzungen

Für Evelyn.
Lass es nicht ins Wasser fallen.

T. A. Wegberg

Grenzverletzungen

Eine Geschichte über Borderline,
Freundschaft und Abhängigkeit

SCHWARZKOPF & SCHWARZKOPF

di, 13.01.

Cosmo kennt alle meine Vorlieben

An manchen Tagen spiele ich mit dem Gedanken, Cosmo aus dem Fenster zu schubsen. Wir wohnen im vierten Stock, es wäre also eine ziemlich endgültige Sache. Ich will ja nicht, dass er den Sturz mit grauenvollen Beckenfrakturen überlebt und anschließend im Rollstuhl sitzen muss. Oder dass er auf den Kopf fällt und nur noch mit den Augen rollen und lallen kann. Ich will ihm überhaupt nichts Schlechtes. Es ist bloß so, dass ich manchmal einfach nicht mehr kann.

Zum Beispiel heute. Der Tag ist noch jung, und trotzdem bin ich schon am Ende meiner Kräfte. Ich sitze im Bus auf dem Weg zur Uni, lehne den Kopf gegen die siffige, beschlagene Fensterscheibe und überlege, ob sich dadurch seuchenerregende Keime in meinen Haaren verfangen könnten. Im Grunde ist es mir egal. In den knapp sechzig Minuten, die ich heute früh mit Cosmo verbracht habe, bin ich weitgehend gleichgültig gegen potenzielle Bedrohungen meiner Gesundheit oder sogar meines Lebens geworden.

Er hat natürlich einen Wecker, aber er benutzt ihn nicht oder überhört ihn oder ist der Meinung, dass er das Recht hat, allmorgendlich von mir persönlich wachgesäuselt zu werden. Was ich leider auch tue. Ganz vorsichtig und behutsam. Ich weiß ja, dass er während dieses Übergangs vom Schlaf- zum Wachzustand besonders empfindlich ist. Haha, als wenn er das zu irgendwelchen anderen Zeiten nicht wäre …!

Jedenfalls bin ich auch heute wieder auf Zehenspitzen in sein Zimmer geschlichen, habe seine Schreibtischlampe eingeschaltet und sie vorsorglich gegen die Wand gerichtet, damit sie ihn nicht blendet. Dann habe ich versucht, ihn zu wecken – durch sanfte Lockrufe wie: »Cosmo … Du musst aufstehen … Es ist schon sieben …« Das musste ich so fünf- bis sechsmal wiederholen, ehe eine

Reaktion erfolgte. Und die bestand darin, dass er bellend hustete, sich zur Wand drehte und laut und vernehmlich sagte: »Lass mich in Ruhe. Und mach das Licht aus, wenn du rausgehst.«

Wie immer fing ich unverzüglich an zu diskutieren, obwohl ich genau weiß, wie verkehrt das ist. »Es ist aber schon sieben! Genauer gesagt: vier nach sieben! Wenn du jetzt nicht aufstehst, kommst du zu spät zur Schule!« Als ob das mein Problem wäre. Wieder dauerte es eine ganze Weile, ehe er reagierte. Er wandte sich in meine Richtung, starrte mich an und sagte: »Da geh ich sowieso nicht mehr hin.«

In der Theorie ist das alles ganz leicht. Ich hätte jetzt sagen müssen: »Gut, das ist deine Entscheidung. Aber es wäre doch schade, wenn du deinen Traum vom Kunststudium an den Nagel hängen müsstest.« Tatsächlich sagte ich: »Was?! Wieso nicht? Was soll das heißen?«, und zwar auf die panischste, uncoolste und nervigste Weise, auf die man diese paar Wörter nur sagen kann. Cosmo ließ mich ein paar Sekunden lang wie einen Trottel dastehen, dann meinte er: »Ist doch völlig sinnlos. Ich schaff das sowieso nicht. Und ich hab auch keinen Bock. Bloß weil du dir in den Kopf gesetzt hast, dass ich Abitur machen soll!«

Obwohl ich das alles schon kenne, tut es immer wieder weh. Ich denke sogar jedes Mal darüber nach, ob er vielleicht recht hat. Ist es wirklich mein persönlicher Ehrgeiz, dass Cosmo sein Abitur nachmachen soll? War er mir mit seinem erweiterten Hauptschulabschluss nicht gut genug? Bin ich generell der Meinung, dass Leute ohne Abitur keine Daseinsberechtigung haben? Und überschätze ich seine geistigen Kapazitäten maßlos, nur um ihn an meine Wunschvorstellungen anzupassen? (Jeden dieser Vorwürfe hat er mir schon mal gemacht; ich hab sie mir notiert.) Ja, darüber denke ich nach. Hab ich auch heute Morgen getan. Das läuft automatisch ab, ich kann es nicht verhindern.

Auf die Idee, dass Cosmo sein Abitur nachmachen sollte, bin ich nur aus einem Grund gekommen: Ich wollte, dass er sein Talent entfalten kann. Cosmo malt und zeichnet nämlich wie ein Wunderkind. Seit sieben Jahren verdient er mit seinen Bildern Geld (weil ich sie für ihn verkaufe), manchmal sogar gar nicht wenig. Also hab ich mich informiert, was es für Kunstakademien in Berlin gibt, und dabei wurde mir klar, dass er ohne Abitur keine Chance hat. Ich bin mir aber sicher, dass er es im künstlerischen Bereich zu was bringen kann, und es ist ja irgendwie auch das Einzige, was ihm einigermaßen Freude macht.

Bis zu diesem Zeitpunkt hatte er bereits drei Ausbildungen abgebrochen und hielt sich perspektivlos mit ständig wechselnden Jobs über Wasser, weil er immer sofort alles hinschmeißt, wenn es nicht mehr exakt seinen Vorstellungen entspricht. Also zum Beispiel wenn ein Vorgesetzter nur »Morjen« sagt statt »Ich wünsche Ihnen einen zauberhaften guten Morgen, Herr Gentz«. Aber er ist klug genug, um das Abitur zu schaffen. Definitiv. Und er zieht die Schule jetzt schon seit über fünf Monaten durch – ich glaube, es gefällt ihm, das Erwachsenwerden auf sicherer Distanz zu halten.

Mit eigenem Ehrgeiz oder sogar mit Überheblichkeit hat das nichts zu tun. Mir persönlich wäre es egal, was für einen Schulabschluss Cosmo hat, wenn er nur glücklich – und gesund – wäre. Leider muss ich feststellen, dass ich dazu keinen sinnvollen Beitrag geleistet habe. Mein Verhalten heute Morgen war komplett falsch, von A bis Z. Statt ihm Grenzen zu setzen, hab ich mich von ihm in sein Chaos reinziehen lassen. Statt ihn die Verantwortung für sich selbst tragen zu lassen, habe ich ihm alles abgenommen – beim Wecken angefangen, das ja nun wirklich nicht meine Aufgabe ist. Ich weiß, was ich richtigerweise tun und sagen müsste. Ich hab sogar eine Liste mit empfohlenen Verhaltensweisen in der Nachttischschublade, und die lese ich fast jeden Abend vor dem Einschlafen durch. Aber ich schaffe es nicht.

Dazu tragen auch solche Erlebnisse bei wie das beim Frühstück. Ich hatte schon gegen sechs den Tisch gedeckt; das mache ich morgens immer, weil ich früh auf bin und weil ich hoffe, dass eine angenehme Atmosphäre Cosmo dazu bringt, irgendein Minimum an Nahrung zu sich zu nehmen. Nachdem er seinen Kübel voller Vorwürfe über mir ausgegossen hatte und ich mal wieder zu bescheuert gewesen war, um die passenden Antworten zu geben, schlich ich mich in die Küche und machte mir einen Kaffee. Der Appetit war mir vergangen. Ich blätterte mit leerem Gehirn durch ein Lehrbuch.

Nach zwanzig Minuten kam Cosmo rein – frisch geduscht, mit noch feuchten Haaren und vollkommen ausgeglichen. »Ach, schön«, sagte er und zeigte auf das winzige Blumensträußchen, das ich auf den Tisch gestellt hatte. »Hast du Schrippen geholt?« Ich sprang auf, kippte den Inhalt der Bäckertüte in einen Brotkorb und stellte diesen vor Cosmo hin. Er strahlte mich an. »Bei dir ist echt immer alles perfekt, Alter.«

Ich sah zu, wie er ein Brötchen aufschnitt, beide Hälften mit Frischkäse bestrich, mir die größere auf den Teller legte und in die andere hineinbiss. »Du solltest was essen«, sagte er dann. Was? Das ist ja wohl mein Text! Aber er war wirklich besorgt, ich könnte mit leerem Magen zur Uni fahren. Tja, auch das ist Cosmo. Und der Grund, warum ich immer wieder Hoffnung schöpfe, es von Neuem versuche, ihm eine Chance gebe, ihn retten will, ihm alles verzeihe. Wenn er so ist wie heute beim Frühstück, dann ist Cosmo der allerbeste Freund, den man haben kann. Aber genau dieses Auf und Ab, dieses abrupte Schwanken zwischen Heiß und Kalt, das ist es, was mich so stresst.

Um kurz vor acht ging er aus dem Haus, ohne die zweite Zigarette ganz zu Ende geraucht zu haben. Ich machte mich auf den Weg zur Bushaltestelle, und kurz darauf zischte er auf seinem Fahrrad an mir vorbei. Wie immer ohne Licht, komplett schwarz gekleidet, in einem Tempo, das die Concorde nicht mal bergab erreichen würde, haarscharf an den seitlich geparkten Autos vorbei, wo doch jeder weiß, dass da ständig unachtsam die Türen aufgerissen werden, und die rote Ampel an der Kreuzung Cauerstraße/Otto-Suhr-Allee großzügig ignorierend. Mir wurde eiskalt vor Entsetzen. Obwohl ich weiß, dass er immer so fährt.

*

Verdammt, ich bin zwei Haltestellen zu weit gefahren. Das passiert mir ständig. Mein Rekord war mal eine Fahrt bis zum Behring-Krankenhaus – das sind genau zehn Haltestellen zu viel. Heute liege ich also eher unter dem Durchschnitt; ich muss bloß ein paar Minuten länger laufen bis zum Institut. Zum Peter-Szondi-Institut für Allgemeine und Vergleichende Literaturwissenschaft der Freien Universität Berlin, um genau zu sein, da studiere ich nämlich, und ich hoffe, dass ich vor meinem Bachelor-Abschluss rauskriege, warum die Adjektive in dieser Bandwurmbezeichnung alle groß-geschrieben werden.

Also, ich kann nicht sagen, dass das Studium mich total begeistert. Ich hatte mir das ein bisschen spannender vorgestellt, wenn ich ehrlich sein soll. Aber es ist sowieso mehr ein Kompromiss als eine Überzeugungstat. Ursprünglich hatte ich mal vorgehabt, auf ein Priesterseminar zu gehen. Klare Regeln, innere Hingabe, anspruchsvolle intellektuelle Ziele, die Beschäftigung mit spirituellen Dingen. Alles hinter mir lassen, was mich runterzieht. Ein Aufbruch zu einem lichtdurchfluteten Horizont, so hatte ich mir das gedacht.

Aber ich hatte Cosmo schon lange vorher versprochen, dass wir später mal zusammenziehen. Damals waren wir siebzehn und hatten denselben Sachbearbeiter beim Jugendamt, der uns diesen furchtbaren Ferienjob in einem Callcenter vermittelte. Und ich wusste, dass ich mein Versprechen nicht brechen konnte. Als ich Cosmo nämlich von meinem geistlichen Zukunftstraum erzählte, wurde er immer stiller und guckte mich mit großen Augen an. Das war mir irgendwie unheimlich. Ein paar Stunden später saß ich zitternd in einem neongefluteten Krankenhausflur und rätselte die ganze Nacht, ob er den Konsum einer Flasche Durgol Schnell-Entkalker überleben würde.

Natürlich war das Erpressung. Aber im Grunde war es auch folgerichtig. Meine Idee mit dem Priesterseminar war ja was ganz Ähnliches – ein Versuch, mich zu verdrücken. Mit Cosmo persönlich hatte es zwar nichts zu tun, aber mit dem Leben ganz allgemein. Und Cosmo hat darauf geantwortet, und zwar auf eine Art, die für ihn keineswegs ungewöhnlich war. Ich glaube, das war sein neunter Selbstmordversuch oder so. (Allerdings der erste, an dem ich schuld war.) Damit war die Entscheidung gefallen: Während er sich allmählich von seiner Schnell-Entkalkung erholte, googelte ich mich durch Berlins Bildungsangebot und landete schließlich beim Seminar für Katholische Theologie, und weil das nur ein Zusatzmodul ist, wählte ich die Literaturwissenschaft dazu – fertig. Mit der Entscheidung muss ich jetzt leben.

*

Der Tag liegt hinter mir, ich schleppe mich die Treppe hoch in den vierten Stock, und als ich die Wohnungstür aufschließe, höre ich Stimmen. Oha – Cosmo hat Besuch? Neugierig schneie ich ins Wohnzimmer.

Da sitzt er mit einem seiner Mitschüler (nehme ich an), so einem Blonden mit langen Haaren, ziemlich unordentlich zum Pferdeschwanz zusammengebunden, und einer Flasche Bier in der Hand. Cosmo lächelt mir zu. »Hi! Na, wie war die Uni?« Er scheint eine gute Phase zu haben.

»Ganz okay«, sage ich.

»Das ist übrigens Thilo, wir schreiben zusammen ein Referat für Bio.« Und zu dem Pferdeschwanz sagt er: »Von Johannes hab ich dir ja schon erzählt.«

Ich frage mich natürlich unweigerlich, was. Thilo nickt mir gleichmütig zu.

Ich gehe rüber in die Küche, weil ich tierischen Hunger habe. Wenn ich den ganzen Tag in der Uni bin, verzichte ich auf das Mittagessen. Es geht einfach viel zu sehr ins Geld, sich immer was zu kaufen, selbst wenn es nur ein belegtes Brötchen ist. Stattdessen mache ich uns abends irgendeine Mahlzeit. Manchmal hab ich auch Glück, und Cosmo übernimmt diesen Job. Wenn ich noch mehr Glück habe, isst er sogar etwas davon.

Während ich den Kühlschrank umgrabe, kommt er rein und sagt fröhlich: »He, ich hab Pizza bestellt, muss jeden Augenblick hier sein. Für dich gibt's Quattro Formaggi.« Er strahlt mich an, weil er meine Lieblingspizza kennt. Cosmo kennt alle meine Vorlieben, die meisten besser als ich selbst, und wenn er irgend kann, sorgt er dafür, dass ich in ihren Genuss komme. Ich wünschte, ich könnte mich darüber freuen. Stattdessen denke ich voller Entsetzen an das Geld, das die drei Pizzas kosten werden, und dass ich den ganzen Tag gehungert habe, um genau dieses Geld zu sparen.

Cosmos Strahlen wird zu einem unsicheren, wackeligen Lächeln. »Du magst doch am liebsten Quattro Formaggi, oder?«

Nein, bitte nicht umkippen, Cosmo! »Ja, klar, das ist meine Lieblingspizza«, sage ich schnell.

Sein Lächeln wird wieder fester.

»Es ist nur – ich dachte gerade ans Geld«, füge ich sehr vorsichtig hinzu. Ich kann nur hoffen, dass das nicht schon zu viel war.

Scheiße. Es war zu viel.

»Ach so, du meinst also, du bist zu geizig, um mal eine Pizza zu bestellen? Ja?«, fragt Cosmo mit völlig veränderter Stimmlage. »Ist es das, was du sagen willst? Dass du mir noch nicht mal eine verfickte Scheißpizza gönnst?« Er schießt weißglühende Blitze der Wut auf mich ab. »Okay, ich ruf da an und bestell sie wieder ab.« Cosmo schnappt sich sein Handy, das noch neben der Speisekarte auf dem Küchentisch liegt.

Ich reiße es ihm aus der Hand. »Hör auf!« Er versucht, es sich zurückzuholen, aber ich weiche ihm aus. »Cosmo, jetzt hör doch auf. Ich meine bloß, ich hätte ja auch was kochen können. Das wär einfach … billiger gewesen. Aber jetzt hast du eben schon bestellt, also ist das in Ordnung.«

So leicht lässt er sich nicht beruhigen. »O nein, ist es nicht! Ich kenn dich! Dir geht's nur um die Scheißkohle! Am liebsten würdest du dir immer nur so Armeleutefraß reinziehen, was? Tütensuppen und Scheiblettenkäse! Und dazu Wasser aus der Leitung! Aber genau abgemessen, nicht mehr als einen Liter pro Tag!«

Was soll ich da noch sagen? Ich besinne mich auf meine Borderline-Ratgeber-Strategien. Grenzen setzen. »Hör mal, ich verstehe, dass du dich aufregst …«, fange ich halbherzig an, aber Cosmo lässt mich nicht ausreden.

»Du verstehst gar nichts! Überhaupt nichts! Du hast noch nie irgendwas verstanden! Du bist einfach bloß ein knickriger Spießer, und du gehst mir tierisch auf den Sack! Ach, leck mich doch!« Er kriegt das Handy nun doch zu fassen und schleudert es auf den Boden, wo es in mehrere Teile zerspringt. Erst zwei Monate alt, 130 Euro. Daraufhin verlässt er die Küche und knallt die Tür hinter sich zu. Ich glaube, irgendwann kriegen wir von unserem Vermieter die Kündigung. Mit Sicherheit haben sich alle Nachbarn schon mal über uns beschwert.

Im gleichen Augenblick klingelt der Pizzabote. Cosmo lässt sich nicht blicken, keine Ahnung, wohin er verschwunden ist. Also lasse ich den Typen rein und bezahle das Essen. 24 Euro plus 1 Euro Trinkgeld. In der Küche lagere ich die Pizzas aus ihren Pappkartons auf Teller um, lege Besteck daneben, stelle Gläser hin und gehe ins Wohnzimmer, um Thilo zu holen. Ich rufe auch nach Cosmo, aber erwartungsgemäß gibt er keine Antwort. Deshalb sitze ich nun mit einem Unbekannten in meiner eigenen Küche, esse Pizza, die ich nicht bestellt habe, und weiß nicht, wo ich hinschauen soll.

Ich hab überhaupt keinen Hunger mehr. Nach drei, vier Minuten lustlosen Kauens sage ich: »Entschuldige, ich geh mal gucken, wo Cosmo bleibt.« Eigentlich weiß ich, wo er ist und was er macht. Ich rappele an der verschlossenen Badezimmertür. »Cosmo, komm bitte raus. Die Pizza wird kalt.« Keine Reaktion. Ich bleibe hartnäckig, klopfe, rüttele an der Klinke, rede auf ihn ein, und irgendwann öffnet er die Tür.

Es riecht nach Zigarettenrauch. Cosmo raucht normalerweise nicht auf dem Klo. Ich meine sogar, den Geruch nach verbranntem Fleisch wahrzunehmen, aber vielleicht bilde ich mir das auch ein. »Tut mir echt leid, dass du dich so geärgert hast«, ist im Moment der einzige auswendig gelernte Spruch, der mir einfällt. Er steht einfach vor mir, sagt kein Wort und guckt mich auch nicht richtig an. So was kann man doch nicht bloß verbal regeln! Ich nehme ihn also in den Arm, und obwohl er stocksteif stehen bleibt, weiß ich, dass es ihm guttut. »Komm doch jetzt bitte essen«, sage ich leise.

»Du kannst meine Pizza haben«, antwortet er schnippisch, »ich hab keinen Hunger.« Er löst sich von mir und verschwindet in seinem Zimmer.

Thilos Teller ist bereits leer. Ich biete ihm auch Cosmos Pizza an, und schließlich isst er sogar die übrig gebliebenen drei Viertel von meiner. Ist doch ein tolles Gefühl, wenn man einen anderen Menschen für 25 Euro glücklich machen kann! Dafür lohnt es sich unbedingt, zwölf Stunden auf Nahrung zu verzichten und jedes Magenknurren heroisch zu ignorieren!

Kaum sind die letzten Krümel verputzt, verschwindet Thilo, denn es ist ja offensichtlich, dass Cosmo sich heute nicht mehr blicken lässt. Mir ist das megapeinlich, aber ich bin mittlerweile schon an solche Situationen gewöhnt. Ich mache auch keine Versuche mehr, Cosmo mit Notlügen zu decken wie »Ihm ist plötzlich schlecht geworden«. Zumal sein Gebrüll vorhin nicht zu überhören war.

Nachdem Cosmos gesättigter Klassenkamerad die Wohnung verlassen hat, räume ich die Küche auf und puzzle das Handy zusammen. Wundersamerweise gibt es noch Töne von sich. Dann gehe ich in mein Zimmer, lege mich aufs Bett und höre Musik, was Beruhigendes zum Chillen, Rufus Wainwright und Dredg. Aufregung hab ich ja genug. Ich liege auf dem Rücken, verschränke die Arme hinter dem Kopf und denke an meine Liste jener Leute, die mich davor gewarnt haben, mit Cosmo zusammenzuziehen.

- »Du mit einem Borderliner? Schieß dir doch lieber gleich in den Kopf, das geht schneller und tut weniger weh!« (Mein ehemaliger Therapeut)
- »Ich will mich ja nicht einmischen, aber hältst du das für eine gute Idee? Cosmo kommt mir so ein bisschen ... äh ... labil vor.« (Mein Bruder Noah)
- »Das geht auf keinen Fall gut. Ruf an, wenn du Hilfe brauchst.« (Seine Frau Frida)
- »Tja, macht, was ihr wollt, und viel Spaß auch.« (Cosmos Exfreundin Trisha)
- »Ich find das echt toll, Johannes, aber hast du dir mal überlegt, wie du das aushalten willst?« (Unser gemeinsamer Kumpel Paule)

Genau genommen gab es niemanden, der die Idee gut gefunden hätte. Mit Ausnahme von Cosmo selbst. Aber ich war zu diesem Zeitpunkt in einer wirklich guten Phase, in der ich mir alles Mögliche zutraute. Ich hatte den ganzen Scheiß mit meinem Vater gerade so weit überwunden, dass die Krankenkasse mir keine Therapiestunden mehr bezahlen wollte, was ich naiverweise als Erfolg wertete. Und ich hatte ein spitzenmäßiges Abitur in der Tasche, mit einem Notendurchschnitt von 1,3. Also, was hätte mir schon passieren können? Und warum sollte ich nicht ein bisschen von meiner frisch erworbenen Selbstsicherheit, Stabilität und Kraft an meinen Seelenbruder Cosmo weitergeben, dem es mittlerweile erheblich schlechter ging als mir?

Er hatte mich zwei Jahre lang gestützt, hatte all meine Gedanken und Empfindungen intuitiv erfasst, hatte schlechte Einflüsse energisch von mir ferngehalten, hatte mich ermutigt, meinen Weg immer weiter zu gehen – und das alles, obwohl er selbst ständig am Rande des Abgrunds tanzte. Ich finde auch jetzt noch, dass es meine Pflicht war und ist, ihm wenigstens ein bisschen von alldem zurückzugeben.

Allerdings hatte ich nicht damit gerechnet, wie sehr mir das an die Substanz gehen würde. Ich konnte mir unter dem Borderline-Syndrom nicht viel vorstellen, ich kannte Cosmo hauptsächlich als charmanten, einfühlsamen, liebevollen und witzigen Menschen mit ein paar Hämatomen auf der Seele, also was sollte daran so schwierig sein?

Tja. Inzwischen weiß ich es.

Trotzdem. Selbst in den schlimmsten Momenten, wenn er mich beschimpft und niedermacht oder – noch schlimmer – sich etwas anzutun droht oder dies tatsächlich tut, selbst dann will ich nicht aufgeben. Allerdings spüre ich, dass ich immer mehr an meine Grenzen komme. Wahrscheinlich fahr ich schon auf Reserve. Jeder vernünftige Laptop würde an dieser Stelle Alarmsignale ausstoßen und mit umfassendem Datenverlust drohen, sofern nicht unverzüglich auf externe Stromversorgung umgestellt wird. Ich müsste schleunigst mal irgendwo ans Netz gehen – wenn ich bloß wüsste wo.

Ich werde unruhig, weil es nun schon so lange still ist in der Wohnung. Was macht Cosmo? Baumelt er an einem Strick von der Decke oder lernt er eifrig Englischvokabeln? Alles ist denkbar. Ich klopfe vorsichtig an seine Tür. Er gibt keine Antwort, also gehe ich rein.

Völlig vertieft steht er vor der Staffelei, die ich ihm zu Weihnachten geschenkt habe, und arbeitet an einem neuen Bild. Es ist mir irgendwann gelungen, ihm die marktwirtschaftlichen Vorzüge von Farben zu vermitteln, denn früher hat er nur mit Bleistift oder Tusche gezeichnet. Nach wie vor ist er der Meinung, alles Bunte sei überflüssiger Schnickschnack, aber er ist meiner Argumentation trotzdem gefolgt, und tatsächlich verkaufen sich seine Ölgemälde noch besser als die Zeichnungen, auch wenn er eigentlich nur die düstersten Töne verwendet. Im Moment trägt er mit einem feinen Pinsel dunkles Granatrot auf die Leinwand auf.

Ich bleibe stehen und beobachte ihn. Wenn er malt, ist er so entspannt wie sonst nie, nicht mal im Schlaf. Dann hat man die Gelegenheit, ihn so zu sehen, wie er wirklich ist, und das ist echt ein erfreulicher Anblick. So klapperdürr und totenbleich er auch sein mag, sein feines, exotisches, androgynes Gesicht hat schon eine unbestreitbare Anziehungskraft – sogar auf mich, und ich stehe nun wirklich nicht auf Jungs. Keine Spur mehr von Zorn, Gequältheit, Traurigkeit oder Angst.

»Ich glaub, das wird richtig geil«, sage ich schließlich, als hätte mein Interesse seinem Kunstwerk gegolten.

Cosmo tritt einen Schritt von der Staffelei zurück und wirft einen prüfenden Blick darauf, dann mischt er ein sattes Jadegrün an. »Soll für dich sein«, sagt er.

Ich bin beschämt – das hab ich doch gar nicht verdient. »Hey, sorry wegen vorhin«, sage ich. »Ich hab nicht dran gedacht, dass das Thema Essen für dich, na ja, du weißt schon. War wirklich blöd von mir.«

Die letzte von acht Pflegefamilien, in denen Cosmo im Lauf seines traurigen Lebens vermurkst wurde, hat ihn beinahe verhungern lassen, sozusagen um Geld an ihm zu verdienen. Seither hat Cosmo ein mehr als gestörtes Verhältnis zum Essen. Ich bin ziemlich sicher, dass er nach dem halben Brötchen zum Frühstück nichts mehr zu sich genommen hat, und leider ist das für ihn völlig normal. Ich hätte das bedenken müssen. Stattdessen habe ich mit meiner saudummen Bemerkung über die zu teure Pizza genau in die offene Wunde gezielt. Kein Wunder, dass er da ausgerastet ist! Er muss ja denken, dass ich ihm das Sattwerden auch nicht gönne.

»Schon okay – du hast ja recht«, sagt Cosmo. »Und außerdem hätte ich die Pizza sowieso nicht aufgegessen.«

Nanu? Ein Anfall von Einsicht? Jetzt schwelgen wir also beide in Selbstbezichtigungen. Gleichzeitig werden wir uns dieser Albernheit bewusst und fangen an zu lachen. »Okay, dann warst du schuld, und ich hatte recht«, sage ich, »ich will dir ja nicht widersprechen.«

Cosmo lächelt und wendet sich wieder dem Bild zu.

mi, 14.01.

Es hilft, sich Cosmo einfach als Kind vorzustellen

Ich habe einen Termin bei Fridas Vater. Er ist Rechtsanwalt und hat eine schicke Kanzlei in Alt-Tegel. Nein, ich muss keinen Prozess führen – ich will ihm bloß Cosmos Bilder verticken. Inzwischen habe ich darin eine solche Routine, dass ich es getrost als meinen zweiten Nebenjob bezeichnen könnte.

Ich schleppe nicht nur Cosmos Mappe mit seinen gesammelten Werken mit mir rum, die naturgemäß immer dicker und schwerer wird, sondern außerdem auch drei fertig gerahmte und mit edlen Passepartouts versehene Highlights, um die Interessenten anzufixen.

Fridas Vater schaut sich die Mappe in Ruhe durch. Ich merke, dass er besonders lange bei den Muschelbildern hängen bleibt. Das ist eine ganze Serie: Bleistiftzeichnungen von Muscheln und Schneckenhäusern in allen möglichen Variationen. Davon hab ich mindestens fünfzehn im Angebot. »Ich fahr ja am Wochenende gern nach Kühlungsborn in mein Ferienhaus«, sagt er, »und irgendwie erinnern mich die Bilder daran.«

Ich lehne mich auf meinem Stuhl zurück. »Das heißt, wenn Sie die hier in Ihrer Kanzlei aufhängen, können Sie jederzeit einen gedanklichen Minitrip an die Ostsee machen«, sage ich.

Ich verlasse sein Büro mit dem Auftrag, nächste Woche zehn Muschelbilder in Naturholzrahmen und mit elfenbeinfarbenen Passepartouts abzuliefern. 1.200 Euro. Wenn ich die Kosten für das

Einrahmen abziehe, bleiben uns 950. Das heißt, Cosmo kann sich endlich ein vernünftiges Federbett kaufen, statt unter zwei Wolldecken zu schlafen, und einen neuen Kleiderschrank braucht er auch dringend. Das Teil, in dem er zurzeit seine Klamotten aufbewahrt, haben wir für 30 Euro in einer Gebrauchtmöbelbörse erstanden. Es wird in erster Linie von Hanuta-Aufklebern zusammengehalten, der Schlüssel fehlt, die Türen klappen ständig auf, und von beiden Schubladen sind die Griffe abgebrochen.

Wahrscheinlich bleibt dann immer noch etwas Geld übrig; das legen wir weg oder lassen es in die Gemeinschaftskasse fließen, aus der wir unseren Lebensunterhalt bestreiten. Ich werde bestimmt wieder mit Cosmo diskutieren müssen. Entweder will er das Geld mit mir teilen (was ich auf keinen Fall annehmen werde), oder ich muss ihn verzweifelt davon abhalten, es in einem wahnhaften Rausch der Verantwortungslosigkeit für irgendwelchen unnötigen Scheiß rauszuhauen.

Nach dem letzten größeren Bilderverkauf hat Cosmo sich bei Amazon ein Familienplanschbecken bestellt, in dem er mit mir und unseren Freunden relaxen und Champagner schlürfen wollte. Den Champagner hatte er auch schon gekauft. Dann fiel ihm ein, dass wir nicht mal einen Balkon haben, geschweige denn einen Garten. Das Planschbecken steht seither unausgepackt im Flur.

Obwohl ich die Schwierigkeiten schon wieder riechen und schmecken kann, bin ich erst mal stolz auf mich. Auf der Rückfahrt von Tegel grinse ich triumphierend in mich rein. Das macht mir so richtig Spaß, besonders wenn ich mit Geschäftsleuten zu tun habe, die immer direkt mehrere Bilder kaufen, weil sie in ihren üppigen Büros, Praxen oder Kanzleien eben einen Haufen Wände haben. Ich hab auch schon viele Bilder an Privatleute verscherbelt, aber die nehmen meistens nur ein, zwei Stück, und dann versuchen sie auch noch zu handeln.

Am Bahnhof Bismarckstraße steige ich aus der U2, von hier aus sind es nur ein paar Minuten Fußweg bis nach Hause. Bei einem der Obststände auf der Wilmersdorfer Straße kaufe ich ein paar

Kiwis. Vielleicht würde Cosmo die essen – wenn ich sie abschäle und in kleine Stückchen schneide. Da er selbst nicht die geringsten Ambitionen hat, sich gesund zu ernähren – um genau zu sein, hat er keinerlei Ambitionen, sich überhaupt zu ernähren –, übernehme ich diese Aufgabe für ihn. Nicht immer erfolgreich, aber ich lasse mir eine Menge einfallen.

Es hilft, sich Cosmo einfach als Kind vorzustellen. Solange das Essen bunt, hübsch anzusehen, abwechslungsreich und mühelos zu verzehren ist, stehen die Chancen ziemlich gut. Es müssen vielleicht nicht gerade Fischstäbchen oder Wurstscheiben mit Gesichtern sein, aber ansonsten komme ich mir oft so vor, als müsste ich einen Dreijährigen beköstigen. Das Wichtigste ist immer: Mengen anbieten, die ungefähr in einen Eierbecher reinpassen. Sobald eine Mahlzeit auch nur annähernd so aussieht, als könne sie einen Erwachsenen satt machen, gerät Cosmo in Panik und ergreift vor ihr die Flucht.

Er ist noch nicht von der Schule zurück, als ich zu Hause ankomme. Ich bin ziemlich aus der Puste, nachdem ich die vier Etagen hochgeklettert bin, bepackt mit seiner Zeichenmappe, den drei gerahmten Bildern und der Tüte Obst. Während ich in der Küche an den Kiwis rumschäle und sie erst in mundgerechte Scheibchen, dann in Würfelchen schneide, überlege ich, ob ich ihm einen Zettel mit der Erfolgsmeldung hinlegen oder sie ihm lieber heute Abend persönlich überbringen soll. Ich entscheide mich für das Letztere – zum einen, weil ich sehen will, wie er sich freut, zum anderen aus Sicherheitsgründen, denn es kann sein, dass er bei der Aussicht auf knapp 1.000 Euro sofort loszieht und sie schon mal vorsorglich unter die Leute bringt.

Den Teller mit den Kiwistückchen stelle ich abgedeckt in den Kühlschrank, und an dessen Tür klebe ich ein Post-it mit der Aufschrift: *Aufmachen! Aufessen! Sonst Prügel! Johannes*, dann packe ich mir das restliche Obst ein und fahre los zur Uni.

Bei meiner Rückkehr – wieder ist es längst dunkel – erwartet mich eine von Cosmos Überraschungen. Vom Flur aus zieht sich eine Linie aus brennenden Teelichten bis in die Küche wie eine nächtliche Landebahn, und dort hat er den Tisch gedeckt mit allem Prunk, den er unserem schäbigen Bafög-Empfänger-Haushalt entlocken konnte. In Ermangelung einer Tischdecke hat er einen Bettbezug über die gammelige Resopalplatte gebreitet, um die Teller hat er im Park geklaute Efeuranken gewunden, und eine Handvoll Rocher-Kugeln in Goldfolie, lässig zwischen Gläsern und Schüsseln verstreut, gibt dem Ganzen einen Hauch von Noblesse. Unsere Küche ist eine Mischung aus Basilika und Russenpuff.

Außerdem hat Cosmo gekocht, genauer gesagt: Er ist noch dabei. In einer Schüssel auf dem Tisch dampft bereits der Reis, und er rührt in einem Hühnercurry auf dem Herd herum. »Du kommst gerade richtig«, sagt er zur Begrüßung. »Setz dich hin – wir können sofort essen.« Dabei strahlt er so sehr, dass die Teelichte gegen ihn verblassen.

Ich bin ziemlich überwältigt. »Hast du – woher weißt du …?«, stottere ich herum.

»Frida hat mich angerufen«, sagt er, »ich weiß alles. Du bist genial. Du bist ein Held, ein Lebensretter, eine Lichtgestalt. Ein Heiliger.« Cosmo schüttet die Currysauce aus dem Kochtopf in eine Schüssel und setzt sich zu mir an den Tisch, springt aber sofort wieder hoch. »Ich hab Wein gekauft!«

Leise lassen wir die Gläser aneinanderklingen. »Auf den genialsten Kunsthändler Berlins«, sagt Cosmo.

»Auf den talentiertesten Maler Berlins«, widerspreche ich. »Es sind deine Bilder, Cosmo. Ich bequatsche die Leute bloß, dass sie sie kaufen. Ohne dich und dein Talent wäre ich nur ein mickriger, halb verhungerter Student.«

Aber Cosmo kann sich in jede Art von Emotion hineinsteigern, egal ob es die schwärzeste Depression oder die überschäumendste Freude ist, und dann ist er nicht zu bremsen. Die ganze Mahlzeit hindurch singt er mir sein Loblied, bis ich vor peinlicher Berührtheit kaum noch was essen kann. Dabei ist es natürlich auch unheimlich schmeichelhaft und rührend.

Ich weiß ja, wie schwer es ihm fällt, hier mit mir am Tisch zu sitzen und zu essen, aber er schlägt sich tapfer und zwingt sich eine schier unvorstellbare Menge an Nahrung rein (ungefähr zehn Gramm netto), weil er weiß, dass er mir damit eine Freude macht. Und er wartet sogar, bis ich fertig gegessen habe, ehe er sich die unvermeidliche Zigarette ansteckt.

Die ganze Zeit ist er locker, schlagfertig und heiter. Er wirkt glücklich. Ich hab ihn schon lange nicht mehr so erlebt. Immer wieder muss ich Cosmo möglichst wortgetreu berichten, wie ich Fridas Vater zum Kauf von zehn Bildern überredet habe. Und ich will wissen, was Frida am Telefon erzählt hat.

»Also, ihr Vater soll wohl gesagt haben, du könntest quatschen wie ein Buch«, berichtet Cosmo. »Und ob du nicht lieber Jura studieren wolltest, er könnte so jemanden wie dich jederzeit gebrauchen.«

Ich muss lachen. Eine Karriere als Rechtsanwalt? Warum eigentlich nicht? Aber dann spüre ich, wie Traurigkeit in mir aufsteigt, wie immer, wenn ich über so was wie meinen Lebensweg nachdenke. Und Traurigkeit ist das Letzte, was ich jetzt gebrauchen kann. Cosmo kriegt das immer augenblicklich mit, und dann reißt es ihn mit runter.

»Ich hab mir schon Gedanken gemacht, was wir mit dem Geld anstellen«, wechsle ich schnell das Thema.

»Ja, das war mir klar«, spottet Cosmo. »Wahrscheinlich in einen Bausparvertrag einzahlen oder so was.« Aus irgendwelchen Gründen hält er mich für einen sicherheitsfanatischen, unflexiblen, risikoscheuen Spießer. Oder zumindest zieht er mich damit auf. Vielleicht hat das was mit unserer Rollenverteilung zu tun, denn Cosmo ist in jeder Hinsicht das krasse Gegenteil davon, was meine, sagen wir mal: Vernünftigkeit natürlich umso stärker hervorhebt.

»Ich dachte eigentlich mehr an einen Einstieg ins Drogengeschäft«, sage ich, und Cosmos Augen fangen sofort an zu leuchten.

Das würde ihm gefallen. Illegal, gefährlich bis tödlich, am Rande des Abgrunds – aber aufregend.

Er hat mir mal erklärt, was sein vorrangiges Problem ist: dass er sich nicht spüren kann. Ich hab das zuerst nicht richtig verstanden. Er sagt, er hat kein Gefühl für sich selbst, im wörtlichen wie im übertragenen Sinne. Er merkt erst ganz spät, wenn er friert, er stößt sich oft an Möbelkanten, weil er die Abmessungen seines eigenen Körpers nicht einschätzen kann. Und wenn er nicht aufpasst, fällt er in ein riesengroßes inneres Loch von Einsamkeit, Langeweile, Nichts. Davor hat er solche Angst, dass er ständig bemüht ist, sich unter Spannung zu halten.

Leider sind die meisten dieser Versuche ungesund, verboten oder gefährlich. Dass er täglich zwei Schachteln Zigaretten raucht, wie ein Spast auf dem Fahrrad durch Berlin loopt, jede Durchschnittsemotion bis an die Grenzen der Psychose überdehnt und ab und zu brennende Zigaretten auf seinem Körper ausdrückt, sind nur die gängigsten seiner Strategien. Die anderen sind auch nicht erfreulicher.

Meine tatsächlichen Pläne für unseren neu erworbenen Reichtum sind inhaltlich nicht allzu weit von einem Bausparvertrag entfernt, und es kostet mich einige Geduld, sie Cosmo nahezubringen. Aber mit der bewährten Kombination aus Schmeichelei, sanftem Druck und Ironie kann ich ihn zumindest vorläufig zu der Einsicht bringen, dass eine wärmende Bettdecke und ein verschließbarer Kleiderschrank ohne Einsturzgefahr ihm möglicherweise gewisse Vorteile bringen. Glücklicherweise habe ich das geschafft, ehe es klingelt und Paule und Marlene reinplatzen.

Das machen sie öfter, und es gefällt mir. Es ist vielleicht das Einzige am Studentenleben, was meinen Erwartungen entspricht: dass man so eine Art Haus der offenen Tür für Freunde und Bekannte wird, weil man ja mutmaßlich jederzeit verfügbar ist. Heute haben sie besonders viel Glück: Das Essen ist noch warm, sodass sie sich ohne weitere Verzögerungen an den Tisch setzen und reinhauen können.

Als Cosmo zum Rauchen ins Wohnzimmer verschwindet, guckt Paule mich prüfend an und sagt: »Bist wohl nicht so gut drauf, was? Siehst auch nicht gut aus, Alter.« Unter Berücksichtigung der Tatsache, dass ich heute eigentlich *sehr gut* drauf bin, ist diese Bemerkung noch deprimierender. Ich quatsche irgendwas Sinnfreies daher von wegen schlecht geschlafen oder so, aber Paule meint, davon hätte ich mit Sicherheit nicht so viel abgenommen, und die dunklen Ringe unter den Augen hätte ich auch letzte Woche schon gehabt.

Ich weiß, worauf er hinauswill, will es aber nicht hören. Also komme ich mit weiteren blöden Ausreden: Stress in der Uni, viel Arbeit ... Woraufhin Marlene sagt: »Tja, und dann noch dauernd die Sorge um Cosmo, das schlaucht natürlich ganz schön.«

Ich unterdrücke den Impuls, ihr das Hühnchencurry ins Gesicht zu drücken. Wie kommt sie dazu, das Unaussprechliche auszusprechen? Was fällt der ein? Nicht mal Paule hat sich das getraut. Mühsam hole ich mich auf den Boden zurück. Wir kennen uns mittlerweile, äh, Moment ... vierzehn Monate. Da hat sie vermutlich das Recht, mir ihre Meinung zu sagen. Trotzdem bin ich stinksauer. »Ohne Cosmo hätte ich nur noch ein paar Sorgen mehr«, sage ich und bin selbst entsetzt über meinen aggressiven Tonfall.

Marlene wirft Paule einen vielsagenden Blick ungefähr folgenden Inhalts zu: *Siehst du, er will es einfach nicht einsehen.*

Ich glaube, gleich fang ich an zu randalieren. Wenn ich mein Verhalten jetzt mal analysiere – und dazu bin ich überraschenderweise durchaus in der Lage –, stelle ich fest, dass ich mich eigentlich genauso benehme wie Cosmo. Eine Kleinigkeit hat genügt, um mich aus dem Konzept zu bringen und die Wut in mir hochkochen zu lassen. Der einzige Unterschied ist, dass Cosmo jetzt *tatsächlich* die Schüsseln durch die Küche werfen würde, während ich, wenn auch mit Mühe, stocksteif auf meinem Stuhl sitzen bleibe und nur davon träume.

Cosmo hat seine Eltern verloren, als er noch keine zwei Jahre alt war. Sie saßen in einem Taxi zum Flughafen, weil sie für ein paar

Tage in die USA wollten, und dieses Taxi geriet auf einer Brücke wegen Glatteis ins Schleudern. Es durchbrach das Brückengeländer und krachte auf die darunter verlaufende Autobahn. Vermutlich hat es dabei noch mehr Tote gegeben, keine Ahnung.

Cosmo sagt, sein Vater war Rockmusiker, aber ich bin mir nicht sicher, ob das stimmt. Er selbst war bei einer Freundin seiner Eltern untergebracht, die sich bereit erklärt hatte, so lange auf ihn aufzupassen. Und zwar wirklich nur *so lange*. Nachdem klar war, dass er nicht mehr abgeholt werden würde, überließ sie ihn dem Jugendamt. Danach pendelte Cosmo zeit seines Lebens zwischen Pflegefamilien und Heimaufenthalten hin und her, mit einem rund einjährigen Intermezzo als Trebegänger. Also bitte, wer da nicht einen Sprung in der Schüssel bekommt, der muss ja wohl völlig verroht sein, oder?

Er sagt, er hat es nicht überall schlecht gehabt, einige Pflegeeltern waren wirklich lieb zu ihm, und es gab da auch eine Heimerzieherin, an der er voller Zuneigung hing. Das Problem war nur: Nichts war von Dauer. Ich denke, man wollte immer nur sein Bestes. Bestimmt hat das Jugendamt nicht gesagt: »Hey, lasst uns mal ein grelles Experiment machen und sehen, wie lange dieser kleine Bursche das aushält, wenn man ihm immer wieder den Boden unter den Füßen wegreißt« – es hat sich wohl einfach so ergeben.

In meiner Familie ging es auch nicht gerade zu wie bei den Waltons, und ich war fast drei Jahre in Therapie, um das zu werden, was ich jetzt bin: jemand, den man zur Not stundenweise allein lassen kann. Cosmo dagegen hatte noch nie eine Therapie. Er will auch keine – unser Lieblingsstreitthema übrigens. Jedenfalls haben wir beide in jungen Jahren eine Reihe übelster Arschtritte bekommen, und wenn wir nun mit vergleichbaren Verhaltensweisen darauf reagieren, sollte das eigentlich nicht überraschen.

Vielleicht ist das der Grund, warum ich von Anfang an das Gefühl hatte, wir seien Seelenbrüder. Ich hatte so was noch nie erlebt – dass ich jemandem ohne Worte so nah war, dass ein anderer meine Gedanken hören konnte, dass wir beinahe telepathisch kommunizieren konnten, und das alles auch noch in purer Harmonie. Es ist heute noch so. Ich weiß genau, was Cosmo fühlt und denkt, selbst in seinen schlimmsten Momenten. Ich weiß es, kann aber (oft) nicht helfen. Umgekehrt ist es sogar noch stärker. Cosmo braucht mich noch nicht mal anzusehen, um intuitiv zu erspüren, was in mir vorgeht. An manchen Tagen fühlt sich das an wie ein seidenes Band und an manchen wie eine chirurgische Klammer, aber es ist immer da. Ich bin mir sicher, dass ich sofort spüren würde, wenn Cosmo etwas zustößt – und sei es am Bondi Beach.

Zum Beispiel jetzt. Die Zeit hat nicht gereicht, um seine Zigarette fertig zu rauchen, trotzdem steht er plötzlich wieder in der Küche. Er hat meine unterdrückte Wut bis ins Wohnzimmer gespürt, und jetzt kommt er rein, um mir Kraft zu geben. Das ist nichts Sichtbares – nicht, dass er mir jetzt die Hände auf die Schultern legt oder mir zuzwinkert oder mit mir die heilige Silbe Om intoniert.

Aber jede einzelne seiner Bewegungen, jeder seiner Blicke sagt: *Sie haben ja recht, ich bin wirklich eine Belastung für dich, und es tut mir so leid. Sei nicht sauer. Sie meinen es bloß gut. Aber wir gehören zusammen. Und bitte, bitte verlass mich nicht.* Diesen höchst komplizierten Sachverhalt teilt er mir so deutlich mit wie ein *Tagesschau*-Sprecher – nur durch … hm, ich weiß nicht wodurch. Ich spüre es eben einfach.

Anschließend übernimmt er souverän die Gesprächsführung: »Wollt ihr gar nicht wissen, warum ich heute den Tisch so edel gedeckt habe? Oder habt ihr gedacht, wir essen immer wie bei Königs?« Und er nutzt die Gelegenheit für einen weiteren nicht enden wollenden Psalm auf mein Verkaufstalent, in den Paule und Marlene dann auch noch einstimmen. Ich bin dankbar für die Ablenkung und mache heimlich ein paar Atemübungen, um die Wut zu bekämpfen. Eigentlich müsste ich mich mal fragen, warum ich jedes Mal so sauer werde, wenn man mich auf das Offensichtliche hinweist, aber wie immer vermeide ich es, darüber nachzudenken.

Cosmo brilliert derweil als aufmerksamer und charmanter Gastgeber: Niemand sitzt vor einem leeren Glas, er wärmt das Essen noch mal in der Mikrowelle auf, damit Paule und Marlene sich einen Nachschlag nehmen können, dabei gerät die Unterhaltung keinen Moment ins Stocken, und als feststeht, dass niemand auch nur ein einziges Reiskorn mehr runterkriegt, wechseln wir auf seinen Vorschlag hin ins Wohnzimmer, wo es sich entschieden bequemer sitzt und er außerdem für Hintergrundmusik sorgt – nicht etwa mit einer seiner Amokläufer-CDs wie Cannibal Corpse oder Skinny Puppy, die er sonst nächtelang bis zum Anschlag aufdreht, sondern ganz rücksichtsvoll mit den ruhigen Klängen von Therion.

Falls ich den Eindruck erweckt habe, dass Cosmo ein durchgeknallter Spinner am Rande des Wahnsinns ist – das ist er nicht. Jedenfalls nicht nach außen. Auch in diesem Punkt sind wir uns sehr ähnlich: Er kann sich zusammenreißen bis zum Get-no. Niemand würde vermuten, dass er krank ist, es sei denn, man entdeckt die Schnitt- und Brandnarben auf seinen Oberschenkeln und an seinen Armen. Er redet kein wirres Zeug, er lacht an den richtigen Stellen, er ist herzlich, charmant, anziehend, geistreich, er versprüht sogar ein nicht unerhebliches Selbstbewusstsein. Haha! Selbst-Bewusstsein! Ausgerechnet! Und doch ist dies das Bild, das er nach außen präsentiert. Unglaublich. Ich bin definitiv der Einzige, der das wahre Ausmaß seiner Abgründe kennt. Sie sind so tief, so schwarz und so tödlich wie Höllenschlünde.

Wir machen noch eine zweite Flasche Wein auf, nämlich den Fratzenzieher, den wir neulich mit der Pizza mitgeliefert bekommen haben (»ab 20 Euro Bestellwert eine Flasche Wein gratis«). Der schmeckt wie Laternenpfahl ganz unten, aber das ist jetzt auch egal. Marlene hält sich zurück, weil sie mit dem Auto da ist, aber Paule, Cosmo und ich konnten noch nie besonders gut verzichten, besonders wenn wir alle drei zusammen waren. Mit den beiden habe ich schon allerhand böse Abstürze erlebt. Es sieht so aus, als wenn der nächste unmittelbar bevorsteht.

Paule verschwindet für eine Weile, und wir alle nehmen an, er sei auf dem Klo, aber stattdessen klingelt es plötzlich an der Tür, und da steht er mit zwei weiteren Weinflaschen, die er wohl beim Griechen an der Ecke besorgt hat. Und wenn Paule zwei Flaschen *kauft,* dann macht er auch zwei Flaschen *leer* – egal wie.

Marlene wird zusehends stiller und rückt immer weiter von Paule ab. Ab und zu lässt sie eine säureartige Bemerkung fallen. Irgendwann geht sie raus und kommt nicht wieder. Sie hat sich nicht verabschiedet, was keine besonders feine Art ist – wenigstens hätte sie sich mal bei Cosmo für das Essen bedanken können. Aber ich kann auch ein bisschen verstehen, dass sie angepisst ist. Als einzige nüchterne Frau mit drei hackebreiten Männern in einem Raum, was für ein Schicksal.

Und wir reden ja wirklich nur noch Dünnschiss. Paule unterhält uns mit pointenlosen Anekdoten aus seinem Arbeitsalltag im Seniorenheim, Cosmo unterbricht ihn immer wieder an derselben Stelle mit einer völlig unpassenden Bemerkung, was Paule beinahe in den Wahnsinn treibt, und ich versuche alle paar Minuten, irgendeine Frage zu formulieren, die aber so kompliziert ist, dass ich nie zum Ende komme und stattdessen lachen muss.

Cosmo ist der Erste, der schlappmacht. Von einer Sekunde auf die andere schläft er ein, mitten im Satz, den Kopf auf meinem Schoß. Weil ich ihn nicht stören will, bleibe ich möglichst unbeweglich sitzen, was schon nach wenigen Minuten entsetzlich unbequem wird. Paule redet und redet, und irgendwann fallen auch mir die Augen zu, trotz meiner verkrampften Sitzposition.

Als ich nach ein, zwei Stunden noch mal zu mir komme, schnarcht Paule lang gestreckt auf dem Boden, und Cosmo hat sich keinen Millimeter bewegt. Meine Beine sind eingeschlafen. Ganz vorsichtig hebe ich Cosmos Kopf an und winde mich darunter hervor, er murmelt irgendwas wie »Bleib hier«, ohne wach zu werden, und ich laufe ein paar Mal auf und ab, um die schmerzhaften Stiche der allmählich wieder einsetzenden Blutzufuhr zu mildern. Ich schalte die längst verstummte Musikanlage und das Licht aus, kippe das Fenster an, um frische Luft reinzulassen, und verziehe mich dann in mein Zimmer, wo ich nur halb ausgezogen auf meinem seltsam schwankenden Bett kollabiere.

do, 15.01.

Nuria Rabe sieht genauso aus, wie sie heißt

Dummerweise ist der nächste Tag ein Donnerstag. Keine Gnade für uns. Ich werde aus Gewohnheit gegen halb sechs wach und fühle mich exakt so, wie ich im Badezimmerspiegel aussehe: ein Anblick, der von der FSK todsicher erst ab achtzehn freigegeben würde. Meine Zunge fühlt sich an wie eine überfahrene Kröte, jemand hat mir einen Stahlträger zwischen die Schläfen gezogen, und die gesamte Wohnung schwankt, als sei sie an Gummiseilen aufgehängt.

Im Wohnzimmer liegen immer noch diese beiden Leichen rum, und es ist offenbar meine undankbare Aufgabe, sie zu reanimieren, damit sie pünktlich an ihrem Arbeitsplatz respektive in der Schule eintreffen. Aber bis dahin habe ich noch eine kleine Schonfrist, in der ich duschen, die Küche aufräumen und einen Pfefferminztee trinken kann.

Ich beginne mit Paule. Ein simples, rücksichtsvolles Flüstern seines Namens hat keinerlei Effekt, und auch gesteigerte Lautstärke bewirkt lediglich, dass er mich durch gleichermaßen gesteigertes Schnarchen übertönt. Ich muss ihn schon an der Schulter packen und kräftig schütteln, damit er die Augen öffnet. Unter Flüchen und Schmerzenslauten schleppt er sich ins Bad.

Cosmo liegt auf der Couch wie aufgebahrt. Er gibt keinen Laut von sich, Gesicht und Hände heben sich skeletthaft hell von seinen schwarzen Klamotten ab, und eigentlich fehlt nur noch die Lilie auf seiner Brust. Leicht panisch rufe ich seinen Namen und berühre seinen Oberarm, worauf er mich mit seiner grauenvollen Angewohnheit erschreckt, ohne weitere Vorwarnung die Augen aufzuschlagen. Obwohl ich inzwischen weiß, dass er sehr oft auf diese Art erwacht, kriege ich jedes Mal fast den Karōshi. Besonders wenn er mich wie jetzt sofort fixiert, als hätte er mich schon die ganze Zeit durch seine geschlossenen Lider hindurch beobachtet.

»Du musst zur Schule«, sage ich etwas hilflos. Mir wandert die Gänsehaut den Rücken rauf und runter, weil er mich weiter anstarrt und sonst keine Reaktion zeigt. Dann richtet er sich endlich mühsam auf und reibt sich die Stirn.

»Zur Schule?«, sagt er, als hätte er das Wort noch nie gehört. »Scheiße. So kann ich doch nicht zur Schule gehen.«

Da muss ich ihm recht geben. »Natürlich nicht«, sage ich, »du solltest schon duschen, frische Sachen anziehen und einen Tee trinken. Und am besten was essen«, füge ich hinzu, versuchen kann man's ja mal, aber natürlich kommt darauf nur ein angewiderter Blick, als hätte ich ihm vorgeschlagen, sich das Ohr abzuschneiden. (Was ihn garantiert weit weniger Überwindung kosten würde.)

Er taumelt zum Bad, stellt fest, dass die Tür abgeschlossen ist, und ruft vorwurfsvoll: »Da ist ja besetzt!«

»Da ist Paule drin. Er ist gleich fertig.«

Cosmo sackt vor der Badezimmertür zusammen, das heißt, er rutscht mit dem Rücken an der Wand allmählich zu Boden und bleibt dort mit angezogenen Knien sitzen, das Gesicht in den Händen verborgen. Dann zieht er Zigaretten und Feuerzeug aus seiner Hosentasche und gönnt sich den ersten Todesstoß des Tages.

Unser Frühstück besteht aus einer Schachtel Alka-Seltzer, Zigaretten, zwei Flaschen Mineralwasser, Vitamin-C-Brausetabletten und ein paar wie Chips geknabberten trockenen Cornflakes (niemand hat daran gedacht, Milch einzukaufen). Dann machen sich meine beiden Freunde gleichzeitig auf den Weg. Ich fülle noch die Waschmaschine, ehe ich zur Arbeit aufbreche.

Wegen meiner unregelmäßigen Seminarzeiten war es sehr schwierig, einen Job zu finden, aber ich hab es trotzdem geschafft. Mein Bruder kennt einen Typen, der in Prenzlauer Berg einen kleinen Laden mit Armeeklamotten, T-Shirts, Rucksäcken und so weiter betreibt, und für den stelle ich einen Teil seines Sortiments bei eBay ein. Mehrmals in der Woche fahre ich raus zu seinem Laden, wo er mir in seinem fensterlosen Hinterzimmer immer schon einen ganzen Stapel Zeug hingelegt hat. Ich muss die Sachen fotografieren oder Bilder aus den Herstellerprospekten einscannen, sie möglichst werbewirksam mit exakten Maßangaben auf Deutsch und Englisch beschreiben und dann Fotos und Texte ins Internet stellen. Bestimmt kein Traumjob, aber ich bin froh, dass ich mir auf diese Weise was dazuverdienen kann, denn vom Bafög allein würde ich wahrscheinlich die nächsten Jahre nicht überleben.

Jens macht mit dem Onlineverkauf größere Umsätze als mit den paar Klamotten, die er in seinem Laden verhökert. Was nicht wirklich überrascht, wenn man die Klickrate auf seinen eBay-Seiten mit der Kundenfrequenz vor Ort vergleicht. Außerdem setze ich mein gesamtes schriftstellerisches Talent ein, um seine Produkte so zu beschreiben, dass man seine Seele an Satan verschenken würde, um sie zu besitzen.

Leider ist es nicht immer leicht, die rechte Inspiration zu finden. Mein Arbeitsplatz ist ein knapp zehn Quadratmeter großer hermetischer Kubus mit einem Tisch, einem Stuhl, einem alten PC und ungeordneten Bergen von Cargohosen, Halstüchern, Umhängetaschen, Springerstiefeln, Norwegersocken und Nietengürteln.

Letztes Mal habe ich stundenlang fotografiert, diesmal werde ich ausschließlich texten. Ich schnappe mir den obersten Gegenstand von meinem Stapel, eine oliv-braun gemusterte Tarnhose, und warte auf den kreativen Kick. Es schwappt nur ein bisschen Restalkohol durch meine Birne. Mit einem Seufzer breite ich die Hose auf dem Boden aus und fange an, sie zu vermessen: Bundweite, Schrittlänge, Saum.

*

Ich glaube nicht, dass ich mir heute den Pulitzer-Preis verdient habe, aber immerhin hab ich eine ganze Menge geschafft, als ich drei Stunden später den Laden verlasse. Jetzt muss ich quer durch Berlin gurken, um zur Uni zu gelangen, und dann habe ich noch zwei Seminare. Der Donnerstag ist immer ziemlich anstrengend, aber so anstrengend wie heute kam er mir noch nie vor. Ich bin hundemüde, mir ist nach wie vor flau im Magen (inzwischen könnte das auch Hunger sein), meine Augäpfel fühlen sich doppelt so groß an wie gewohnt, und obwohl ich soeben eine Eineinhalb-Liter-Flasche Mineralwasser eingetankt habe, quält mich der Durst.

Noch bevor ich die Uni erreicht habe, entdecke ich Nuria Rabe auf der anderen Straßenseite. Sie ist mit mir in dem Seminar über Musik und ihre literarische Verarbeitung in zeitgenössischer Prosa, das gleich beginnt. Seit Oktober starre ich sie jede Woche neunzig Minuten lang an und überlege, wie ich sie dazu kriege, nur ein einziges Mal zurückzugucken. Nuria Rabe sieht genauso aus, wie sie heißt: Sie hat lange schwarze Haare, kräftig schwarz umrandete Augen und trägt überwiegend schwarze Klamotten, manchmal durch irgendein rubinrotes oder moosgrünes Kleidungsstück ergänzt. Meistens hat sie lange, schwingende Röcke an. Sie erinnert mich an eine Gestalt aus *World of Warcraft,* weil sie so perfekt und so bedrohlich schön ist. Ich denke ab und zu an sie, wenn ich schlecht einschlafen kann.

Nuria Rabe überquert die Straße und kommt direkt auf mich zu. Da! Sie sieht mich an! Ich fass es nicht! Gut, es ist nicht gerade ein Blick von inniger Zärtlichkeit. Eher so eine Kombination aus »Mach Platz, du erbärmliches Insekt« und »Hey, dir läuft da ein bisschen Sabber aus dem Mundwinkel, Kleiner«, aber ich bin keineswegs anspruchsvoll. Vielleicht fällt ihr ja erst nach und nach auf, was für ein hübscher Goldjunge ich eigentlich bin.

Dann erinnere ich mich an meinen traumatischen Blick in den Spiegel heute früh, und meine Hoffnung zerbröselt zu Asche. Sie schwingt ihren zipfeligen Hexenrock so nah an mir vorbei, dass ich ihr Parfum riechen kann – reflexartig schließe ich die Augen und atme tief ein. Zügig verschwindet sie in der Silberlaube, und ich trotte gleichermaßen aufgepeitscht wie desillusioniert langsam hinterher.

In den nächsten anderthalb Stunden, in denen ich Nuria Rabe wie gewohnt erfolglos anschmachte, denke ich darüber nach, dass eine neue Freundin mir verdammt guttun würde. Es wäre so hilfreich, wenn mich mal jemand in den Arm nähme, mir übers Haar streichelte und sagte: »Entspann dich, Liebling, ich mach das schon für dich« – und sich meiner angestauten Triebe annähme. Nicht dass Nuria Rabe so aussieht, als würde sie so was tun.

Ich habe eher den Verdacht, dass sie in Wirklichkeit eine täuschend echte 3-D-Computeranimation ist. Vielleicht ist sie ein Psychoexperiment, oder vielleicht soll ihr Anblick unsere Lernmotivation steigern. Es würde mich auch nicht wundern, wenn sie überhaupt nicht existiert – außer in meiner Fantasie. Und wahrscheinlich würde ich vor Schreck minutenlang schreien, wenn sie mich mal ansprüche, selbst wenn sie mich nur nach der Uhrzeit fragt. Aber immerhin gehe ich ihretwegen gern in das Musik-in-der-Literatur-Seminar.

Heute ist mir so richtig selbstmitleidig zumute, also denke ich an meine bisherigen Liebesgeschichten zurück. Zum Abzählen brauche ich nicht mal eine Hand. Vier Freundinnen in vierundzwanzig Jahren. Die zwei oder drei One-Night-Stands rechne ich nicht dazu, weil ich mich jetzt noch dafür schäme, insbesondere für meine Naivität, die mich jedes Mal hat glauben lassen, da könnte was draus werden. Und am nächsten Morgen waren sie dann weg und hatten nicht mal einen Zettel auf den Küchentisch gelegt. Eine jämmerliche Bilanz. Aber statt jetzt endlich mal aktiv zu werden, glühe ich diese dreidimensional projizierte Nuria Rabe an.

So gehen unter klebrigstem Selbstmitleid die Stunden dahin, und plötzlich hab ich zwei Seminare hinter mir und nicht die leiseste Vorstellung, worüber dort geredet wurde. Ist das nicht zum Kotzen?

Ich weiß echt nicht, warum ich überhaupt noch zur Uni fahre. Das ist ja nicht nur heute so. Eigentlich hab ich bereits bei den Einführungsveranstaltungen im ersten Semester jeglichen Überblick verloren, weil ich nie richtig zugehört habe. Wenn ich nach Hause komme, erinnere ich mich meistens schon nicht mehr, ob der Dozent ein Mann oder eine Frau war. Oder ob überhaupt ein Dozent da war. Oder ob *ich* überhaupt da war.

Ich weiß nur eins: Ich sterbe vor Hunger. Mit zitternden Händen schiebe ich den Schlüssel in die Wohnungstür, stürze rein, trete die Tür mit dem Fuß hinter mir zu, stolpere in die Küche, reiße die Kühlschranktür auf und stopfe mir ohne hinzusehen in den Mund, was ich dahinter finde. Cosmo kommt rein, angelockt durch den ungewöhnlichen Krach, und beobachtet mich einen Moment. »Du bist so dermaßen bescheuert!«, sagt er dann angewidert. »Warum nimmst du dir nicht einfach was mit zur Uni, wenn du schon zu knickerig bist, um dir mal ein Duplo zu kaufen? Schmier dir doch morgens ein paar verschissene Stullen, Alter! Was du da machst, ist voll krank, weißt du das?«

»Ja, Schatz«, sage ich kauend. »Ich freu mich auch, dich zu sehen. Du hast nicht zufällig was gekocht, oder?«

Cosmo schüttelt nur unwillig den Kopf und schubst mich vom Kühlschrank weg, um die Tür zu schließen. »Wenn du den offen lässt, verschwendest du mehr Strom, als ein Mittagessen in der Mensa kostet«, stichelt er weiter. Wow, der ist aber heute wieder drauf … Na ja, irgendwie hat er leider recht.

Als ich wieder einigermaßen klar denken kann, fällt mein Blick auf den Herd, und darauf steht ein großer Topf. Meine Pupillen weiten sich vor Gier, während ich den Deckel hochhebe. Ja! Ja! Ja! Käse-Lauch-Suppe! Mit Hackfleisch! »Du hast gekocht!«, jubiliere ich atemlos. »K-k-können wir gleich essen?« Jetzt stottere ich sogar schon vor Hunger.

Cosmo guckt mich voller Verachtung an. »Zieh dich erst mal aus und wasch dir die Hände, du Opfer«, sagt er.

Gehorsam hänge ich meine Steppjacke an die Garderobe, stelle meine Chucks ins Schuhregal und gehe mir die Hände mit Seife waschen. Wir sitzen uns am Esstisch gegenüber. Während ich mich in den ersten Minuten ausschließlich dem Reinschaufeln widme, scheint Cosmo mich zu beobachten. Er pickt in seinem Schälchen rum, in dem die Käse-Lauch-Suppe vermutlich kaum den Boden bedeckt, und liefert in erster Linie eine pantomimische Darstellung des Essens. Irgendwann sagt er: »Du bist ja ganz schön fertig. Ich werd dich am Wochenende mal ein bisschen aufpäppeln.«

Überrascht hebe ich den Kopf. Das ist eine verlockende Vorstellung. Ich sehe mich in einem Meer von dicken Kissen ruhen, während Cosmo mich gleichzeitig massiert, mit frischem Obst füttert und mir aus einem meiner Lieblingsbücher vorliest. »Wie kommst du denn darauf?«, frage ich.

»Na hör mal, dazu braucht man ja noch nicht mal Intuition«, sagt er. »Guck dich doch mal an! Du bist doch total abgepfeffert! Und das nicht erst seit gestern. Aber kein Wunder, du achtest ja auch überhaupt nicht mehr auf dich. Du versuchst, dich durch Hungern zu bestrafen, und dann stopfst du dich völlig lieblos mit irgendwelchem Dreck voll. Du liest nicht mehr. Du lachst nicht mehr. Du gehst ja nicht mal mehr in die Kirche.«

Mir bleibt der Bissen in der Kehle stecken, weil ein glühender Ball von Schmerz sich in meinem Inneren ausbreitet. Ein paar Sekunden lang sauge ich verzweifelt Luft ein. »Boah, bist du brutal«, flüstere ich dann.

Er hätte das nicht sagen dürfen. Ich bemühe mich schließlich auch immer, ihn wie ein rohes Ei zu behandeln und alles zu vermeiden, was ihn aufregen könnte! Und er haut mir diese Sätze um die Ohren wie neunschwänzige Katzen. Verflucht. Ja, es stimmt. Ich gehe nicht mehr zur Kirche, seit wir in die Cauerstraße gezogen sind, obwohl ich zutiefst gläubig bin. Oder war? Ich weiß nicht – hab ich meinen Glauben verloren? Zumindest habe ich im Moment den Kontakt zu Gott verloren. Schlimmer: Ich habe ihn abgebrochen. Ich bete nicht mal mehr! Eine ganz üble und kaum wiedergutzumachende Verfehlung. Ich schäme mich dafür in Grund und Boden, weshalb ich es mit aller Kraft verdränge.

»Jemand muss es dir aber mal sagen«, beharrt Cosmo. »Du lässt ja nichts an dich ran und spielst bloß den Starken. Dabei kannst du jeden Moment zusammenklappen.«

Das reicht! Jetzt werd ich zum Angstbeißer. Na warte. »Du musst mir gerade was erzählen von wegen Selbstbestrafung, Hungern, lieblosem Umgang mit sich selbst und so«, ballere ich los, »guck dich doch mal selber an! Wann hast du überhaupt zuletzt feste Nahrung zu dir genommen? Und was hast du neulich mit der Zigarette auf dem Klo gemacht, hä? Das ist doch totaler Schwachsinn, was du mir hier erzählst! Du unterstellst mir ja deine gesamten Probleme! Und im Übrigen, den Dreck, mit dem ich mich hier deiner Meinung nach vollstopfe, den hast du gekocht, oder?«

Im selben Moment tut es mir bereits leid. Was mache ich denn da? Warum beschimpfe ich Cosmo? Scheiße, wenn er sich jetzt was antut, dann weiß ich wenigstens ganz genau, dass es meine Schuld ist … und was hab ich da bloß alles gesagt? Er dreht durch. Er dreht mit Sicherheit gleich durch. »Tut mir leid«, fange ich an zu winseln. »Tut mir leid, vergiss, was ich gesagt hab. Ich hab … ich war bloß … ich hab das überhaupt nicht gemeint. Cosmo? Bitte vergiss das ganz schnell wieder, okay?« Panik erfasst mich. Ich kann das nicht mehr ungesagt machen! Ich hab Cosmo auf dem Gewissen!

Komischerweise bleibt er völlig ungerührt. Er sitzt bequem zurückgelehnt auf seinem Stuhl und sagt kein Wort, während ich diese endlose Kette von Entschuldigungen und Selbstbezichtigungen abspule. Irgendeine Fehlschaltung in meinem Gehirn hindert mich daran, endlich die Schnauze zu halten. Ich labere immer weiter und immer wieder denselben Mist. Tut mir leid, tut mir leid, tut mir leid.

Irgendwann unterbricht mich Cosmo: »Kannst du jetzt mal aufhören? Ich war noch nicht fertig!«

Ich verstumme unverzüglich.

»Als Jammerlappen bist du mir nicht nützlich«, sagt er ebenso ehrlich wie grausam. »Du weißt genau, dass ich dich brauche. Also reiß dich zusammen und tu deine Pflicht.« Er schiebt sich eine Löffelspitze Suppe zwischen die Lippen. »Und da du im Moment zu rein gar nichts taugst, werde ich dafür sorgen, dass es dir wieder besser geht.«

Ich ziehe fragend die Augenbrauen hoch.

»Obwohl es ja ehrlich gesagt mächtig abtörnt, wenn man sich seinen Erlöser erst mal in Form bringen muss«, fährt er fort. »Aber wenn's nicht anders geht – bitte sehr.«

Ich hab keine Ahnung, was er vorhat, und er sagt es mir auch nicht. Vielleicht sind wir jetzt so eine Art Miniselbsthilfegruppe. Baust du mich auf, bau ich dich auf. »Halt dir das Wochenende komplett frei«, sagt Cosmo in einem Ton, der keine Widerrede zulässt.

Ich gehe raus in den Flur und hole aus meiner Umhängetasche den Kalender, den ich ständig mit mir rumtrage. Meine Vergesslichkeit hat solche Ausmaße angenommen, dass ich mir angewöhnt habe, jeden banalen Mist darin einzutragen. »Ich muss dringend an meiner Hausarbeit weiterschreiben«, sage ich (das steht da tatsächlich drin). »Und am Samstagabend soll ich auf Till aufpassen. Noah und Frida wollen ins Kino.«

Ich werfe Cosmo einen unsicheren Blick zu, aber er sagt nur: »Hausarbeit ist gestrichen. Verschieb sie auf nächste Woche. Und zum Babysitten komm ich mit.«

Ich bin nicht ganz glücklich über seinen sorglosen Umgang mit meinen Studienpflichten, aber mir scheint, es gibt gute Gründe, ihm nicht zu widersprechen. Außerdem könnte ich ja vielleicht schon heute Abend ein bisschen an meiner Hausarbeit wei…

»Und glaub nicht, dass du heute Abend noch an deiner Arbeit weiterschreibst!«, sagt Cosmo.

Manchmal ist Telepathie wirklich lästig.

Es ist Cosmo noch nie schwergefallen, die Dinge beim Namen zu nennen. Ich kenne niemanden, der so unbefangen und hemmungsfrei über alles und jedes reden kann wie er. Das kann gelegentlich ganz erfrischend sein, besonders weil ich selbst eher ein bisschen verklemmt bin und ihn deshalb dafür bewundere, aber meistens ist es ziemlich schockierend.

Beispielsweise hat Cosmo nie gezögert, mir in aller Deutlichkeit mitzuteilen, dass ich sein Erlöser bin. Er nennt das wirklich so, was mir als Katholik immer Unbehagen einflößt, da dieses Wort für mich eigentlich schon anderweitig belegt ist. Aber Cosmo kann äußerst starrsinnig sein und versucht, seinen Kopf durchzusetzen wie das verwöhnte Kind, das er leider niemals war. Er hat mir diese Rolle zugedacht, ich habe sie auszufüllen, basta. Eine detaillierte Stellenbeschreibung für den Erlöserjob gibt es nicht, aber ich weiß so ungefähr, was von mir verlangt wird. In erster Linie: ihn niemals, niemals, niemals allein zu lassen. Außerdem:

- ▷ für alles Verständnis zu haben,
- ▷ seine Launen zu erdulden,
- ▷ ihn aufzubauen, wenn er am Ende ist,
- ▷ ihn zu loben, wenn er etwas gut gemacht hat,
- ▷ seine Albträume zu verscheuchen,
- ▷ ihn vor der tödlichen Leere zu beschützen,
- ▷ seinen Alltag zu organisieren, sofern er gerade selbst nicht dazu in der Lage ist, und
- ▷ Zigaretten oder Bier für ihn holen zu gehen, wenn er zu faul ist, sich die Schuhe anzuziehen.

Wäre er ein unerträglicher, abstoßender, niveauloser Stinkstiefel mit Pickeln und Mundgeruch, fiele es mir vermutlich leichter, dieser Anmaßung etwas entgegenzusetzen. (Sicher bin ich mir da allerdings nicht.) Stattdessen ist er ein Mensch, dem eigentlich überhaupt niemand etwas abschlagen kann. Ich versuche immer noch rauszukriegen, wie er das macht, aber er wickelt praktisch jeden ohne erkennbare Anstrengung um den Finger. Supermarktverkäuferinnen verlassen ihren Platz an der Kasse, um ihn zu dem gesuchten Regal zu führen; Busfahrer lassen ihn an Straßenecken ohne offizielle Haltestelle raus; Kellner packen ihm die Reste von seinem Teller zum Mitnehmen ein – und unsere Nachbarin keift grundsätzlich mich an wegen der Türenknallerei. Cosmo dagegen wird von ihr immer aufs Herzlichste gegrüßt und mit dem neusten Hausklatsch versorgt.

Er braucht dafür nicht den Hilflosen zu spielen oder sich sonst irgendwie zu verstellen. Er schleimt nicht rum, er verteilt keine Komplimente, und sein äußeres Erscheinungsbild – die schwarzen Klamotten, seine langen, schwarzen, fransigen Haare, seine Totenblässe und die Perforation durch ein schrilles Sortiment albtraumhafter Piercings – macht ihn auch nicht auf Anhieb zum Sympathieträger. Aber Cosmo kriegt sogar dann seinen Willen, wenn er noch gar nicht wusste, dass er überhaupt einen hat.

Ich besinne mich auf meine Erlöserpflichten. »Wie läuft es denn mit deinem Referat? Du schreibst es doch gemeinsam mit … mit …« Mir fällt der Name des Pizzavernichters nicht mehr ein, verflixt.

»Thilo«, sagt Cosmo geduldig. »Wir treffen uns morgen nach der Schule. Bis dahin hat jeder von uns seine Recherchen abgeschlossen. Ich muss heute Abend noch mal kurz ins Internet.«

»Kein Problem«, sage ich, »aber wenn du heute noch arbeiten willst, dann könnte ich doch eigentlich auch …«

Er schneidet mir energisch das Wort ab: »Hey, jetzt werd mal nicht anstrengend, okay?«

Okay.

»Und wie geht's dir sonst so?«, frage ich. »Ich meine: Wie fühlst du dich?« Das wäre unter normalen Umständen vielleicht eine etwas dämliche Frage, aber in Cosmos speziellem Fall ist sie durchaus angebracht. Man könnte sie in Abständen von fünf bis zehn Minuten stellen und würde mit etwas Glück an einem einzigen Tag einhundertzweiundneunzig verschiedene Antworten darauf erhalten.

»Es ist alles in Ordnung«, sagt Cosmo. »Ich hatte heute noch keine Panikattacke. Ich hab mich kein einziges Mal selbst verletzt. Und wie du siehst, hab ich sogar was gegessen.« Diese Antwort ist nicht ironisch gemeint. Sie ist eine sachliche Erwiderung auf meine Frage und beruhigt mich tatsächlich ein bisschen. Dass Cosmo und ich höchst unterschiedliche Auffassungen von »etwas essen« haben, will ich jetzt nicht thematisieren, das würde ihn nur runterziehen.

Cosmo belegt den ganzen Abend meinen Arbeitsplatz. Nun mache ich mir doch wieder ein bisschen Sorgen. In Bezug auf die Schule entwickelt er zeitweise so einen krankhaften Ehrgeiz – wie er ja überhaupt nie das richtige Maß findet. Er vergräbt sich manchmal tagelang in seinen Büchern und paukt und lernt. Er will unbedingt alles richtig machen. Damit überfordert er sich aber, und dann kommt irgendwann der Breakdown und peng. Ich wünschte, ich könnte ihm beibringen, wie man sich seine Kräfte einteilt – aber ich kann es ja selber nicht.

Eine Weile hänge ich gelangweilt vor dem Fernseher rum, dann schalte ich die Kiste aus und gehe in mein Zimmer, um mir ein Buch zu holen. Lesen war immer meine Leidenschaft, mein Glück, mein Ticket in eine bessere Welt. Seit ein paar Monaten lese ich nicht mehr, das hat Cosmo richtig erkannt. Ich versuche es, aber nach ein, zwei Seiten verliere ich regelmäßig den Faden. Also lese ich die Seiten noch mal und komme noch weniger weit, und dann verzweifle ich und werfe das Buch wütend in eine Ecke.

Heute ist es sogar noch schlimmer. Ich stehe vor meinem Bücherregal – dem einzigen Möbelstück in unserer Wohnung, das wirklich Luxus atmet, weil es so prall gefüllt und gut sortiert ist – und versuche, mich für einen Titel zu entscheiden. Es gibt da eine Menge Bücher, die ich noch nicht gelesen habe, weil ich die Angewohnheit habe, bei eBay oder in Antiquariaten alles Mögliche billig einzukaufen, sofern es einigermaßen interessant klingt. Mittlerweile hat sich ziemlich viel angesammelt.

Ich stehe geschlagene fünfzehn Minuten vor diesem Regal und starre es an, bis mir die Buchrücken vor den Augen verschwimmen. Seit ungefähr dreizehn Minuten weiß ich nicht mehr, warum ich hier stehe, aber ich habe auch nicht den Mut, einfach wegzugehen. Cosmo sitzt mit dem Rücken zu mir an meinem Schreibtisch und arbeitet. Er hat seine telepathischen Sensoren voll ausgefahren. Als er das Elend nicht mehr ertragen kann, sagt er: »Geh ins Bett, Alter. Du bringst es heute einfach nicht.«

Ich fühle mich gleichzeitig ertappt und beleidigt. »Ich bringe was nicht?«, frage ich gereizt. »Sollte ich hier irgendeine Leistung unter Beweis stellen?«

Seufzend dreht Cosmo sich zu mir um. »Ja, die Fähigkeit der Freizeitgestaltung«, sagt er schonungslos. »Schon mal gehört? Freizeit?«

Am liebsten würde ich ihm eine scheuern. Vermutlich aus diesem Grund steht er auf, reckt sich einmal kräftig und kommt zu mir rüber. Er legt den Arm um meine Schultern wie ein Altenpfleger und schiebt mich sanft zu meinem Bett. »Soooo, jetzt machen wir fein heia, und morgen sieht alles schon wieder ganz anders aus«, provoziert er mich noch weiter. Mich zu provozieren ist eins seiner Hobbys.

»Lass mich in Ruhe, du Idiot«, fauche ich und versuche, seinen Arm abzuschütteln. Er lacht und wendet irgendeine Art Polizeigriff an, und schon sind wir mitten in einer Frust abbauenden Keilerei, bei der ich jede Menge blaue Flecke gegen meine miese Laune eintausche. Am Schluss sitze ich keuchend, zerzaust und besiegt auf dem Boden vor meinem Bett, und Cosmo schlendert mit einem befriedigt-triumphierenden Grinsen zurück an meinen Laptop.

fr, 16.01.

Ein Reigen hässlicher Bilder zieht durch mein schmerzendes Gehirn

Am Freitagnachmittag ruft mich Cosmo auf dem Handy an, während ich mich bei Jens durch die ermüdende Artikel-einstellen-Prozedur klicke. »Thilo ist nicht gekommen«, sagt er ohne Einleitung, und ich höre an seiner Stimme, dass er in einer akuten Krise ist.

Umso wichtiger ist es, dass ich jetzt Ruhe bewahre. Ich frage erst mal, für wann er sich denn angekündigt hatte. Dieser Termin ist um anderthalb Stunden überschritten, und Thilo hat sich nicht gemeldet. »Hast du ihn heute Morgen in der Schule noch mal daran erinnert, dass ihr euch treffen wollt?«, frage ich.

»Er war nicht in der Schule«, sagt Cosmo.

»Ach so! Dann ist er bestimmt krank«, erwidere ich erleichtert. Wo ist denn jetzt das Problem?

»Und warum ruft er mich dann nicht an? Wir müssen doch am Montag das Referat halten! Heute ist die letzte Gelegenheit, das zu schreiben! Das weiß der doch auch! Wenn er krank ist, muss er mich doch wenigstens anrufen und mir Bescheid sagen! Was soll ich denn jetzt machen? Wir haben schon vier Uhr! Wie soll ich das jetzt hinkriegen? Ich hab ja noch nicht mal seinen Teil der Recherchen zur Verfügung. Ich kann doch kein halbes Referat schreiben, oder? Ich kann jetzt gar kein Referat schreiben, und dafür gibt's eine glatte Sechs. Und damit ist das Thema Abitur dann wohl gefrühstückt.«

Ich schließe die Augen und atme tief durch. Cosmo redet sich in exzessive Panik. Er braucht dringend Hilfe, und die kann ich ihm eigentlich nicht telefonisch geben. Ich versuche es trotzdem. »Du könntest ihn anrufen«, sage ich, »und dann fährst du bei ihm vorbei. Vielleicht könnt ihr das Referat bei ihm schreiben, dann muss er wenigstens nicht rausgehen. Oder er gibt dir seine Notizen, und du versuchst es alleine. Das schaffst du ganz bestimmt.«

Für einen Moment herrscht Ruhe in meinem Handy. »Das schaff ich niemals«, sagt Cosmo düster. »Aber ich ruf ihn jetzt an.« Und er legt auf.

Ich weiß nicht, ob ich erleichtert oder noch besorgter sein soll. War ihm das eine Hilfe? Oder fühlt er sich nun von mir auch noch im Stich gelassen? Mein Rat war vermutlich ziemlich naheliegend, und er hätte auch selbst drauf kommen können, aber wenn irgendwas Unerwartetes passiert, versetzt ihn das so in Panik, dass er nicht mehr klar denken kann. Jede Kleinigkeit stellt sein gesamtes Universum infrage. Thilo erscheint nicht zum verabredeten Termin, ergo vergeigt Cosmo sein Abitur und endet als Obdachloser mit Leberzirrhose am Bahnhof Zoo. Das Gesetz von Ursache und Wirkung, interpretiert von Cosmo Gentz.

Während ich noch unbehaglich auf mein Handydisplay starre, leuchtet es schon wieder auf, und erneut ist Cosmo dran. Oh, oh! Das ist nicht gut. »Johannes, kannst du kommen?«, wimmert er. Ich glaube, er weint. Ach du Scheiße.

»Was ist passiert?«, frage ich nun ebenfalls bereits leicht panisch.

»Die Telefonnummer stimmt nicht«, sagt Cosmo mit dünner Stimme. »Ich hab eine falsche Nummer abgespeichert. Da geht irgendeine Schüller oder Schiller oder so was dran. Die kennt keinen Thilo Breitenbach.«

Ich merke, wie ich einen sehr trockenen Hals kriege. »Du hattest die Nummer in deinem Handy abgespeichert, ja? Du hast sie jetzt nicht von Hand eingetippt, oder?«

Cosmo schnieft. »Er hat sie mir mal gesagt, und ich hab sie gespeichert. Ich hab ihn aber noch nie angerufen. Ich wusste nicht, dass das die falsche Nummer ist.«

Während er spricht, öffne ich bereits den Browser und gebe »www.telefonbuch.de« in die Adresszeile ein. In meiner Hast vertippe ich mich mehrfach. »Sag mir noch mal seinen Familiennamen«, fordere ich Cosmo dann auf und frage: »Weißt du, wo er wohnt?« Es gibt mehrere Breitenbachs in Berlin. Ein Thilo ist nicht dabei, aber vielleicht wohnt er noch bei seinen Eltern.

»In Moabit«, sagt Cosmo. »Irgendwas mit Ruhrgebiet … Bochumer Straße, glaub ich.«

Scheiße. Es wird kein Breitenbach angezeigt, der auch nur ansatzweise mit Ruhrgebiet zu tun hat. »Cosmo, hör zu. Ich kann die Nummer auch nicht finden. Warum fährst du nicht einfach hin? Wenn er krank ist, wird er ja bestimmt zu Hause sein. Du brauchst ihn doch nicht unbedingt vorher anzurufen. Fahr vorbei, und dann könnt ihr alles besprechen. Okay?«

Nach zwei Sekunden Stille sagt Cosmo: »Ich weiß die Hausnummer nicht. Kannst du herkommen, Johannes?« Und dann legt er auf.

Ich kriege augenblicklich rasende Kopfschmerzen. Warum hat er aufgelegt? Was macht er jetzt? Ein Reigen hässlicher Bilder zieht durch mein schmerzendes Gehirn. Ich bin erst seit einer Stunde hier und wollte heute mindestens bis sieben arbeiten. Ich kann doch jetzt nicht einfach abhauen! Allein für die Fahrt nach Hause brauche ich eine gute Dreiviertelstunde. Was soll ich Jens sagen? »Ich muss mal kurz nach Cosmo sehen, ich komm in drei Stunden wieder«? Das wäre sowieso gelogen. Wenn ich Cosmo helfen will, kann ich nicht kurz Hallo sagen und dann wieder fahren.

Ich packe hastig meine Sachen zusammen, fahre den PC runter, dessen altersschwache Festplatte vorwurfsvoll knirscht, räume die Klamotten notdürftig auf und eile wieder nach vorn zu Jens, der gerade einen Kunden bedient. Er guckt mich entsetzt an. »Äh, du willst aber nicht schon wieder weg, oder? Du wolltest doch heute …«

»Ja, ich weiß – tut mir leid«, sage ich lahm. »Ich muss dringend nach Hause. Es ist was passiert.«

Jens wirkt betroffen. »Ach – was Schlimmes?«

Yo, superschlimm. Cosmos Klassenkamerad hat einen Schnupfen. »Äh, ja, ich glaub schon. Deswegen muss ich ja los.« Ich kann ihm nicht in die Augen sehen. Wahrscheinlich denkt er, ich lüge ihm was vor und hab einfach bloß keinen Bock mehr.

»Kommst du denn heute noch mal wieder?«

Ich schüttele den Kopf, entschuldige mich noch acht- bis zehnmal und rase dann zur Prenzlauer Allee, um die S-Bahn zu kriegen.

Unterwegs versuche ich mehrmals, Cosmo anzurufen, aber er hat sein Handy ausgeschaltet. Das macht er immer. Er kündigt irgendwas Schreckliches an, und dann sorgt er dafür, dass er unerreichbar ist, damit man vor Angst den Verstand verliert. Ich nehme an, es flasht ihn ohne Ende, sich vorzustellen, wie ich jetzt mit irre flackerndem Blick, nass geschwitzt und zitternd in der S-Bahn sitze. Kurzfristig überwiegt meine Wut die Sorge, aber dann denke ich wieder an sein verzagtes Stimmchen am Telefon, und ich würde den S-Bahnfahrer am liebsten peitschen wie ein Kutschpferd, damit er schneller fährt.

Ich schicke eine SMS: *Bin unterwegs nach Hause. Alles wird gut! Bitte bleib ruhig!* Die wird ihn wahrscheinlich auch nicht erreichen, aber irgendwas muss ich ja tun, sonst drehe ich durch. Es ist fast fünf, als ich zu Hause ankomme. Auf dem Weg von der Haltestelle rast ein Notarztwagen an mir vorbei. In mir krampft sich alles zusammen. Cosmo ist aus dem Fenster gesprungen, und das ist die Strafe für meine niederträchtigen Gedanken neulich – für meine Absicht, ihn rauszuschubsen!

Aber vor unserem Haus hat sich keine Menschentraube gebildet, und der Krankenwagen ist auch nicht mehr zu sehen. Total atemlos komme ich oben an. Meine Lungenflügel fühlen sich an wie zwei brennende Ballons. Ich stürme in Cosmos Zimmer, und das ist leer.

Ich stütze mich kurz am Türrahmen ab und schüttele den Kopf, worauf er noch doller schmerzt. Dann suche ich im Bad, im Wohnzimmer und in der Küche. Ohne Erfolg. Ziemlich ratlos und mehr der Vollständigkeit halber öffne ich noch die Tür zu meinem eigenen Zimmer – und da liegt Cosmo im Dämmerlicht auf meinem Bett.

Er hat sich zu einer Kugel zusammengerollt, mit meiner Decke als Mittelpunkt. Außer Boxershorts und einem T-Shirt hat er nichts an, dafür hält er das Fleischmesser aus der Küche in der Hand, die Spitze gegen seinen Körper gerichtet. Das nehme ich ihm als Erstes ab, und er leistet keinen Widerstand. Ich lege das Messer auf meinen Schreibtisch, außer Reichweite, dann wickle ich ihn in die Decke, denn er ist eiskalt (die Heizung in meinem Zimmer drehe ich nur auf, wenn ich hier lerne). Als weitere wärmende Schicht wickle ich mich noch selbst darum. Nach einigen Minuten scheint er aus der Kältestarre zu erwachen und sagt: »Das Referat ist geplatzt. Ich hab's vergeigt. Jetzt brauch ich gar nicht mehr zur Schule hinzugehen, es ist sowieso gelaufen.«

Ich bin erschöpft, aber wir sind noch lange nicht raus aus der Gefahrenzone. Also sammle ich meine verbliebenen Kraftsplitter und sage: »Es ist nicht deine Schuld, wenn Thilo krank wird. Du hast deinen Anteil schließlich geleistet. Du hast alles absolut pflichtgemäß und vorbildlich erledigt.« Bei diesen Worten schiebt sich der Gedanke an Jens ungebeten in mein Gewissen; ich wische ihn genervt beiseite. »Am Montag kannst du deinem Lehrer das alles genau so erklären. Du kannst ihm ja auch deine Notizen zeigen, damit er sieht, dass du die Wahrheit sagst. Und vielleicht ist Thilo bis dahin wieder gesund, und ihr verschiebt einfach den Termin um ein paar Tage.«

Er schweigt minutenlang. Dann sagt er: »Warum hast du so lange gebraucht?« Und das tatsächlich mit unüberhörbarem Vorwurf.

Mein Blick zuckt unwillkürlich zu dem Fleischmesser, das griffbereit auf dem Schreibtisch liegt. »Ich war bei Jens«, sage ich so ruhig wie möglich, »in Prenzlauer Berg. Ich bin sofort losgefahren, nachdem wir telefoniert hatten. Nachdem du einfach aufgelegt und dein Handy ausgeschaltet hast«, füge ich hinzu. Ich bin ja schließlich auch nur ein Mensch. Aber mehr darf ich nicht sagen. Himmel, nein, ich darf ihm jetzt keine Vorwürfe machen. Das wäre ein entsetzlicher Fehler.

»Das hat total lange gedauert«, beharrt Cosmo. »Noch vier Minuten, dann hätt ich mir das Messer in den Bauch gestoßen.«

Vier Minuten? Wahrscheinlich hat er mir genau eine Stunde Zeit gegeben (natürlich ohne mir das mitzuteilen), um ihn zu erlösen. Wenn ich die S-Bahn verpasst hätte oder nicht den ganzen Weg von der Haltestelle gerannt wäre, hielte ich jetzt einen Sterbenden in den Armen, dem die Gedärme aus dem Bauch raushängen. Ich schnelle hoch, stürze zum Klo, würge, kotze, spüle mir den Mund mit kaltem Wasser aus und setze mich wieder zu Cosmo aufs Bett, der sich nicht bewegt hat.

»Wo warst du?«, fragt er tadelnd.

»Entschuldige, ich musste bloß kotzen«, sage ich. Ich glaube, ich konnte einen gereizten Unterton diesmal nicht ganz unterdrücken. Zum ersten Mal, seit ich ihn hier vorgefunden habe, sieht er mich an. Mit so einem prüfenden, kritischen Blick (»Meint der das ernst oder verarscht er mich?«). Ich vermute, er sieht mir an, dass ich die Wahrheit gesagt habe. Wortlos rollt er sich wieder in die Kugelposition und drängt sich an mich, auf dass ich ihn wärme.

Die Zeit vergeht quälend langsam. Das letzte Tageslicht ist inzwischen verschwunden, aber durch die Straßenbeleuchtung wird es in meinem Zimmer nie völlig dunkel. Der Freitagabendberufsverkehr wälzt sich durch unsere Straße, mit diesem deprimierenden Zischen von Reifen auf nassem Asphalt. Ab und zu zieht ein Krankenwagen oder ein Polizeiauto seine Spur durch die fade Geräuschesuppe. Meine Nasenspitze und meine Füße sind taub vor Kälte; wenigstens kann ich meine Hände irgendwo zwischen Cosmo und der Decke wärmen.

In sehr großen Abständen sagt er irgendwas, zum Beispiel: »Ich hab gedacht, du kommst nicht«, und dann muss ich etwas Zuversichtliches, Liebevolles, Vernünftiges oder Verständnisvolles antworten, und zwar zack, zack. Das wird zunehmend schwieriger, weil mein Gehirn ebenfalls von der Kälte betäubt ist. Außerdem bin ich müde. So müde. So unendlich, unbeschreiblich müde. Mein Kopf sackt immer wieder runter, und davon schrecke ich auf und bleibe ein paar Minuten wach, dann passiert dasselbe erneut.

Cosmo schweigt schon sehr lange. Ich glaube, er schläft. Millimeterweise versuche ich, von ihm abzurücken, um endlich aufstehen zu können. Ich will ins Wohnzimmer, auftauen und schlafen. Aber ich bin noch keine zwei Zentimeter weit gekommen, als Cosmo voller echter Panik fleht: »Nicht weggehen! Lass mich nicht allein! Bitte!« Er klammert sich an mir fest.

Erst gegen halb drei nachts schaffe ich es, das Zimmer unbemerkt zu verlassen. Steif vor Kälte und vom langen Sitzen taumele ich ins Wohnzimmer. Wenigstens haben wir dort eine Wolldecke, in die ich mich eindrehe. Und meine Klamotten lasse ich an, sogar die dicke Steppjacke. Es ist eine unbeschreibliche Wohltat, mich auf der Couch ausstrecken zu können. Ich schlafe sofort ein und merke nicht mal, dass Cosmo irgendwann mitsamt meiner Bettdecke rüberkommt, den Sessel an die Couch ranschiebt und sich irgendwie auf den verfügbaren Quadratzentimetern verteilt. Gegen sein Bedürfnis nach Nähe bin ich machtlos – er hätte mich auch in einer transsylvanischen Gruft oder auf einem zentralasiatischen Hochplateau aufgespürt.

sa, 17.01.

Ich weiß nicht mehr, über welches Thema ich schreibe

Während ich erst gegen acht, für meine Verhältnisse also sehr, sehr spät, mit Rücken-, Nacken- und Kopfschmerzen wach werde, ist Cosmo bereits, für seine Verhältnisse sehr, sehr früh, auf den Beinen und bester Dinge. Er klappert in der Küche rum und hört dabei Radio. Hurra. Die Krise ist überwunden.

Angesichts meines eigenen Zustands hält sich meine Begeisterung in überschaubaren Grenzen. Ich wusste gar nicht, was für ein beschissenes Gefühl es ist, mit ungeputzten Zähnen und seit vierundzwanzig Stunden nicht mehr gewechselten Klamotten in einer gefütterten Winterjacke unter einer Wolldecke wach zu werden. Um ehrlich zu sein, ich hätte auch ohne dieses Wissen weiterleben können.

Angelockt von meinem Stöhnen, Fluchen und Ächzen eilt Cosmo aus der Küche herbei und strahlt mich an. »In diesem Augenblick beginnt dein Verwöhnwochenende«, verkündet er mit heiligem Eifer. Na, das hab ich mir ja wohl auch mehr als verdient! Immer noch versuche ich, meinen geschundenen Körper in eine orthopädisch akzeptable Position zu bringen. Cosmo setzt sich zu mir auf die Sofakante. »Rückenschmerzen, was?«, diagnostiziert er fachkundig. »Du Armer. Aber wieso musstest du auch unbedingt auf der Couch schlafen?«

»Tja, ich glaube, mein Bett war besetzt«, erwidere ich etwas kühl.

»Es war noch mehr als genug Platz«, belehrt mich Cosmo, »ich wäre auch ein bisschen zur Seite gerückt.«

Ich werfe ihm einen ratlosen Blick zu. Der Gedanke, dass ich mein Bett nicht mit einem halb nackten anlehnungsbedürftigen Suizidkandidaten gleichen Geschlechts teilen möchte – und sei er auch mein Seelenbruder –, liegt ihm offenbar völlig fern. Ist er so naiv, oder spielt er das nur? Cosmo winkt ab, als hätte ich meine Gedanken laut ausgesprochen. »Och, Johannes, du bist ein solches Klemmbrett. Mannomann. Vielleicht weil du katholisch bist, was?« Dabei lächelt er liebenswürdig. Ich schleppe mich in schmerzhafter Verkrümmung ins Bad.

Cosmo hat den Frühstückstisch gedeckt und nippt bereits an einer Tasse Kaffee, als ich reinkomme. Ich gebe zu, das ist ein schöner Auftakt für ein Wochenende. Und so, wie ich mich fühle, wäre ich heute wahrscheinlich nicht mal in der Lage, mir alleine einen Teller aus dem Schrank zu holen. »Ich bin echt froh, dass es dir besser geht«, sage ich. »Du warst ganz schön fertig gestern. Ich hab mir Sorgen gemacht.«

Cosmo füllt meine Tasse mit Kaffee. »Ja, sorry. Ich weiß. Das war bloß, weil ich alleine war. Aber zum Glück bist du ja dann gekommen.«

Ich zögere einen Moment, aber dann entschließe ich mich, es anzusprechen: »Hast du das ernst gemeint mit den vier Minuten? Warum gerade vier Minuten?«

Er schneidet mir ein Brötchen auf, als wäre ich noch zu klein dafür. »Ich hatte mir vorgenommen, eine Stunde durchzuhalten. Bis fünf. Länger hätte ich es nicht geschafft.«

»Aber du hast mir ja nicht mal gesagt, dass es so eine Frist gibt! Stell dir vor, ich hätte die Bahn verpasst! Dann wär ich zu spät gekommen!«

Das ist offenbar nichts, was ihn groß beunruhigt, denn er zuckt nur die Achseln.

»Hör mal, wir sollten ein Abkommen treffen«, sage ich streng. »Egal was passiert, du darfst dein Handy nicht mehr ausschalten. So läuft das nicht. Ich hab versucht, dich anzurufen, und hätte dir sagen können, dass ich auf dem Weg zu dir war. Dann hättest du nicht so eine alberne Frist festlegen müssen, sondern einfach abwarten können, bis ich da bin.«

Cosmo scheint kurz darüber nachzudenken, dann erwidert er: »Ich konnte aber nicht mehr reden. Schon gar nicht am Telefon.«

So leicht macht er sich das! Ich bemühe mich, meinen Ärger nicht zu zeigen. »Das ist mir egal. Entweder lässt du in Zukunft dein Handy eingeschaltet, oder du musst alleine klarkommen.«

Das hat gewirkt. Seine Augen werden ganz groß und dunkel vor Angst. Jetzt tut er mir schon wieder leid.

»Ja, gut«, sagt er schnell.

Ich nutze meine temporäre Überlegenheit, um das Brötchen, das ich mittlerweile mit Butter und gekochtem Schinken belegt habe, auf seinen Teller zu legen. Dann nehme ich mir ein neues.

»Halt«, ruft Cosmo nervös, »hier, nimm wenigstens eine Hälfte!« Und er manövriert die obere Brötchenhälfte wieder zurück auf meinen Teller. Meine Güte, was für ein albernes Spiel – am liebsten würde ich ihn anschreien: »Friss einfach und halt die Schnauze!«, aber ich kann wahrscheinlich froh sein, wenn er weniger als drei Meter Sicherheitsabstand von einem Nahrungsmittel hält.

»Und was machst du jetzt mit deinem Referat?«, frage ich stattdessen. »Sagst du am Montag deinem Lehrer, dass Thilo krank ist und ihr es deshalb nicht schreiben konntet?«

Cosmo hebt die Schultern. »Muss ich ja wohl. Glaubst du, dass ich Ärger kriege?«

»Mit Sicherheit nicht«, sage ich voller Überzeugung.

Warum macht Cosmo sich über so eine Lappalie Sorgen, anstatt mal mit ähnlicher Betroffenheit über seine chronische Unterernährtheit nachzudenken? Oder über seinen Zigarettenkonsum? Oder über seine Angewohnheit, Valium zu schlucken wie Pfefferminzbonbons? Oder über die Frage, ob es tatsächlich erforderlich ist, sich alle paar Tage mit schicken neuen Brandwunden zu dekorieren?

Ja, ich weiß: Das ist eben seine Krankheit. Ich erwäge für einen Moment, ob es nicht mal wieder an der Zeit wäre, mich mit ihm über eines dieser Themen zu streiten, oder ob ich ein anderes aus unserem Repertoire wählen soll, zum Beispiel Radfahren mit überhöhter Geschwindigkeit unter Vernachlässigung jeglicher Sicherheitsmaßnahmen oder unüberlegtes Verschwenden von Geld, das wir nicht haben. »Wann machst du endlich eine Therapie?« hatten wir auch schon länger nicht mehr, mindestens eine Woche. Aber als ich sehe, wie er an seinem Brötchen herumknabbert – gleichzeitig angestrengt und schicksalsergeben –, sage ich gar nichts. Ich weiß ja, er gibt sich Mühe.

»Nach dem Frühstück gehen wir schwimmen«, verkündet Cosmo mit diesem unwiderstehlichen Strahlen, bei dem sein Grübchen sichtbar wird. »Damit du mal ein bisschen locker wirst.«

»Cool«, sage ich, »wie bist du denn auf die Idee gekommen?«

Es freut ihn, dass sein Vorschlag bei mir ankommt. »Na ja, ich wollte irgendwas machen, wo du dich entspannen kannst«, erklärt er. »Ich dachte, warmes Wasser und so … weil du ja auch immer so frierst.«

Es macht mich ganz schwindlig, dass Cosmo sich so viel Gedanken über mich macht. Das ist ein angenehmes Gefühl, als wäre ich leicht angetrunken. Gleichzeitig gibt es irgendeine destruktive Stimme in mir, die sagt: *Das hast du überhaupt nicht verdient, das kannst du auf keinen Fall annehmen,* du *sollst dich um* ihn *kümmern, nicht umgekehrt, das ist ja wohl der Gipfel der Unverschämtheit, dass Cosmo sich nun deinetwegen in der Badehose zeigen muss, du egoistischer Scheißer.*

Ich bin schneller umgezogen als Cosmo und plansche bereits im Wasser rum, als er aus der Dusche kommt. Wie er da so am Beckenrand entlangläuft, versuche ich, ihn unvoreingenommen zu sehen, und das deprimiert mich. Also, ich bin ganz ehrlich: Sein Körper sieht schrecklich aus. Nicht nur, dass er so dünn ist – das mag ja der einen oder anderen noch gefallen. Aber diese Brand- und Schnittnarben überall, und dazu die Piercings! Als wäre Cosmo soeben die Flucht aus einer mittelalterlichen Folterkammer gelungen. Ich kann nicht glauben, dass eine Frau sich für jemanden mit einem solchen Körper interessiert. Es sei denn, sie ist Gerichtsmedizinerin.

Dabei war Cosmos Liebesleben in der Vergangenheit um einiges aufregender als meins. Na gut, das ist ja kein Kunststück. Was ich sagen will, ist, dass Cosmo wenig Mühe hat, immer wieder neue Schmetterlinge anzulocken. Vielleicht sehe ich das ja völlig falsch, und in Wirklichkeit ist er der attraktivste Junggeselle Berlins? Als Mann kann ich mir da wahrscheinlich gar kein Urteil erlauben. Bloß schade, dass die meisten seiner Schmetterlinge sich dann als Eintagsfliegen entpuppen.

Trotzdem muss ich mir (wenigstens in dieser Hinsicht) wohl keine Sorgen um ihn machen. Er hat jetzt seit zweieinhalb Wochen niemanden mehr gevögelt. Ich wäre schon überglücklich, wenn es bei mir zweieinhalb Monate wären. Cosmo dagegen findet diesen Zeitraum schier endlos. Er macht kein Geheimnis daraus, dass er leidet, wenn er niemanden im Bett hat. Sex und Zärtlichkeit, sagt er, sind für ihn die allerbesten Mittel, sich zu spüren. Na ja, wenigstens sind sie nahezu nebenwirkungsfrei.

Nach dem Duschen und Anziehen fühle ich mich durchgewärmt, angenehm müde und vollkommen entspannt. Beim Föhnen kommt noch raubtierartiger Hunger hinzu. Cosmo schlägt vor, gleich hier im Bistro zu essen, aber nachdem ich ihn bereits an der Kasse zusammengekackt habe, weil er seinen Schülerausweis nicht dabeihat und deshalb 4 Euro statt 2,50 bezahlen musste, kann ich das auf gar keinen Fall akzeptieren. »Wir gehen nach Hause, und dann können wir uns irgendwas kochen«, bestimme ich. Im Klartext bedeutet das: Er muss kochen, denn es ist ja mein Verwöhnwochenende, und das ist ihm auch bewusst und führt zu einer vorübergehenden Verstimmung.

»Wir haben doch gar nichts mehr im Kühlschrank«, probt er den Aufstand.

»Na und? Dann kaufen wir eben unterwegs was ein!« Wenn ich will, kann ich so richtig fies sein.

Ich setze mich in allen Punkten durch, sogar mit dem Kauf von frischem Gemüse (»Spinnst du? Das muss man ja schälen und klein schneiden und lauter so'n Scheiß!«), dafür kochen wir gemeinsam. Bis die Mahlzeit endlich auf dem Tisch steht, hängt mir der Magen in den Kniekehlen, aber ich fühle mich ungemein befriedigt, dass wir unser Geld nicht für fettige Pommes im Schwimmbad-Bistro vergeudet haben.

»Bäh, du bist immer so vernünftig«, moppert Cosmo. »Das törnt wirklich tierisch ab. Kannst du nicht mal ein bisschen normal werden?«

Ach so, normal ist also unvernünftig. Tja, ich nehme an, Cosmo findet das logisch.

Ich darf mich nach dem Essen mit einem Buch auf mein Bett legen (Cosmo dreht die Heizung an, breitet die Decke über mich und sucht mir sogar das Buch aus, da ich ja bekanntlich nicht mehr dazu in der Lage bin), während mein Seelenbruder die Küche aufräumt und weitere Haushaltspflichten übernimmt, zum Beispiel Staubsaugen, leere Flaschen zum Container bringen, trockene Wäsche zusammenlegen und die Grünpflanzen gießen. Ich lausche den beruhigenden Geräuschen seines Tuns mit einer Mischung aus schlechtem Gewissen und heimlichem Genuss, kann mich mal wieder nicht auf mein Buch konzentrieren und schlafe gegen meinen Willen nach kurzer Zeit ein.

Es dämmert bereits, als Cosmo sich auf die Bettkante setzt und mir die Hand auf die Wange legt. »Da siehst du, wie nötig du es hattest«, sagt er. »Wenn du ein bisschen Verstand hättest, würdest du jedes Wochenende relaxen, statt dauernd unter Strom zu stehen und sinnloses Zeug für die Uni zu lernen.«

Und dir den Arsch hinterherzutragen, denke ich unfreundlich und schäme mich sofort für diesen Gedanken. Das hat er nicht verdient. Er gibt sich solche Mühe! Trotzdem kann ich mir eine leicht bissige Antwort nicht verkneifen: »Das wäre sicher vernünftig, aber du hast ja gesagt, ich soll lieber normal werden.«

Cosmo lacht, und das sanfte Streicheln meiner Wange endet mit einer kleinen, aber verdienten Ohrfeige. »Steh mal auf, Arschloch. Es gibt wieder was zu futtern.«

In der Küche duftet es nach Kaffee, und er hat Kuchen gekauft. Kaum lässt man ihn mal aus den Augen, schon gibt er wieder Geld aus. »Das ist ja hier wie bei Hergenraths«, sage ich beeindruckt. Hergenraths sind unsere Nachbarn auf der rechten Seite, ein Ehepaar Ende fünfzig. Für uns sind sie der Inbegriff des Spießertums. Unter ihren Häkelgardinen sind künstliche Blumen aufgereiht, der Mann wäscht jeden Samstag sein Auto, die Frau darf immer nur auf den Beifahrersitz, und sonntags dringt Bratenduft aus ihrer Wohnung.

Erst als wir beide am Tisch sitzen, bemerke ich, dass Cosmo traurig aussieht. Und jetzt wird mir auch klar, dass ich ihn verletzt habe. Nicht nur mit dieser Bemerkung über die Hergenraths, die ich tatsächlich überhaupt nicht abwertend gemeint hatte, sondern vermutlich schon den ganzen Tag. Mit wachsender Beschämung erkenne ich, dass ich in den letzten Stunden fast nur gemeckert und rumgestänkert habe, und dabei habe ich sogar noch den größten Teil spitzer Bemerkungen runtergeschluckt. Mir wird glühend heiß. Was ist mit mir los? Warum mache ich Cosmo pausenlos nieder, obwohl er sich rührend bemüht, mir einen schönen Tag zu bereiten?

Ich muss das jetzt sofort in Ordnung bringen, egal wie schwer es mir fällt. Wenn ich noch einen einzigen beschissenen Spruch rauslasse, kann ich mich selbst nicht mehr ertragen. »Cosmo«, fange ich unsicher an, »mir ist gerade aufgefallen, dass ich ein absolutes Arschloch bin.«

Obwohl das keine besonders gute Einleitung ist, schaltet er sofort. Er kennt mich schließlich. Schweigend nimmt er meine Selbstanklage zur Kenntnis, und ich bin dankbar dafür, dass er nicht so was sagt wie »Ach Unsinn« oder »Wie kommst du denn bloß darauf?«, denn er weiß, dass ich recht habe. »Ich glaube, ich meckere die ganze Zeit rum, kann das sein?«, fahre ich unsicher fort.

Cosmo legt den Kopf schräg, was so viel heißt wie »Na ja …«. In seinen Augen spiegelt sich das ganze Ausmaß meiner destruktiven Mäkelei. Wie konnte ich nur? Was bin ich für ein gefühlloser Scheißkerl geworden? Das schlägt plötzlich alles über mir zusammen, die ganzen Selbstvorwürfe, Zweifel, Sorgen, Ängste, die unterdrückte Wut, die Sinnlosigkeit, das schlechte Gewissen – einfach alles. Ich bin ganz knapp davor, irgendwas von dem zu tun, was Cosmo in seiner Freizeit gerne tut – ein Fläschchen Schnell-Entkalker wäre mir jetzt zum Beispiel herzlich willkommen, und auch das Fleischmesser scheint mir eine verlockende Alternative zu sein. Ich kann in diesem Augenblick genau nachvollziehen, was in ihm vorgeht, wenn er sich Schaden zufügt.

Ich stütze die Ellbogen auf den Tisch und vergrabe mein Gesicht in den Händen. So geht das doch nicht weiter! So kann ich nicht mehr leben! Ich erkenne mich nicht mehr wieder, ich bin jemand geworden, den ich nicht ausstehen kann, ich bin grausam und widerlich zu meinem Seelenbruder! »Was soll ich jetzt machen?«, frage ich verzweifelt. »Was ist bloß mit mir los?«

Erneut tut Cosmo das, was eigentlich ich längst hätte tun sollen: Er steht auf, geht um den Tisch herum, zieht mir sanft die Hände vom Gesicht weg und hockt sich neben meinen Stuhl. Ich trau mich kaum, zu ihm runterzusehen. Kein Vorwurf in seinem Blick, nur Liebe und Besorgnis. Das ist fast nicht zu ertragen. Ich wünschte, er würde mir seinen Stuhl auf dem Kopf zerschmettern.

»Du bist einfach total gestresst«, sagt er sanft. »Und deshalb bist du so gereizt. Ich glaub, das ist normal. Ich hatte mal eine ältere Schwester, die war genauso. Wenn die Stress hatte, fing sie an rumzuzicken.«

Schon allein diese Bemerkung – »ich hatte mal eine ältere Schwester« – macht mich total fertig, weil ich mir unweigerlich vorstelle, wie Cosmo mit seinem kleinen, abgeschabten Kinderköfferchen zum x-ten Male aus einem Auto geschubst und vor dem Heim abgestellt wird, während seine Exfamilie inklusive zickender älterer Schwester erleichtert davonbraust: »Gott sei Dank, den sind wir los!« Hinzu kommt noch sein qualvolles Verständnis für mich.

»Cosmo, könntest du mich bitte anschreien? Könntest du mir vielleicht mal sagen, dass ich ein Arschloch bin, dass du mich hasst, dass ich dir nur schade, dass ich ein nutzloses Stück Scheiße bin und auf der Stelle verschwinden soll? Oder verprügel mich wenigstens. Irgendwas.«

Cosmo hält immer noch meine Hände fest und schaut zu mir hoch. »Du hast gestern deinen Job riskiert, Arschloch, um zu mir nach Hause zu kommen und mir das Leben zu retten«, sagt er. »Du hast die ganze Nacht in der Schweinekälte deines Geizkragenzimmers neben mir gehockt, nutzloses Stück Scheiße. Du hast mir keinen einzigen Vorwurf gemacht – noch nie. Und dann verlangst du von mir, dass ich auf dich losgehe, bloß weil du total erschöpft und überreizt bist? Hast du sie noch alle?«

Tja. Das war eine klare Ansage, wenn auch irgendwie anders, als ich mir das vorgestellt hatte. Es geht mir ein ganz kleines bisschen besser. Ehrlich gesagt hatte ich vergessen, dass ich mir für Cosmo die letzte Nacht sowie die Funktionsfähigkeit meiner Bandscheiben um die Ohren geschlagen hatte. Er steht auf und kehrt an seinen Platz zurück. »Jetzt iss mal deinen Kuchen, das ist Nervennahrung«, sagt er. »Und sei nicht so verflucht mimosenhaft und selbstmitleidig.«

Nachdenklich pikse ich die Gabel in den Apfelstreusel.

*

Till ist noch auf, als wir kommen. So sehr ich meinen Neffen liebe, ich bin trotzdem heilfroh, dass Cosmo mitgekommen ist, denn ich hätte heute mit Sicherheit nicht die Nerven, ihn vorschriftsmäßig ins Bett zu bringen. Noah und Frida trinken noch ein Bier mit uns, während ihr siebenjähriger Sohn routiniert Chaos verbreitet. Er klettert an Cosmo hoch, nötigt ihn zum Fußballspielen im Wohnzimmer und stellt ihm Fragen von existenzieller Tragweite, die nicht mal der Papst beantworten könnte. Cosmo bereitet das überhaupt keine Mühe, er erfindet einfach irgendeinen spacigen Quatsch. Er kann sagenhaft gut mit Kindern umgehen. Vermutlich weil er in neun von zehn Hinsichten selbst noch eins ist.

Frida trinkt ihr Bier nicht aus, weil sie sich vor dem Kino noch umziehen will, deshalb sitze ich jetzt mit meinem Bruder allein in der Küche. »Du siehst ja jedes Mal fertiger aus«, sagt er. Muss er nun auch noch damit anfangen? Kann man mich nicht mal in Ruhe lassen?

»Hab schlecht geschlafen«, sage ich.

»Du könntest aber auch einfach mal drüber reden, anstatt dich immer in deinem Schneckenhaus zu verkriechen«, schlägt er vor, »es soll ja vorkommen, dass das hilft.«

Ich nehme ein paar Schlucke aus der Bierflasche, um Zeit zu gewinnen. Und um den ersten Reflex zu unterdrücken, der mich beinahe hätte sagen lassen: »Wieso, über was denn reden, ist doch alles in bester Ordnung!« Aber selbst wenn ich jetzt die ganze Flasche auf ex runterlade, fällt mir nichts ein, was ich Noah antworten könnte. Ich weiß ja gar nicht, wo ich anfangen soll – am besten gleich bei meiner Geburt. Das ist lächerlich. Oder soll ich etwa über Cosmo klagen, der gestern selbst noch so verzweifelt war, dass er sterben wollte, und heute keine Mühe scheut, um mich aufzurichten? Soll ich mich über meine Probleme an der Uni ausheulen, obwohl ich mir diesen Weg absolut freiwillig und sogar voller Zuversicht ausgesucht habe? Soll ich Noah die Ohren volljammern, dass ich mich selbst nicht mehr leiden kann, dass ich Dinge tue und sage, die ich bei jedem anderen verabscheuen würde?

Er bemerkt meine Ratlosigkeit und versucht, mir zu helfen. »Erzähl doch mal, wie läuft's denn so an der Uni?«, fragt er. »Schreibst du noch an dieser Arbeit? Wie war noch mal das Thema?«

»Literaturagenturen«, sage ich, aber noch während ich das Wort ausspreche, kommt es mir so vor, als wäre das falsch. Ist es auch. Mein Thema ist doch ... »Nee, stimmt nicht, ich schreibe über, warte mal, über ...« Und das war's. Ich sitze da und starre Noah an, er starrt geschockt zurück, und ich sage keinen Ton mehr.

Ich weiß nicht mehr, über welches Thema ich schreibe. Die Arbeit ist zu vierzig Prozent fertig, und ich habe keine Ahnung, um was es geht.

Ich kann Noah nicht mehr in die entsetzten Augen sehen und fixiere stattdessen die Tischplatte. Schon steht Cosmo in der Küche, wie immer augenblicklich herbeigerufen von meinen stummen Panikschreien. Beiläufig, lässig und noch ein bisschen außer Atem vom Toben mit Till setzt er sich zu uns an den Tisch, streift mich mit einem flüchtigen Blick und sagt zu Noah: »In welchen Film wollt ihr denn gehen?«

Nachdem er Till ins Bett gebracht und ihm eine völlig abgefahrene Gutenachtgeschichte erzählt hat, die ihn garantiert noch stundenlang wach liegen und grübeln lässt, setzt Cosmo sich zu mir vor den Fernseher, wo ich in einer Art vorgezogener Leichenstarre versuche, mein Blackout zu verwinden. Unbehaglich lasse ich zu, dass er sich dicht neben mich auf die Couch quetscht und seine Arme um meine Taille wickelt.

Natürlich weiß ich, wie Cosmo ist: ein liebebedürftiges, umwerfend zärtliches Kind, das unbefangen auf jeden Schoß klettert und sich holt, was es braucht. Er kann seine Pfoten einfach nie bei sich behalten. Jeden, den er auch nur ein kleines bisschen leiden kann, muss er pausenlos streicheln, umarmen, küssen und herzen. Ich bin also nicht sein einziges Opfer, aber vermutlich sein häufigstes. Als er vier war, mag das ja noch niedlich gewesen sein, aber das ist zwanzig Jahre her, und inzwischen kann sich niemand mehr vorstellen, dass seine Schmuserei frei von Hintergedanken ist. Zumal er mit der gleichen strahlenden Ungezwungenheit auch mit jeder und jedem x-Beliebigen Sex haben würde, sofern es sich irgendwie ergibt.

Ich hab mich zähneknirschend daran gewöhnt, dass er mich ohne Unterlass mit Zärtlichkeiten überschüttet, und solange er das nicht gerade in der U-Bahn oder auf dem Gemüsemarkt macht, komme ich damit einigermaßen klar. (An manchen Tagen tut es sogar gut. Was ich aber nie zugeben würde.) Trotzdem gibt es immer wieder Situationen, wo ich an meine Grenzen gelange, so wie gestern Nacht, als er sich in meinem Bett breitgemacht hat, noch dazu in Dessous, sozusagen.

Auch jetzt läuft mir eine Gänsehaut über den Rücken, aber ich bin viel zu erstarrt, um mich zu wehren, und außerdem fühle ich mich nach wie vor schuldig – im Moment könnte Cosmo sich bei mir fast alles erlauben. Hoffentlich tut er's nicht. Mir ist übrigens immer noch nicht eingefallen, zu welchem Thema ich die Hausarbeit schreibe, aber das ist mir jetzt auch egal.

In diesem Zustand der Betäubung, mit weitgehend gedankenleerem Gehirn und nahezu frei von Gefühlen, bleibe ich einfach bewegungslos auf meinem Sessel sitzen, bis Noah und Frida gegen Mitternacht nach Hause kommen. Sie sind aufgekratzt und gut gelaunt, setzen sich zu uns, um einen Absacker zu trinken, und erzählen von dem Film, den sie gesehen haben. Ich bemühe mich, immer diejenige Person anzuschauen, die gerade spricht. Das finde ich so anstrengend, dass ich nicht zusätzlich noch am Gespräch teilnehmen kann. Irgendwann fragt Noah mich etwas, aber während ich noch meine ganze Energie darauf verwende, die Frage zu verstehen, hat Cosmo bereits für mich geantwortet.

»Was ist eigentlich mit Johannes los?«, fragt Noah ihn daraufhin. »Spricht der jetzt gar nicht mehr oder was?«

Cosmo schaut kurz zu mir rüber. »Dem geht's nicht gut. Er ist total erledigt. Ich glaub, er braucht einfach nur Ruhe.«

»Das hab ich die ganze Zeit erwartet«, sagt Frida. »Das merkt man doch schon seit Wochen, dass es ihm schlecht geht.«

Ich komme mir vor wie ein exotisches Tier hinter Glas. Sie reden über mich, als könnte ich sie nicht hören.

»Er macht sich viel zu viele Gedanken und gönnt sich keine Pausen«, findet Noah.

»Ganz genau«, bestätigt Cosmo. »Er glaubt, er ist für den Fortbestand der Welt verantwortlich. Er müsste einfach mal abschalten.«

Das ist ja krass. Sie wissen genau, was gut und was schlecht für mich ist, und schrecken nicht davor zurück, das in meiner Gegenwart zu diskutieren! »Können wir jetzt gehen?«, bringe ich unter Mobilisierung meiner letzten Kräfte hervor. »Ich bin müde.«

Noah steht sofort auf. »Ja, klar. Ich fahr euch nach Hause. Danke, dass ihr euch um Tilly gekümmert habt.«

*

Ich bin sehr erleichtert, als wir wieder in unserer Wohnung sind. Dann sagt Cosmo: »Ich möchte noch mit dir reden, Johannes.« Er sagt das ganz sanft, nicht in diesem Genervte-Eltern-Tonfall, aber trotzdem kriege ich einen Schreck und bleibe stocksteif stehen. »Komm ins Wohnzimmer«, sagt Cosmo und geht schon vor.

Für ein paar Sekunden erwäge ich, die Wohnung wieder zu verlassen und einfach abzuhauen. Was ist mit mir los? Hallo? Das ist Cosmo, das ist mein geliebter Seelenbruder, der sich lediglich Sorgen um mich macht und mit mir sprechen möchte!

Cosmo legt gerade eine CD ein. Er steht nicht sonderlich auf Death Cab for Cutie. Die musikalische Kulisse ist also für mich. Ich quetsche mich in den Sessel, ziehe die Beine an den Körper und umklammere sie mit beiden Armen. »Du sitzt da, als wenn du Prügel erwartest«, sagt Cosmo. »Bist du sehr enttäuscht, wenn ich dich heute mal verschone?« Grinsend setzt er sich auf die Armlehne meines Sessels und zieht meinen Kopf an sich ran. Ich versuche, mich unauffällig ein bisschen zurückzuziehen, aber er lässt mir keine Chance. »Was ist los? Hast du deine Migräne oder was? Jetzt sei mal nicht so zickig. Ich will dir doch bloß sagen, dass ich dich liebe.« Er kichert sich fast vom Sessel. Haha. Ich kenne ihn. Das war überhaupt kein Scherz. Leider werde ich ein klein wenig wütend, aber noch gelingt es mir, die Klappe zu halten. »Jetzt sag doch mal, wie war der Tag heute für dich? Hat dir das gutgetan?«, will Cosmo wissen.

»Ja«, sage ich automatisch.

»Lügner«, erwidert er ohne Vorwurf, eher mit einer gewissen Enttäuschung. »Es hat dir nicht gutgetan. Jetzt geht es dir noch schlechter als vorher. Tut mir leid, Johannes. Ich glaube, es war eine blöde Idee von mir.«

Ich sehe vorsichtig zu ihm hoch und stelle fest, dass er jetzt nicht mehr rumalbert. Sofort werden all meine Beschützerimpulse aktiviert, und ich kann wieder in ganzen Sätzen reden. »Nein, das war eine ganz tolle Idee«, sprudele ich los. »Superlieb und ... so eine Idee, wie nur du sie haben kannst. Hör bloß auf, dir Vorwürfe zu machen. Es liegt eindeutig an mir, und ich kann dir nicht sagen, was mit mir los ist – ich weiß nur, dass es mir irgendwie nicht gut geht. Vielleicht wird alles noch schlimmer, wenn ich zur Ruhe komme, keine Ahnung! So was gibt's doch, oder?« Dabei sehe ich ihn die ganze Zeit an und hoffe verzweifelt, dass die Traurigkeit aus seinem Gesicht verschwindet. Tut sie aber nicht.

»Ja«, sagt er, »so was gibt's. Geht mir auch manchmal so. Aber wenn dir das nicht hilft, was soll ich dann machen? Sag mir doch, was ich machen soll! Ich kann das nicht aushalten, echt! Ich will, dass du mal wieder lachst!«

Offensichtlich sind wir beide gleich hilflos. Ich wünschte, ich könnte ihm konkrete Anweisungen geben. Geh bei Vollmond um Mitternacht auf einen Berg, such einen flachen, weißen Stein, spuck dreimal drauf und wirf ihn dann mit geschlossenen Augen über deine linke Schulter. Dann komm zurück nach Hause, und ich bin wieder der Alte. Stattdessen starre ich nur schweigend vor mich hin.

»Ich glaub, du bist depressiv«, sagt Cosmo düster. Ich schaue verschreckt zu ihm hoch. Sein Blick ist kaum weniger angstvoll; es ist fast, als würde ich in einen Spiegel sehen.

Da ist es, unser Dilemma: zwei verletzte, verlassene, hilflose und verängstigte Kinder im Dunkeln, die all ihre Hoffnungen auf den jeweils anderen setzen. Wie grotesk! Warum klammern wir uns nicht lieber an jemanden, der stark, selbstsicher und souverän ist und eine riesengroße Maglite-Taschenlampe hat? Aber es war ja keine bewusste und logische Entscheidung, sondern mehr so was wie das Schicksal, das uns zusammengeführt hat. Und von Anfang an war klar, dass wir irgendwie gemeinsam durch die Dunkelheit stolpern müssen. Wenn einer fällt, hilft der andere ihm wieder auf, und dann geht es blindlings weiter.

»Kannst du dich eigentlich noch an deine leiblichen Eltern erinnern?«, frage ich. Keine Ahnung, wie ich darauf komme.

Cosmo zieht überrascht die Augenbrauen hoch, dann sagt er: »Bin mir nicht ganz sicher. Ich hab ein paar Fotos von ihnen, ich kann nicht genau sagen, ob ich mich jetzt echt erinnere oder ob ich nur das weiß, was auf den Bildern zu sehen ist.«

»Ich wusste ja gar nicht, dass du Fotos hast«, sage ich und spüre eine leise Aufregung in meinem Magen. »Kannst du mir die mal zeigen?«

Cosmo gleitet von der Sessellehne und verschwindet wortlos in seinem Zimmer. Nach einer Minute kommt er mit einem kleinen Schuhkarton wieder – einem für Kinderschuhe –, um den ein Gummiband gespannt ist. Wir setzen uns beide auf den Teppich. Die oberste Fotografie muss das Hochzeitsbild seiner Eltern sein: ein verwegen aussehender, attraktiver, dunkelhaariger Mann, demonstrativ ungekämmt, und ein zartes, elfenhaftes, blasses Mädchen, ebenfalls schwarzhaarig und ziemlich exotisch, mit wunderschönen Mandelaugen. Er trägt einen dunklen Anzug, aber keine Krawatte, und sein Hemd ist am Kragen offen. Sie hat ein verspieltes Kleid in Rosa- und Elfenbeintönen an, mit Rüschen im Schulterbereich, geschlitzten Ärmeln und allerhand Geflatter hier und dort. Es ist verblüffend: Würde man ihre beiden Gesichter auf Transparentfolien übereinanderlegen, käme Cosmo raus.

Auf mehreren Bildern ist sein Vater zu sehen, wie er Gitarre spielt, gemeinsam mit einer Band. Er sieht ziemlich cool aus in seinen Bühnenklamotten, mit verschwitzten Haaren und der Musik hingegeben. Es gibt auch Fotos des Pärchens bei Partys, bei Ausflügen an die Ostsee, mit den übrigen Bandmitgliedern in einem knallroten Tourbus und beim Frisbeespielen im Tiergarten. Zum Schluss gibt Cosmo mir fünf oder sechs Fotos, auf denen die komplette kleine Familie zu sehen ist, und die schnüren mir fast den Hals zu. Ich muss mich zusammenreißen, um nicht loszuheulen.

Ein Babyfoto von Cosmo, sicher sein allererstes, er ist noch ein bisschen zerknautscht, aber bereits mit einem üppigen schwarzen Schopf gesegnet. Was für winzige Fingerchen! Und dann die Bilder der strahlenden Eltern mit ihrem süßen Nachwuchs. Wie kann er sich das überhaupt ansehen, wenn es mir schon fast ein Loch ins Herz brennt? Ich sehe zu ihm rüber und stelle fest, dass er Tränen in den Augen hat, die er ebenso zu verbergen bemüht ist wie ich.

Auf dem letzten Foto ist er schon recht groß. Mit Sicherheit war das kurz vor dem Unfall. Er sitzt mit unübersehbarem Stolz auf den Schultern seines Vaters, und beide Männer sehen mit einem völlig identischen Ausdruck innigster Zärtlichkeit herunter auf diese bildhübsche, vor Liebe glühende, asiatisch angehauchte Fee. Ich kann mir das nicht lange ansehen, sonst muss ich schreien.

»Ich seh mir die nicht sehr oft an«, sagt Cosmo, als spreche er mal wieder meine Gedanken aus.

»Das hätte mich auch gewundert.«

Er weiß sofort, was ich meine. Still räumt er die Fotos in den Schuhkarton zurück und zieht das Gummiband wieder darum. Wir sitzen schweigend auf dem Boden und warten, dass der Schmerz nachlässt.

»Dieses letzte Bild«, sagt er dann, »da waren wir an einem See. Nicht hier in Berlin, sondern außerhalb irgendwo. Es waren kaum Menschen da. Wir sind am Ufer spazieren gegangen, und ich hab Froschlaich gesehen. Lauter komische glibberige Blasen. Mein Vater hat mir einen Stock gesucht, mit dem konnte ich in dem Zeug rumstochern.« Möglicherweise ist das die einzige Erinnerung, die Cosmo an seine Eltern hat.

Es zerreißt mich fast. Ich möchte irgendwas tun, notfalls auch was Gewaltsames, jemanden verprügeln oder so, vielleicht den beschissenen Taxifahrer, der sie auf dem Gewissen hat. Dann merke ich plötzlich, dass ich mich lebendiger fühle als in den gesamten letzten Wochen. Ich will nicht sagen, dass es mir gut geht – aber ich spüre immerhin, dass Blut durch meine Adern fließt, was ich noch vor einer Stunde entschieden bezweifelt hätte. »Warum hast du mir die Bilder noch nie gezeigt?«, will ich wissen.

»Du bist der Erste, dem ich sie überhaupt gezeigt habe«, sagt Cosmo. »Ich hoffe, du weißt das zu schätzen.«

O ja, das tue ich ganz bestimmt. Ich müsste jetzt eigentlich noch viel deprimierter sein als vorher, aber das bin ich nicht. Ich bin traurig, ja, aber nicht mehr so tot. Die Betäubung hat nachgelassen. Ob das derselbe Effekt ist, den Cosmo erzielt, wenn er sich die Zigarette auf die Haut drückt? Durch Schmerz zum Leben zurückfinden?

Immer wieder läuft alles darauf hinaus, dass wir einander gleichen. Und jedes Mal bin ich aufs Neue verblüfft, weil es auf den ersten Blick doch so aussieht, als wären wir grundverschieden – selbst für mich.

So, 18.01.

Hab ich eigentlich ein Helfersyndrom oder was?

Ich weiß, dass Cosmo letzte Nacht nicht besonders gut geschlafen hat, denn ich habe ihn mehrmals ins Bad gehen hören. Jedes Mal habe ich lauschend gewartet, bis er wieder rauskam und zurück in sein Zimmer ging. Es hätte mich nicht gewundert, wenn er nach dem Betrachten dieser Fotos die eine oder andere Dummheit gemacht hätte: noch ein Valium und noch ein Valium, oder vielleicht mal wieder mit den Rasierklingen spielen ... Aber als ich am Sonntag aufstehe und mich leise in sein Zimmer schleiche, scheint alles in Ordnung zu sein mit ihm. Sein Atem geht regelmäßig. Lediglich im Bad finde ich einen einzelnen, mittlerweile eingetrockneten Blutstropfen auf den Bodenfliesen. Also doch die Rasierklingen. Wenn ich wüsste, wo er sie versteckt, würde ich sie wegschmeißen, aber er ist ja nicht blöd.

Ich habe gerade angefangen, den Tisch zu decken, als er in die Küche kommt. »Das darfst du nicht«, schimpft er. »Dein Verwöhnwochenende ist noch nicht vorbei! Setz dich sofort hin und lass mich das machen!«

Aber ich habe wieder genügend Kraft, um zu widersprechen. »Davon brech ich schon nicht zusammen«, beruhige ich ihn. Ich schiele beunruhigt auf die frischen Schnitte an seinem linken Unterarm. »Darf ich dir einen Verband drummachen?«, frage ich vorsichtig. Ich weiß, dass er manchmal sehr ungehalten auf solche Fragen reagiert.

Er steht eine Weile unschlüssig herum und scheint darüber nachzugrübeln. Dann zuckt er die Achseln, das heißt zumindest nicht nein. Sofort hole ich das Verbandszeug aus dem Bad. »Tut mir leid wegen der Fotos«, sage ich, während ich die Mullbinde um seinen Arm wickle und mich bemühe, die sterile Seite nicht zu berühren. »War ja irgendwie klar, dass dich das fertigmacht. Ich hätte besser nicht danach gefragt.« Er gibt keine Antwort, deshalb fahre ich fort: »Ich find's aber trotzdem toll, dass ich sie mal gesehen hab. Die gehen ganz schön unter die Haut.« Ich klebe einen langen Streifen Leukoplast obendrüber, damit der Verband hält. Es ist besser, die Schnitte abzudecken, gerade im Winter, sonst scheuern die Ärmel seines Pullovers daran, und sie entzünden sich.

Wir haben gefrühstückt, Cosmo hat zwei Zigaretten geraucht, um eine sechzehntel Scheibe trockenen Toast zu verdauen, und er sagt: »So, jetzt müssen wir los. Der nächste Programmpunkt.«

»Wie – noch mehr Action? Was machen wir denn heute?«

Aber er lächelt nur geheimnisvoll. »Zieh dich an. Ist nur ein kurzer Fußweg. Aber wir sollten pünktlich sein.«

Pünktlich? Was hat er vor? Kino? Bestimmt nicht am Sonntagmorgen um kurz nach zehn, oder? Ich bin völlig ahnungslos und folge Cosmo die Treppe runter, die Cauerstraße entlang und links in die Guerickestraße rein. Es ist wie gewöhnlich arschkalt, aber sonnig, und von der nahen Kirche dringt Glockengeläut herüber – ein Klang, der mich in meine Kindheit beamt und ein Ziehen in meinen Innereien verursacht. Und dann weiß ich plötzlich, was Cosmo vorhat. Ich bleibe stehen wie festgefroren. »Nee, warte mal, Cosmo … Das ist … Das geht nicht … Darauf bin ich nicht vorbereitet!«

Er dreht sich lächelnd zu mir um und zweifelt keinen Augenblick daran, dass ich erraten habe, wohin er mit mir will. »Seit wann muss man sich darauf vorbereiten? Hättest du Knieschoner mitnehmen müssen?«, witzelt er.

Ich bin total durcheinander, aber er lässt mir keine Zeit zum Nachdenken. »Jetzt komm schon, um halb elf geht's los!«

In einer verwirrenden Mischung aus Willenlosigkeit, Widerstand, Panik und Sehnsucht folge ich meinem unerbittlichen Seelenbruder zur Herz-Jesu-Kirche.

Kurz bevor wir durch das Portal treten, hält er mich am Ärmel meiner Jacke fest. »Du sagst mir ja, was ich machen muss, oder?« Erst jetzt wird mir klar, dass es Cosmo garantiert einige Überwindung kostet, mit mir hier reinzugehen. Er ist nicht katholisch und hat auch sonst keinerlei religiöse Ambitionen. Dass ich bis vor einigen Jahren regelmäßig zur Kirche ging, betete, in der Bibel las und so weiter, hat er immer akzeptiert, aber er hat auch ab und zu gesagt, dass er persönlich überhaupt keinen Zugang zum Glauben hat.

Ich versuche, ihm beruhigend zuzulächeln. »Na klar. Mach dir keine Sorgen. Ich bin die ganze Zeit neben dir.« Dabei bin ich selbst total nervös. Je länger ich den Kontakt zu meinem Glauben unterbrochen habe, je weiter ich mich davon entfernt habe, desto schwieriger wird es für mich. Es ist so, als hätte ich den Geburtstag meines besten Freundes vergessen. Ich traue mich nicht, den Fehler zu gestehen und wiedergutzumachen, und lasse immer mehr Zeit verstreichen, und damit mache ich alles nur noch schlimmer, bis am Ende die Freundschaft zerbricht, weil ich mich nicht mehr gemeldet habe – alles aus Scham.

Es gibt keinen konkreten Grund, warum ich mit dem Glauben aufgehört habe. Mein Leben hat einfach einen anderen Verlauf genommen – ich bin umgezogen, ich hab das Studium angefangen, in dem ich mich unwohl fühle, und vielleicht hab ich auch ein schlechtes Gewissen, weil ich das mit dem Priesterseminar nicht durchgezogen habe. Gott ist mir irgendwie verloren gegangen.

Diese Kirche ist ein Fest für die Sinne. Sie ist so, wie ich Kirchen von früher kenne, üppig und prunkvoll, mit herrlichen Buntglasfenstern, groß, imposant. Ich fühle mich gleichzeitig unbedeutend klein und geborgen. Die Predigt ist echt gediegen: kein abgehobenes Geschwafel, sondern lebensnah und zum Anfassen. Der Pfarrer spricht über den Glauben, was der heute so bedeuten kann und warum viele Menschen meinen, ihren Glauben verloren zu haben. Hallo? Redet der jetzt mit mir? Oder hat Cosmo ihn vorher angerufen und ihm gesagt, worüber er predigen soll? Zuzutrauen wär's ihm.

Ich sitze vollkommen bewegungslos in meiner Kirchenbank und spüre, wie meine Wurzeln wieder Wasser kriegen. Seit Monaten habe ich nicht mehr so aufmerksam zugehört. Ich kriege jeden einzelnen Satz mit, ohne dass meine Gedanken ein einziges Mal abschweifen. Ich fiebere geradezu nach diesen Worten.

Irgendwann greift Cosmo nach meiner Hand und hält sie fest. Dafür müsste ich ihn normalerweise bewusstlos schlagen, ich meine – in der *Kirche!* Der hat doch echt einen am Koffer! Aber heute ist das anders. Ich verspüre nicht mal den leisesten Anflug von Aggression, im Gegenteil: Sein Händedruck tut mir gut. Ich weiß, dass er sich für mich freut, denn man sieht mir garantiert an, wie überwältigt ich bin. Wenn jetzt hier alle Lichter ausgingen, würde ich an meinem Platz weiterleuchten wie ein Glühwürmchen.

Am Ausgang bekreuzige ich mich ein letztes Mal mit dem Weihwasser aus der Wandschale, dann treten wir ins blendende Sonnenlicht hinaus und blinzeln. Die Welt hat viel von ihrer Bedrohlichkeit verloren. »Ich würde jetzt am liebsten einen ganz langen Spaziergang machen«, sage ich. Schließlich ist es ja immer noch mein Verwöhnwochenende, und ich darf bestimmt auch Wünsche äußern.

»Gewiss, Herr«, sagt Cosmo mit einer beflissenen Verbeugung, »darf ich Euch mein Geleit antragen?«

»Wenn Er keine anderweitigen Verpflichtungen hat«, sage ich.

Wir gehen am Charlottenburger Ufer entlang und dann durch den Schlosspark. Außer uns sind noch ein paar Hundert andere

Berliner auf diese Idee gekommen, aber das verläuft sich auf dem riesigen Gelände, und ich genieße die frische Luft und die wärmenden Sonnenstrahlen. »Die Idee mit der Kirche war krönungsbedürftig«, sage ich. »Dafür gibt's nur ein Wort: Danke.«

Cosmo lächelt und sieht bescheiden zu Boden. »Ich hatte schon Angst, du würdest dich weigern«, gesteht er.

»Wollte ich auch zuerst, aber bei dir ist ja Widerstand zwecklos. Und damit hast du mir wahrscheinlich das Leben gerettet – also das ewige, meine ich.«

Ich hab Hunger, als wir nach dem ausgiebigen Spaziergang nach Hause kommen, und schiebe zwei Tiefkühlpizzas in den Ofen. Cosmo rührt seine allerdings praktisch nicht an. Überhaupt wird er mit jeder Minute stiller und merkwürdiger. Ich muss nicht lange rätseln, was mit ihm los ist: Er hat Angst vor der Schule morgen. Sein Referat ist nach wie vor ungeschrieben, Thilo hat sich noch immer nicht gemeldet, und Cosmo kann sich einfach nicht damit abfinden, dass er morgen mit leeren Händen vor seinem Lehrer stehen wird. So was ist für ihn eine gewaltige, grundlegende, existenzielle Katastrophe.

Nachdem ich eine Weile zugesehen habe, wie er den Käse auf seinem Teller hin- und herschiebt, kann ich den Mund nicht mehr halten. »Cosmo, mach dich doch nicht verrückt. Es ist absolut nicht deine Schuld, dass es mit dem Referat nicht geklappt hat. So was ist bestimmt schon hundert Mal vorgekommen. Jeder Lehrer wird dafür Verständnis haben. Ich meine, es ist wirklich schön, dass du so pflichtbewusst bist, aber du darfst es auch nicht übertreiben!«

Er hebt nicht mal den Kopf.

*

Jeder zieht sich in sein Zimmer zurück, was meine Unruhe noch verstärkt. Hinter verschlossenen Türen kann Cosmo jede nur erdenkliche Dummheit machen, ohne dass ich es mitkriege. Ich ziehe einen meiner zahllosen abgegriffenen und zerlesenen Borderline-Ratgeber aus dem Bücherregal und blättere unkonzentriert darin herum, in der Hoffnung, dass ich auf ein paar brauchbare Tipps stoße, wie ich mit dieser Situation umgehen soll. Dabei kenne ich das alles eigentlich auswendig. Vertrauen aufbauen, Grenzen setzen, klare Strukturen schaffen. Aber das ist alles so abstrakt – das ist nichts, was ich jetzt, in diesem Moment tun kann!

Ich klopfe an Cosmos Tür. Er sitzt an seinem Schreibtisch und arbeitet. »Was machst du?«, frage ich.

»Ich schreibe meinen Teil des Referats. Das heißt, ich versuche es, aber es haut irgendwie nicht hin. Das Ganze war als Teamarbeit ausgelegt. Mir fehlen immer wieder Informationen. Ich krieg es nicht hin, Johannes.« Seine Stimme versagt, er ist verzweifelt.

Erst jetzt sehe ich, dass er den Verband abgemacht und die Schnitte der vergangenen Nacht aufgekratzt hat. Sein Arm ist mit frischem Blut verschmiert. Ich fasse seine linke Hand, um mir die Sauerei näher anzusehen. »Das entzündet sich doch alles«, stöhne ich. Er beachtet mich gar nicht, sondern brütet über seinen Papieren.

Ich weiß, dass das Referat für den Biologieunterricht sein soll, und es geht um Zellstoffwechsel oder so was. »Was genau solltet ihr denn machen?«

»Zytologie«, sagt Cosmo. »Mein Thema sind die Eukaryonten, und Thilo sollte über Mitose recherchieren. Und das Ganze müssen wir dann zusammenführen und in Verbindung bringen. Ich schaff das nicht alleine. Ich hätte vielleicht direkt am Freitag damit anfangen sollen, aber ich dachte, er meldet sich noch bei mir. Jetzt ist es zu spät. Ich pack es nicht.«

Jajaja, das hat er ja nun schon oft genug gesagt. Ich versuche, mich zu erinnern, was ich selbst über Mitose gelernt habe. Mann, das ist Jahre her, und es hat mich nie wirklich interessiert. Trotzdem fange ich wie von Marionettenfäden bewegt an, mich mit dem Thema zu befassen. Und ich weiß ganz genau, worauf das hier hinausläuft – und dass es falsch ist.

Cosmos Wecker zeigt 3:47 Uhr, als das Referat steht. Es ist ein hervorragendes Referat – ich meine, ich hatte nicht umsonst einen Abidurchschnitt von 1,3. Er wird damit eine Spitzenzensur kassieren und vermutlich noch Bonuspunkte, weil er es ganz alleine gemacht hat. Bei diesem Gedanken muss ich freudlos grinsen. Ganz alleine, haha.

Ich bin halb ohnmächtig vor Müdigkeit, meine Augen tränen von seiner Qualmerei, und wahrscheinlich kann ich meinen Rücken nie wieder gerade durchstrecken. Aber ich habe Cosmo keine Sekunde lang aus den Augen gelassen, und er hatte keine Möglichkeit, sich irgendwelchen Schaden zuzufügen. Hab ich eigentlich ein Helfersyndrom oder was? Warum mache ich das? Weil Cosmo so unsäglich rührend ist in seiner Dankbarkeit? Weil er mir immer wieder sagt, dass ich ihn gerettet habe, dass ich sein Erlöser bin, dass er alles für mich tun würde und bla? Oder weil ich diese Scheißangst davor habe, dass er anderenfalls irgendwas Schreckliches macht?

Also jedenfalls ganz bestimmt nicht, weil er nun anfängt, jeden Quadratzentimeter meines Körpers mit irgendwelchen nervenzerfetzenden Liebkosungen zu bedecken. Verdammt noch mal, der Typ kennt wirklich überhaupt keine Grenzen, und ich kann ihm noch nicht mal den verdienten Tritt in die Eier geben. »Cosmo, ich würde jetzt gern schlafen gehen«, erkläre ich mühsam und pflücke seine liebenden Finger von meinem Pullover, »und zwar, äh, alleine, wenn du nichts dagegen hast.«

»Ja, natürlich«, sagt er und umarmt mich schon wieder wie ein Schraubstock, »aber du bist so kalt, soll ich dich nicht noch ein bisschen wärmen?«

Meine Güte. Er hat Glück, dass kein stumpfer Gegenstand in meiner Reichweite liegt. »Im Bett wird mir ganz schnell wieder warm«, erkläre ich energisch und stehe auf, und zwar mit so viel Nachdruck, dass er von mir abrutscht. Absurderweise fühle ich mich dabei wie ein Gefühlsmonster, vor allem, weil er mich mit diesem verschleierten Blick aus seinen schönen schwarzen Mandelaugen ansieht, als hätte ich ihm gerade das Herz aus der Brust gerissen.

»Alles ist gut«, sage ich, vermutlich um mich selbst zu beruhigen. »Du hast dein Referat, es ist top, du brauchst dir um nichts mehr Sorgen zu machen. Geh jetzt schlafen, damit du nicht im Unterricht einpennst.« Ich weiß wirklich nicht, warum ich das Referat mit ihm geschrieben habe. Ich habe ihm einmal mehr die Botschaft übermittelt: Lass dich ruhig hängen, ich regel alles für dich. Verdammt. Ich könnte mir in den Hintern beißen.

Etwas später, als ich im Bett liege und fast schon weggedämmert bin, fällt mir allerdings auch wieder ein, dass Cosmo mich heute – nein, gestern – wie ein kleines Kind zur Kirche geschleift hat und was das für mich bedeutet hat. Eigentlich sind wir damit quitt. Ich verzeihe ihm und mir selbst und nehme mir lediglich vor, in Zukunft weniger nachgiebig zu sein, damit er endlich mal aus seiner Abhängigkeit rauskommt. Hab ich mir übrigens schon oft vorgenommen.

mo, 19.01.

Draußen wie in mir wird es dunkler und dunkler

Ich habe den kompletten Montag für meine Hausarbeit an der Uni eingeplant. Gestern in der Kirche ist mir sogar das Thema wieder eingefallen. Und es ist jetzt wirklich höchste Zeit, dass ich mich damit beschäftige anstatt mit Mitose, denn der Abgabetermin ist keine vier Wochen mehr entfernt. Außerdem muss ich für eine Klausur lernen, die in vierzehn Tagen geschrieben wird, und eine ganze Reihe von Texten durcharbeiten. Mit Jens habe ich am Samstag telefoniert und mich noch mal entschuldigt, dass ich ihn habe sitzenlassen. Ich hab ihm versprochen, dass ich Dienstag früh wieder bei ihm aufschlage.

Wie gewöhnlich muss ich Cosmo wecken, aber ich bin erleichtert zu sehen, dass er sich ohne Widerstand für die Schule fertig macht. Es gelingt mir sogar, ihm eine komplette Brötchenhälfte mit Schnittkäse einzuhelfen. Ich sehe ihm vom Fenster aus nach, wie er in gewohnter Kamikazemanier mit dem unbeleuchteten Fahrrad die Cauerstraße runterschnellt, und bete kurz um Schutz für ihn. Dann reiße ich überrascht die Augen auf. Hab ich gerade gebetet? Krass!

Bis gegen elf arbeite ich konzentrierter als jemals zuvor. Ich komme ganz gut voran, meine Hausarbeit nimmt befriedigende Formen an. Dann falle ich in ein absolutes Tief, weil die Müdigkeit mich plötzlich überrollt. Kein Wunder – ich habe nur zweieinhalb Stunden geschlafen. Nicht mal meine fünfte Tasse Kaffee kann dagegen was ausrichten. Ich quäle mich noch ein bisschen, aber es ist zwecklos, deshalb laufe ich in der Wohnung rum, räume auf, checke den Kühlschrank auf Essbares, verputze einen Schokoriegel und wechsle im Bad die Handtücher. Dabei fällt mir ein, was ich schon längst mal machen wollte: Ich suche im Internet nach Kliniken, die auf Borderline-Behandlung spezialisiert sind.

Es gibt eine ganze Menge. Ich rufe sämtliche Homepages einzeln auf, lese mir ihre Beschreibungen durch und finde dann eine Einrichtung, in der mit Bonding gearbeitet wird. Nicht dass ich wüsste, was das ist – ich hätte es spontan für irgendein sadomasochistisches Fesselspielchen gehalten –, aber ich grabe natürlich nach weiteren Infos, und demzufolge legen sich beim Bonding zwei Menschen stundenlang aufeinander (kein Scherz!), und der untere darf seinen Gefühlen freien Lauf lassen, während der obere ihn stützen und stärken soll.

Nachdem ich meine Fassungslosigkeit in den Griff gekriegt habe, wird mir klar, dass Cosmo eine solche Therapie garantiert unglaublich toll fände. Wenn ich ihm davon erzähle (aber ich werde mir lieber die Zunge abbeißen), will er es bestimmt sofort mit mir ausprobieren.

Einige Kliniken bieten auch Kunsttherapie an; das wäre für ihn ideal geeignet und kommt mir auch erheblich seriöser vor. Im Grunde therapiert er sich ja auf diese Weise schon selber, aber unter fachkundiger Leitung könnte er vielleicht gute Erfolge erzielen. Bloß blöd, dass diese ganzen Borderline-Therapien so lange dauern. Beim Gedanken, dass er wochen- und monatelang weg ist, fühle ich mich ziemlich unwohl. Wahrscheinlich darf ich ihn da nicht mal besuchen. Energisch trete ich mir für meinen wehleidigen Egoismus mental in den Hintern und sage mir: Es geht nicht anders. Er muss endlich professionelle Hilfe kriegen. Und ich muss mit ihm darüber reden und ihn überzeugen.

Aber das kann ich erst mal vergessen, als Cosmo von der Schule nach Hause kommt. Er verbreitet seine exzessiven Gefühle in der ganzen Wohnung wie ein aufdringliches Supermarktparfum, denn er ist emotional komplett zerrissen: Für sein Referat hat er (natürlich) tatsächlich eine Eins und jede Menge Lob bekommen, aber gleichzeitig hat er erfahren, dass Thilo am Donnerstagabend in der Nähe des Bahnhofs Friedrichstraße überfallen und schwer verletzt wurde. Kein Wunder, dass er sich nicht gemeldet hat. Er liegt mit etlichen Messerstichen im Krankenhaus und ist nicht mal bei Bewusstsein.

Cosmo macht sich Vorwürfe, dass er auf der Grundlage von Thilos Unglück eine gute Note kassiert hat – also ein ziemlich absurdes Konstrukt, was ihn aber nicht daran hindert, sich komplett reinzusteigern.

Am Ende schreit er mich an, ich sei völlig herzlos, abgebrüht, gefühlskalt und verroht, ich hätte keinerlei Mitleid für andere und Thilo gehe mir am Arsch vorbei, er werde dafür sorgen, dass ihm die Eins wieder aberkannt werde, er könne unmöglich Lorbeeren kassieren, wenn dafür sein Klassenkamerad den Löffel abgebe, aber um das zu verstehen, fehle mir ja jegliche emotionale Grundlage und so weiter, und so fort. Mit einem explosionsartigen Türenknallen verlässt er die Wohnung.

Ich sitze noch minutenlang bleischwer und betäubt am Küchentisch, ohne viel denken zu können. Da ist nur so ein vages Bewusstsein von etwas Negativem. Mechanisch hieve ich mich schließlich hoch und räume die Teller weg. Ich hatte Buletten mit Spiegeleiern gebraten, und Cosmo hat tatsächlich was davon gegessen, weil er zunächst ja so euphorisch war.

Ich bringe die Kaffeemaschine in Gang und setze mich wieder an meinen Schreibtisch, um weiterzuarbeiten, aber dann lässt die Betäubung allmählich nach, und ich fange an, mir Sorgen zu machen. Nach einer halben Stunde rufe ich Cosmo auf dem Handy an, und er geht natürlich nicht ran, wie immer. So schleppt sich der Nachmittag dahin, ohne dass ich noch nennenswert produktiv wäre. Ich bin zerstreut, meine Gedanken sind mal bei Cosmo, mal beim Bonding, sie besuchen Thilo im Krankenhaus und kehren zurück zu meiner Hausarbeit. Übersetzungsrechte und Literaturscouts. Draußen wie in mir wird es dunkler und dunkler. Wieder rufe ich Cosmo an, wieder ohne Erfolg.

Das Klingeln der Türglocke verursacht mir fast einen Herzstillstand. Es gibt nur zwei Möglichkeiten, die in ihrer Gegensätzlichkeit nicht extremer sein könnten:

▷ Es ist Cosmo, der warum auch immer keinen Schlüssel dabeihat.
▷ Es sind zwei uniformierte Polizisten, die ungefähr folgenden Text aufsagen: »Sind Sie Johannes Barsikow? Wohnt hier auch ein gewisser Cosmo Gentz? Ist das ein Freund von Ihnen? Hm. Wir haben eine sehr traurige Nachricht für Sie, Herr Barsikow.«

Dass es Paule sein könnte, damit hab ich natürlich nicht gerechnet. Irgendwie bin ich aber sehr froh, ihn zu sehen. Noch ehe er mich mit seinem gewohnten Redeschwall flach gegen die Wand labern kann, falle ich meinerseits verbal über ihn her und präsentiere ihm mein gesammeltes Elend und meine zermürbende Sorge um Cosmo.

»Sollen wir ihn irgendwo suchen gehen?«, fragt Paule.

Nett gemeint, aber wie soll man in einer Dreimillionenstadt einen unberechenbaren, durchgeknallten Borderliner finden, der noch dazu so dünn ist, dass man ihn kaum sieht?

Paule meint, dass Cosmo mit einiger Wahrscheinlichkeit zu Thilo ins Krankenhaus gefahren ist. An diese Möglichkeit hatte ich auch schon gedacht; ich weiß aber nicht, in welcher Klinik Thilo liegt, und außerdem – wenn ich da hinfahre, mache ich mich ja zum Affen.

»Lass uns einfach über irgendwas anderes reden«, bitte ich Paule. »Was hat Marlene denn gesagt, dass wir neulich so abgestürzt sind? Ist sie noch sauer auf dich?«

Wir arbeiten bei einer Flasche Bier noch ein paar weitere Themen ab, dann sagt Paule: »So, jetzt ruf ich mal bei Cosmo an – vielleicht geht er ja bloß nicht ran, wenn er deine Nummer sieht.«

Das Schlimme ist, dass er recht hat. Oder ist das jetzt gut? Jedenfalls kriegt er Cosmo umgehend ans Telefon. »Wo steckst du denn, Alter? Alles klar bei dir? Komm mal nach Hause jetzt, Johannes geht mir total auf den Sack mit seinem Gewinsel! Ich stell dir mal 'n Bier kalt, ja?«

So einfach ist das. Ein paar flapsige Sätze, und alles ist geregelt. Kaum zwanzig Minuten später steht Cosmo im Wohnzimmer. Das Bier hat er sich bereits aus dem Kühlschrank geholt. Er begrüßt zuerst Paule, dann setzt er sich vor meinem Sessel auf den Boden und lehnt sich an meine Beine. Ich spiele kurz mit dem Gedanken, ihm einen gezielten Tritt in die Nierengegend zu verpassen, aber das wäre, als würde ich einen Hund treten, der sich mit schlechtem Gewissen vor mir auf dem Rücken wälzt. Trotzdem – ganz ungestraft lasse ich ihn nicht davonkommen. »Wo warst du eigentlich die ganze Zeit?«, frage ich bissig.

»Ich wollte zu Thilo ins Krankenhaus«, sagt Cosmo wenig überraschend. »Die haben mich aber nicht zu ihm gelassen. Dann bin ich zum Alex gefahren.«

Was ist denn das für eine Logik? Was wollte Cosmo denn am Alexanderplatz? Ich warte auf nähere Erläuterungen, aber er nimmt einen großen Schluck Bier und schweigt. Paule sieht ihn ebenfalls wartend an. »Was hast'n da gemacht?«, fragt er schließlich.

Es ist mehr als offensichtlich, dass Cosmo nicht darüber reden will. Er hebt die Schultern und wechselt hastig das Thema. »Bist du weitergekommen mit deiner Hausarbeit?«, fragt er mich scheinheilig.

»Oh, na klar, die ist fertig, und außerdem hab ich noch die Klausur vorbereitet und drei lange Texte durchgearbeitet«, antworte ich bösartig, »du weißt doch, ich kann immer am besten arbeiten, wenn du mich erst mal richtig zuschotterst und anschließend türenknallend die Biege machst!«

Darauf sagt Cosmo nichts, er lässt nur den Kopf hängen, und Paule wirft mir einen komischen Blick zu, den ich als Kritik interpretiere. Hallo? Was soll das denn jetzt? Ist das politisch unkorrekt, dass ich mal meinen Gefühlen Ausdruck verleihe? Hab ich nach zweieinhalb Stunden Schlaf nicht mal das Recht auf ein ganz kleines bisschen säuerliche Ironie? Ich würde mich gerne in meine Wut reinsteigern, aber stattdessen geht mir die Luft aus wie einem schlecht verknoteten Ballon, und ich sage leise: »Ich hab mir Sorgen gemacht, kannst du dir doch denken.«

Cosmo schmiegt den Kopf an meine Knie und antwortet: »Tut mir total leid, Alter. Auch was ich gesagt hab. War voll Scheiße.«

*

Nachdem Paule gefahren ist, sitzen wir weiterhin im Wohnzimmer und haben beide das Gefühl, reden zu müssen, aber keiner will den Anfang machen. Vielleicht ist es ja auch Quatsch, jetzt noch auf Cosmos jüngstem Ausbruch rumzureiten. Stattdessen erzähle ich mit der gebotenen Vorsicht, dass ich heute im Internet nach therapeutischen Einrichtungen gesucht habe.

»Echt? Wieso? Willst du noch eine Therapie machen?«, fragt er ahnungslos. (Oder er tut so.)

»Also, ich dachte eigentlich mehr an dich«, wage ich zu sagen.

Cosmo rückt mindestens einen Meter von mir ab, als hätte ich eine ansteckende Hautkrankheit. »Hast du'n Totalschaden? Ich geh doch in keine Klapse!«, verkündet er empört.

»Das sind keine Irrenanstalten, Cosmo. Das sind Profis, die dir helfen könnten! Willst du dir nicht wenigstens mal die Websites ansehen?«

»Nö«, sagt Cosmo bestimmt.

Ich nehme das resigniert zur Kenntnis und habe weder den Mut noch die Kraft, das Thema weiter zu verfolgen. Irgendwann später frage ich: »Wie lange warst du eigentlich im Heim, bis du das erste Mal in eine Pflegefamilie kamst?«

Er ist genauso überrascht wie vorgestern, als ich ihn nach seinen Eltern gefragt habe. »Nicht lange, zwei Monate, glaub ich. Warum willst du das wissen?«, fragt er zurück.

»Nur so«, sage ich. »Ich kenn doch deine Lebensgeschichte gar nicht so richtig. Es interessiert mich einfach.« Ich bin wirklich neugierig auf Cosmos Biografie, von der ich nur den groben Rahmen kenne, und frage mich, warum er nie ausführlich darüber geredet hat, obwohl wir uns schon jahrelang kennen. Und ich glaube, dass ich ihn besser verstehen kann, wenn ich mehr über ihn weiß. Mir ist allerdings klar, dass es nur wenig Schönes geben wird, was er da zu berichten hat, und dass es uns vielleicht beiden wehtun wird. Aber ich will es trotzdem wissen.

»Ich glaub, die ganz kleinen Kinder lassen sich am besten vermitteln«, sagt Cosmo. »Ich war ja noch nicht mal zwei. Im Grunde haben sie im Heim nur kurz meine Personalien aufgenommen und mich dann gleich weitergereicht. Im Idealfall wäre ich in dieser Familie dann großgeworden und hätte geglaubt, es sind meine leiblichen Eltern.«

»Und warum war es nicht so?«

Cosmos Blick geht ins Leere, irgendwo zwischen Fenster und Fernseher. Hätte ich lieber nicht fragen sollen? Vielleicht belastet es ihn so sehr, dass er sich wieder verletzt. Kann ich jetzt noch zurückrudern?

»Na ja«, sagt er langsam, »es scheint, dass ich nicht ganz den Erwartungen entsprach. Ich meine, ich kann mich natürlich nicht erinnern. Aber es gibt ja eine Akte über mich, und die haben mir auch mal erzählt, was da in meinen ersten Lebensjahren so abging.«

Er legt eine Pause ein, ich werde ganz kribbelig vor Spannung. Kommt da noch mehr? Oder will er nicht darüber sprechen?

»Ich soll wohl ziemlich mühsam gewesen sein«, fährt er fort. »Ich wollte nicht aufs Töpfchen gehen, ich wollte nicht selbstständig essen, und ich soll mich auch auf den Boden geschmissen und gebrüllt haben, wenn ich meinen Willen nicht kriegte.«

Obwohl das wirklich nicht witzig ist, muss ich ein Grinsen unterdrücken: Da hat er sich ja eigentlich in den letzten zweiundzwanzig Jahren nur unwesentlich verändert. Cosmo bemerkt das sofort, und meinen boshaften Gedanken hat er auch aufgeschnappt.

»Du Arschloch«, faucht er.

»Sorry«, sage ich. »Erzähl weiter, ich denk auch nicht mehr dazwischen, ehrlich.«

Er guckt mich streng an, bis ich nur noch pure Aufmerksamkeit verströme. »Meine Pflegeeltern waren mit mir bei einem Kinderpsychologen«, fährt er dann fort, »aber der konnte wohl auch nicht helfen. Ich glaub, ich war ungefähr ein Jahr lang bei denen. Die ganze Zeit standen sie im Kontakt mit dem Jugendamt. Nachdem es sich nicht besserte, haben sie sich geeinigt, dass ich in ein Heim mit einer speziellen Betreuung für behinderte Kinder sollte.«

Ungeachtet meines Versprechens schreie ich auf: »Behinderte Kinder? Wie jetzt?«

Cosmo zuckt mit den Schultern. »Ja, die haben gedacht, ich wär behindert! Ich meine, ich war inzwischen drei und wollte immer noch gefüttert und gewickelt werden!«

»Na und? Das ist doch total normal für ein Kind, das seine Eltern verloren hat, oder?«

»Sie haben mich auch nicht sehr lange dabehalten. Nach vier oder fünf Monaten kam ich wieder in ein anderes Heim, weil die Ärzte keine Behinderungen feststellen konnten. Ich war wohl einfach nur bockig. Und in dem neuen Heim haben sie mir das Bocken dann abgewöhnt. Daran kann ich mich sogar noch erinnern. Wenn ich nicht wie alle anderen mit Messer und Gabel oder mit dem Löffel essen wollte, gab's eben nichts. Und eine Windel kriegte ich auch nicht mehr. Entweder ging's in die Hose, oder ich musste zum Klo gehen. Tja – die saßen am längeren Hebel ... aber ich hab ziemlich lange durchgehalten.«

In seinem Grinsen kann ich den Triumph genauso sehen wie den Schmerz. Ich stelle ihn mir vor, diesen verlassenen Dreijährigen, der sich weigert, auf das zu verzichten, was ihm zusteht: Zuwendung, Fürsorge, Liebe. Kein angepasstes, resigniertes Kind, wie ich eins war, sondern ein wütendes, das seine Rechte mit allem einfordert, was ihm zur Verfügung steht – das ist nicht viel, aber es genügt, um die Erwachsenen zu zermürben. Ich stelle mir seine Verzweiflung vor, als er merkt, dass er sich immer weiter von seinem Ziel entfernt, und auch seinen Trotz, der ihn daran hindert aufzugeben. Jetzt erst recht! Wenn sie mich nicht lieben wollen, dann mach ich ihnen eben das Leben zur Hölle! Die kriegen mich nicht klein! Fast tut es mir leid, dass er irgendwann eingeknickt ist.

Und wieder kann ich den Gedanken nicht verhindern, dass er immer noch sehr nah dran ist an diesem Dreijährigen. Ich sollte endlich meine dämlichen Hemmungen überwinden und ihn mal in den Arm nehmen. Genau. Das mach ich jetzt. Wie nicht anders zu erwarten, schmeißt Cosmo sich mir sofort an den Hals wie eine rollige Katze und drückt mir fast die Luft ab. Ich zwinge mich, ihn mir als Dreijährigen vorzustellen, der endlich einen Bruchteil jener Zuwendung kriegt, die er braucht, dann kann ich die Nähe besser ertragen. Zum Glück lockert sich seine Umklammerung nach einer knappen Minute.

»Ich hab's denen nicht leicht gemacht«, sagt er mit mehr Trotz als Bedauern.

Ich rücke ihn in eine Position, die mir nicht ganz so bedrohlich vorkommt, nämlich so, dass er sich mit dem Rücken an mich anlehnen kann. Das hat ja außerdem einen gewissen Symbolcharakter, Rückendeckung, den Rücken stärken und so weiter.

»Aber immerhin«, fügt er hinzu, »ich wurde nie verprügelt. Man denkt immer, in diesen Heimen werden die Kinder geschlagen, oder? Also, ich hab das nicht erlebt. Höchstens mal einen Klaps auf den Po oder so was.«

Es kommt mir so vor, als suche er nach etwas Positivem in all diesem Schlamm.

»Tja, selbstständig essen tust du ja bis heute nicht«, flachse ich, »aber wenigstens machst du nicht mehr in die Hose.« Ich muss die Stimmung einfach ein bisschen auflockern. Weil er nicht antwortet und auch nicht lächelt, füge ich hinzu: »Wär mir aber auch egal. Notfalls wechsel ich dir auch die Windeln.«

Das wiederum war ein Tick zu viel, denn an seinem unmittelbar aufleuchtenden satanischen Grinsen erkenne ich, dass er sich das gerade plastisch ausmalt, und ich bin schon wieder kurz davor, ihm eine zu klatschen – aber wenigstens grinst er. Ich möchte, dass er gleich in ausgeglichener Stimmung schlafen geht und ich nicht wieder die ganze Nacht wach liegen und lauschen muss, was er wohl im Badezimmer macht.

di, 20.01.

Einfach Pixi

Im Hinterzimmer von Jens' Army-Shop stapelt sich die Arbeit fast bis zur Decke. Ich würde am liebsten gleich wieder nach Hause fahren und mich noch ein paar Stunden ins Bett legen, als ich das Chaos sehe. Mutlos lasse ich mich auf den Schreibtischstuhl sinken. Da kommt Jens rein und lädt einen weiteren Stapel dicker Pullis ab. Täusche ich mich, oder grinst er dabei heimtückisch?

Ich bleibe vier Stunden, in denen die Kleiderberge nicht kleiner werden, obwohl ich mir keine Pause gönne. Dann fahre ich direkt weiter zur Uni. Von unterwegs rufe ich Cosmo an. »Kannst du die Bilder vom Einrahmen abholen? Sie sollten heute fertig sein«, sage ich. »Nimm dir Geld aus der Dose, es müsste so gerade eben reichen.«

Wir haben im Wohnzimmer eine indische Blechdose stehen, die Cosmo mal von irgendwem geschenkt bekommen hat. Da kommt Bargeld rein, zum Beispiel aus den Bilderverkäufen, sofern wir es nicht sofort verprassen oder aufs Konto einzahlen. Zuletzt hatte ich zwei von Cosmos großformatigen Ölbildern an eine Fitnessstudiobesitzerin in Schmargendorf vertickt, und von diesem Geld müsste noch der größte Teil da sein.

Ich komme wieder erst spät von der Uni nach Hause und bin ziemlich fertig. Im Moment schlaucht mich alles: die Arbeit bei Jens, das Studieren und sogar die Busfahrt von Dahlem hierher. Ich freue mich auf einen Abend mit passiver Fernsehberieselung und vielleicht auf eine Flasche Bier – und natürlich auf was Essbares, das ganz besonders.

Merkwürdigerweise ist in der Wohnung alles still und dunkel, als ich reinkomme. Es ist selten, dass Cosmo um diese Zeit weg ist, aber wer weiß, vielleicht ist er mit Paule unterwegs oder mit irgendjemandem aus seiner Klasse. Ich finde eine Dose Ravioli, schütte den Inhalt in eine Plastikdose und stelle sie in die Mikrowelle.

Knapp zwei Stunden später wache ich vor dem Fernseher auf, weil mir die Bierflasche aus der Hand gerutscht ist. Was für eine Sauerei! Der ganze Teppich ist nass! Ich hole die Rolle mit Küchenkrepp, tupfe die schäumende Lache auf, tränke einen Lappen mit heißem Wasser und Spüli, rubbele die Bierreste weg ... und dann fällt mir auf, dass Cosmo immer noch nicht da ist. Ich lasse den Lappen fallen, hole mein Handy und rufe ihn an.

Er klingt gut gelaunt und möglicherweise ein bisschen betrunken. »Ich bin noch am Alex. Ich komm aber gleich. Spätestens in einer Stunde bin ich zu Hause.«

Schon wieder am Alex? Was macht der bloß immer da?

»Ach so«, sagt Cosmo, als falle es ihm gerade ein, »ich bring noch jemand mit, ja?«

Zwei Stunden später werde ich von Gekicher und ziemlich lauten Stimmen erneut aus dem Sofaschlaf geweckt. Cosmo und ein Mädchen, beide deutlich jenseits der zulässigen Promillegrenze. Sie hat schwarze Haare, vorne eine feuerrote Strähne und einen gut fünf Zentimeter breiten kahl rasierten Streifen über dem linken Ohr, trägt einen schwarzen Rock, der kaum breiter ist als der Nietengürtel, der schräg darüber verläuft, schwarze Strumpfhosen mit einem eurogroßen Loch am rechten Knie und ungeputzte Doc Martens. Das Solideste an ihrem Outfit ist eine dicke Jacke in schwarz-grauem Tarnmuster, die sieht irgendwie ziemlich sauber aus. Ihre Augen sind so ähnlich schwarz umrandet wie die von Nuria Rabe, nur weniger professionell, und die Anzahl ihrer Piercings dürfte sich nur unwesentlich von der Cosmos unterscheiden. Ich zähle allein drei in ihrer linken Augenbraue. Übrigens ist sie allerhöchstens fünfzehn.

Die beiden stehen eng umschlungen vor dem Sofa, auf dem ich mich aus dem Schlaf zu kämpfen versuche, kichern und grinsen auf mich herab. »Hi«, sagt Cosmo. »Das ist Pixi.«

»Pixi? Ist das eine Abkürzung von Priska? Oder Patrizia?«, frage ich.

»Neeee, einfach Pixi«, sagt sie. Sie hat so eine nölige, heisere Stimme, von der man zentimeterdicke Nikotinschichten kratzen könnte, und obwohl sie grinst, klingt sie leicht angenervt.

Einfach Pixi. Ich setze mich aufrecht hin und mustere Cosmo, der vor Liebesglück leuchtet. »Ich hol mal was zu trinken«, sagt er und geht in die Küche, obwohl es ihm sichtlich schwerfällt, Pixi loszulassen.

Sie zieht ihre Jacke aus und wirft sie auf die Couch (Garderoben sind ja auch nur was für Spießer), dann schmeißt sie sich in den Sessel und guckt sich in unserem Wohnzimmer um. »Cool«, sagt sie, und ich hab keine Ahnung, was genau sie damit meint.

Cosmo kehrt mit drei kalten Flaschen Bier zurück. Eine drückt er mir in die Hand, dann quetscht er sich neben Pixi in den Sessel, was kein Problem für ihn darstellt – er würde ja sogar bequem *unter* den Sessel passen.

Die beiden stoßen ihre Flaschen aneinander, aber statt zu trinken, küssen sie sich ausgiebig. Ich frage mich, was das für ein Gefühl ist, wenn zwei Zungenpiercings aufeinandertreffen, und ob man dabei einen elektrischen Schlag kriegen kann. Genug unter Strom stehen sie ja anscheinend.

Soll ich diskret verschwinden? Soll ich unbeteiligt tun und mir diese strunzdoofe Comedy-Show im Fernsehen ansehen? Oder soll ich mir Cosmos und Pixis zunehmend pornografische Live-Darbietung reinziehen? Ich geb ja zu, dass mich das ziemlich antörnt, aber genau darin liegt auch wieder das Problem: keiner da, der sich ein bisschen liebevoll um mich kümmern könnte.

Nach einer gut zwanzigminütigen Show, als ich bereits mehr hechele als atme und meine Flasche Bier längst zum Ablöschen verwendet habe, muss auch Cosmo mal kurz Luft holen und einen Schluck trinken, und er guckt zu mir rüber mit der nonverbalen, aber total unmissverständlichen Botschaft: *Komm doch rüber und mach mit!* Da ergreife ich in Panik die Flucht und verbarrikadiere mich in meinem Zimmer.

Später höre ich laute Musik von nebenan, Megadeth und Lamb of God. Ich kann nicht einschlafen und grüble. Themenschwerpunkte sind:

- ▷ Hoffentlich ist Pixi mindestens sechzehn, frei von Aids und anderen ansteckenden Krankheiten und meint es ernst mit Cosmo.
- ▷ Ich wünschte, ich könnte auch mal wieder vögeln.
- ▷ Was geht in Cosmo vor, wenn er mir fast schon ausdrücklich anbietet, seine nagelneue Freundin mit ihm zu teilen? Ist er naiv, abgebrüht, pervers oder will er einfach ein guter Freund sein?
- ▷ Wie auch immer – es tut Cosmo bestimmt gut, und ich sollte mich für ihn freuen. Los, Johannes. Freu dich. Na, mach schon.

Danach stelle ich mir mit großer Detailfreudigkeit vor, Nuria Rabe käme jetzt in mein Zimmer geschwebt und würde mich von meiner eisenharten Last befreien, und dann schlafe ich endlich ein. Nur wenig später werde ich wieder wach, und zwar weil Cosmo plötzlich in mein Zimmer kommt, ohne das Licht einzuschalten. Wenn Cosmo nachts in mein Zimmer kommt, hat das nichts Gutes zu bedeuten. Ich richte mich auf, atme zu schnell und frage: »Ist was passiert?«

Cosmo setzt sich auf den unteren Teil meines Bettes. »Nichts Schlimmes jedenfalls!« Und nach einer Pause fügt er hinzu: »Die ist süß, ne?«

Im Dämmerschein der Straßenbeleuchtung sehe ich sein träumerisches Lächeln. Ich überlege, was ich sagen soll. Süß? Na ja. Nicht wirklich. Ich meine, sie sieht nicht total scheiße aus, aber unter »süß« verstehe ich mehr so was Unschuldiges, Zartes, Beschützenswertes – und nichts davon trifft auf Pixi zu. »Wie alt ist sie überhaupt?«, frage ich.

»Sechzehn«, antwortet Cosmo. War klar, dass sie ihm das sagen würde. Und war klar, dass er es nicht bezweifelt. Wenn Cosmo zweifelt, dann höchstens an sich selbst.

»Na hoffentlich«, sage ich. »Ich meine, sie sieht irgendwie sehr viel jünger aus. Aber ich freu mich für dich«, füge ich schnell hinzu.

»Warum kommst du nicht rüber?«

Jetzt fragt er mich das allen Ernstes auch noch explizit und mit Worten. Wenn ich meinem ersten Impuls folgen dürfte, würde ich ihn jetzt schlagen, beschimpfen und aus meinem Zimmer jagen. Stattdessen sage ich mühsam beherrscht: »Och nee, weißt du, ich steh nicht so auf … auf Rudelpoppen. Echt nicht.«

»Du weißt nicht, was dir entgeht«, erwidert er todernst. Er schweigt eine Weile. Dann sagt er: »Na ja, jedenfalls wollte ich nur mal nach dir sehen. Du hast so traurig ausgesehen heute Abend. Ich dachte, du bist vielleicht eifersüchtig. Aber das solltest du nicht – Pixi ist bloß Pixi, und du bist mein Seelenbruder und allerbester Freund und natürlich mein Erlöser. Verstehst du?«

Nun, ich geb mir jedenfalls Mühe. Und es ist ja irgendwie wirklich nett, dass er mitten in der Nacht rüberkommt, sein neuestes Spielzeug allein lässt und mir das mitteilt.

Cosmo steht auf, beugt sich über mich und streicht mir über die Wange. Sein Blick enthält als Basisnote Aufmunterung, als Herznote Zärtlichkeit und als Kopfnote Bedauern – vermutlich darüber, dass er mich nicht in sein Bett quatschen konnte. Im Rausgehen bückt er sich nach den zerknüllten Taschentüchern neben meinem Bett und wirft sie in den Papierkorb. Leise schließt sich die Tür hinter ihm.

mi, 21.01.

Ich kenne die Antwort, aber ich will es nicht glauben

Zum Glück (und zu meiner Überraschung) brauche ich Cosmo am nächsten Morgen nicht zu wecken. Er steht von ganz alleine auf, und das auch noch pünktlich.

»Und wo ist Pixi?«, frage ich, als er in die Küche kommt.
»Die schläft noch.« Cosmo holt sich Kaffee.
»Oh, ich muss aber auch früh weg heute«, sage ich leicht irritiert.
»Ja und?«
»Ich meine, wir sind dann beide weg – und sie alleine hier.«
»Das ist doch kein Problem«, sagt Cosmo verständnislos. »Sie wird doch öfter mal alleine hier sein.«

Jetzt rutscht mir der Unterkiefer auf die Tischplatte. »Ach, äh – sie bleibt länger?« Ich versuche, mein Entsetzen zu verbergen.

Cosmo lächelt glücklich. »Ja, sie bleibt erst mal hier. Sie ist doch zu Hause rausgeflogen. Die letzten Wochen hat sie am Alex verbracht. Und sie ist total froh, dass sie jetzt ein Dach über dem Kopf hat. Stell dir das mal vor, bei der Kälte draußen pennen zu müssen!«

Nein, das werde ich mir nicht vorstellen – ich stelle mir vielmehr vor, wie Pixi unseren Kühlschrank plündert, in allen Zimmern Licht brennen lässt, die Heizung auf fünf dreht und die Fenster öffnet, wenn es ihr zu warm wird, endlose Telefonate führt, alle ihre Freundinnen zum Partymachen herholt und an meinem Laptop rumfummelt.

»Sie braucht einfach jemanden, der sich um sie kümmert«, fährt Cosmo fort. »Ich bin echt froh, dass ich sie kennengelernt hab. So ein Mädchen ganz allein auf der Straße ... das ist doch viel zu gefährlich.«

Wenn ich nicht so entsetzt wäre, würde ich höhnisch auflachen. Cosmo weiß doch gar nicht, wie man »gefährlich« buchstabiert, und außerdem hat er selbst über ein Jahr auf der Straße gelebt. In was für eine Fantasiewelt hat er sich da bloß wieder reingezoomt?

»Na ja, ein paar Tage wird das wohl gehen«, sage ich schließlich hilflos. »Aber dann sollte sie sich doch lieber eine eigene Wohnung suchen, meinst du nicht?«

Er guckt mich tadelnd an. »Johannes, sie ist doch erst sechzehn. Und hat null Schotter. Wie soll sie sich denn eine Wohnung suchen?«

Tja, ich bin zwar schon vierundzwanzig, aber ich hab auch null Schotter, und ich werde keine Schmarotzerin durchfüttern! Aber das sag ich jetzt nicht. Noch nicht. Ist vielleicht besser, das Thema erst mal ruhen zu lassen.

»Wo hast du denn die Bilder hingestellt? Ich bring sie gleich weg«, sage ich stattdessen.

»Hm? Was für Bilder?«, fragt Cosmo zerstreut.

Mir wird eiskalt. »Die Bilder, die du gestern vom Einrahmen abgeholt hast?«, sage ich ganz vorsichtig und leise. Bitte, bitte, nicht!

»Ach so, die Bilder. Oh, ja. Stimmt. Hm. Tut mir leid, die … konnte ich leider nicht abholen.«

»Ah, und warum nicht?«, frage ich mit angehaltenem Atem.

»Na ja …«, Cosmo zögert ein bisschen, »weil ich kein Geld hatte.«

Ich fahre hoch. »Wieso? In der Dose …«

Er unterbricht mich sofort: »Ja, ich hab das Geld aus der Dose genommen, aber dann hab ich Pixi getroffen, und sie hatte doch überhaupt keine Jacke mehr! Der war die Jacke abgerippt worden! Hey, bei vier Grad minus! Hätte ich sie erfrieren lassen sollen oder was? Und dieser Typ, bei dem sie noch Schulden hatte, der hat sie schon mal verprügelt, vor zwei Wochen, der hätte das bestimmt wieder gemacht, deshalb hab ich ihr das restliche Geld gegeben, damit sie ihn bezahlen kann.«

Ich starre Cosmo an, der aber woanders hinguckt, und dann starre ich auf den Boden. Mir fällt absolut nichts ein, was ich dazu sagen könnte. Oder besser gesagt: Alles, was ich sagen möchte, hätte den sofortigen Abbruch unserer Freundschaft zur Folge.

»Tja, tut mir leid«, sagt Cosmo noch mal und steht auf, weiterhin meinem Blick ausweichend. »Ich muss jetzt los.« Im Weggehen zündet er sich eine Zigarette an. Ich habe keine Kraft mehr, um egal was zu tun. Ich bleibe einfach da sitzen und hoffe, dass die Zeit auch ohne mich vergeht.

Ich hab Fridas Vater zugesagt, dass ich ihm heute Morgen die gerahmten Bilder vorbeibringe. Er drückt dafür über tausend Mäuse ab. Das ist wahrscheinlich sogar für ihn kein Fliegenschiss mehr. Wenn ich nicht hinfahre, ist das so was von unprofessionell – ich darf gar nicht dran denken. Das geht einfach nicht, es ist absolut ausgeschlossen. Außerdem brauchen wir ganz, ganz dringend das Geld. Ich muss die Bilder abholen und zu meinem Auftraggeber bringen, egal wie.

Durch mein Gehirn rattern alle möglichen Szenarien zur Beschaffung der 250 Euro, die ich brauche, um die Einrahmung zu bezahlen. Die meisten davon sind spätpubertär und/oder illusorisch. Schließlich ziehe ich mit vor Selbstekel steifen Fingern mein Handy aus der Hosentasche und rufe Frida an. Sie hat auch nicht viel, aber sie und mein Bruder sind die einzigen Menschen, die ich überhaupt um so was bitten kann; ich kenne sonst niemanden. Zum Glück geht sie fast sofort ran. Ich erzähle ihr nur, dass ich Geld brauche, um die Bilder abzuholen. Kein Wort davon, dass Cosmo unsere letzten Kröten in die Errettung einer verwahrlosten Minderjährigen vom Babystrich investiert hat.

Natürlich sagt sie, dass ich doch einen solchen Auftrag nicht hätte erteilen dürfen, wenn ich nicht das Geld habe, um ihn zu bezahlen, und ich gebe ihr einfach recht. Bestimmt kommt ihr das komisch vor. Sie kennt mich nicht als jemanden, der unüberlegt und planlos handelt. Aber wenigstens sichert sie mir ihre Hilfe zu.

»Pass auf«, sagt sie, »ich muss sowieso gleich in die Stadt. Ich fahr bei der Bank vorbei, hol das Geld ab und bring es dir. Aber ich kann es dir nur für ein paar Tage leihen. Anfang des Monats wird einiges abgebucht, bis dahin muss es wieder auf dem Konto sein.«

Mir wird ganz flau vor Erleichterung. »Ja, das ist doch klar«, sage ich, »du kriegst es ja heute noch wieder – sobald dein Vater die Bilder bezahlt hat.«

Frida ist echt ein Engel. Nicht nur, dass sie mir das Geld pumpt, sie fährt mich sogar noch zu dem Laden in Kreuzberg, wo wir die Bilder rahmen lassen, und von da aus zu ihrem Vater nach Tegel. Ich flehe sie an, ihm nichts zu erzählen. »Wenn das rauskommt, kriegen wir nie mehr auch nur ein einziges Bild verkauft«, sage ich dramatisch.

»Hältst du mich für bescheuert? Von mir erfährt er nichts.«

Auf dem Parkplatz der Kanzlei bleiben wir noch ein paar Minuten in ihrem Auto sitzen. »Du kannst mir auch ruhig die ganze Wahrheit erzählen«, sagt Frida und guckt mich von der Seite an. »Ich glaub dir nicht, dass du das Geld nicht hattest und einfach die Einrahmung bestellt hast. So bist du nicht.«

Ich kaue auf meinem Daumennagel herum. Nein. Ich werde Cosmo nicht verraten. Er ist mein Seelenbruder. Er ist krank. Es ist nicht seine Schuld. Ich hätte die Bilder einfach selbst abholen sollen, dann wäre das nicht passiert. »Doch, ich bin so«, sage ich und versuche zu grinsen. »Ich kann nicht gut mit Geld umgehen.« Soll sie vermuten, was sie will. Aus mir kriegt sie nichts raus. Wir schweigen kurz.

»Weiß er eigentlich, was deine Freundschaft wert ist?«, fragt sie dann.

»Ja«, sage ich. »Er weiß es und verdient sie sich immer wieder aufs Neue.« Komischerweise meine ich das nicht ironisch, obwohl ich ihn noch vor zwei Stunden für mein Leben gern mit einem Baseballschläger zu Brei verarbeitet hätte.

Als ich mit zwölf geilen Hundertern in der Tasche nach Hause komme und mir die Hände waschen will, pralle ich zurück. In der Wanne sitzt Pixi und vergnügt sich mit einer leeren Shampooflasche, aus der sie in hohen Fontänen das Wasser spritzen lässt. Ihre Haare sind tropfnass, und sie ist nicht geschminkt, weshalb sie nun aussieht wie höchstens elfeinhalb. Ich stottere irgendwas und trete den Rückzug an, aber sie kräht mir hinterher: »Ey, komm ruhig rein! Macht mir nichts aus! Könntest mir dann auch mal ein Handtuch geben!«

Ich atme tief durch und gehe wieder rein. Leider schaffe ich es nicht, ihre spitzen Kinderbrüstchen zu ignorieren, die nur mangelhaft von Badeschaum bedeckt aus dem Wasser ragen. Aber dann sehe ich gleich wieder weg und konzentriere mich auf den

Gedanken, dass ein Vollbad zweihundert Liter Wasser verbraucht, eine ausgiebige Dusche dagegen nur achtzig. Ich wasche mir die Hände, reiche ihr mit abgewandtem Gesicht ein großes Badetuch und flüchte.

Ehe ich zur Uni muss, kann ich mich noch ein bisschen mit meiner Hausarbeit beschäftigen. Ich will ein paar Sachen im Internet recherchieren. Nach einer halben Stunde kommt Pixi rein, selbstverständlich ohne anzuklopfen. »Boah, hast du viele Bücher«, schreit sie.

Ich drehe mich zu ihr um. Sie trägt schwarze Boxershorts von Cosmo. *Sonst nichts.* Hastig wende ich mich wieder dem Bildschirm zu. »Äh, du holst dir 'ne Erkältung.«

»Hast du die echt gelesen?«

Ich nehme aus den Augenwinkeln wahr, dass sie ein paar Bücher aus dem Regal zieht, und presse Ober- und Unterkiefer aufeinander. Was nervt mich jetzt mehr, dass sie fast nackt in meinem Zimmer rumwandert oder dass sie ohne zu fragen an meinen Büchern rumgrapscht?

»Ich hab früher immer *Lucky Luke* gelesen«, sagt sie. »Kennst du Lucky Luke? Das ist so'n Cowboy. Hast du was von dem?«

»Warum ziehst du dich nicht einfach an?«, schlage ich vor. »Draußen sind sechs Grad unter null.«

»Ja, ich bin ja nicht draußen«, erwidert sie rotzig. »Ich hab meine Sachen mal in die Waschmaschine getan. Hast du 'n Pulli oder so was?«

Warum nimmt sie nicht einen von Cosmo, wenn sie schon seine Unterwäsche trägt? Ach, was soll's. Ich gehe zu meinem Kleiderschrank, und sie stellt sich so dicht neben mich, dass ich ihren frisch gebadeten Geruch einatme.

»Du hast aber viele graue Sachen«, stellt sie fest, als ich die Schranktür öffne. »Stehst du irgendwie auf Grau oder so?«

»Nee, auf Pink«, sage ich, jetzt gefährlich gereizt. Ich zerre irgendein (graues) Sweatshirt raus und schmeiße es ihr zu. »So, ich muss jetzt weiterarbeiten.«

»Was arbeitest du denn da?« Während sie sich das Sweatshirt über den Kopf zieht, geht sie auf meinen Bildschirm zu. »Ey, das ist ja Englisch«, erkennt sie scharfsinnig. »Krass.« Ehe ich es verhindern kann, setzt sie sich auf meinen Stuhl, schnappt sich die Maus, tippt etwas ein und öffnet eine andere Seite – irgendwas Anarchistisches mit schwarzen Hintergründen, roten Sternen und vermummten Gestalten. Sie zeigt auf eine davon (sie berührt mit dem Finger meinen Bildschirm!) und sagt: »Guck mal, das ist Kenzo. War mein allerbester Freund. Der ist vor zwei Monaten gestorben.«

Ich will bestimmt nicht gefühllos sein, aber das ist mir superscheißegal. »Ja, echt traurig«, sage ich und bemühe mich nicht mal um einen emotionalen Tonfall, »aber ich muss hier arbeiten, okay? Genau hier. An diesem Laptop und auf diesem Stuhl sitzend. Und zwar genau jetzt.«

Sie wirft mir einen vorwurfsvollen Blick zu und hebt die Hände zu einer Beschwichtigungs- und Abwehrgeste. »Ja, ja, komm mal klar, Alter.« Gemächlich erhebt sie ihren fast unbekleideten Hintern von meinem Platz und zockelt ohne Eile davon. Ich hole eine Flasche Fensterreiniger und ein Stück Küchenkrepp und reinige den Bildschirm und die Tastatur, bevor ich weiterarbeite.

Ehe ich zur Uni starte, will ich noch mal pinkeln gehen, aber als ich die Badezimmertür öffne, krieg ich fast den Herzkasper. Pixi hat zwar das Wasser aus der Wanne gelassen, aber Schaum- und Schmutzreste trocknen langsam darin an. Die leere Shampooflasche liegt auf dem Abfluss. Das Handtuch hat sie einfach auf den Boden geworfen, als wäre sie hier im Hotel. Der Spiegelschrank über dem Waschbecken steht weit offen, und alles, was sie unbekümmert rausgenommen und benutzt hat – Haargel und Schaumfestiger, Deo, Hautcreme und was weiß ich noch alles –, steht, zum Teil ohne Verschlussdeckel, auf dem Waschbecken rum. Die Heizung läuft auf Hochtouren, und hier drin herrscht ein Klima wie am Amazonas.

Ich lasse mich auf den Wannenrand sinken und versuche, Kraft zu sammeln. Wenn ich heute Abend nach Hause komme, wird mit Sicherheit die gesamte Wohnung so aussehen. Einschließlich meines Zimmers. Halte ich das aus? Oder schnappe ich mir unser vielseitiges Fleischmesser und portioniere Pixi in Koteletts und Steaks?

Zitternd vor Wut schaffe ich Ordnung im Bad. In der Waschmaschine werden ihre Klamotten rumgewirbelt – die Spartaste ist nicht gedrückt, obwohl die Trommel nicht mal halb voll ist. Warum hat sie nicht einfach mal den Wäschekorb geöffnet, der unmittelbar daneben steht, und noch ein paar andere schwarze Sachen mit reingetan, damit es sich lohnt? 97 Cent für'n Arsch.

Mit ihrem Handtuch wische ich die Seenplatte auf, die sie auf dem Fliesenboden hinterlassen hat, und halte plötzlich inne. Ich stelle mir gerade vor, dass ich meine Gedanken laut ausspreche und zum Beispiel Cosmo sie hört. Und ich weiß genau, was er antworten würde: »Du musst unbedingt lockerer werden, Johannes.« Dann stelle ich mir diverse andere Personen meines Bekanntenkreises vor: Paule, Noah, Frida. Sie sagen alle dasselbe.

Es liegt also an mir. Ich weiß es ja – ich bin verkrampft, ich stelle überhöhte Ansprüche an mich und andere, ich kann mich nicht entspannen. Ich kann mich nicht mal *leiden*. Aber was soll ich tun?

Irgendwie hab ich vergessen, mir was zu essen zu machen, aber es sind noch zwei Brötchen von heute Morgen übrig, und die belege ich mir rasch mit Schinken, um sie unterwegs im Bus zu essen. Pixi kommt in die Küche, immer noch in Boxershorts und meinem Sweatshirt, mittlerweile allerdings noch mit einem Paar dicker Wollstrümpfe an den Füßen. »Was gibt's denn heute zu Mittag?«, fragt sie.

Ich schließe die Augen für ein paar Sekunden. Irgendjemand muss ihr sagen, dass das hier nicht das Adlon ist. »Was immer du möchtest«, sage ich mühsam beherrscht. »In der unmittelbaren Nachbarschaft gibt es einen Griechen, ein Chinarestaurant, einen Mexikaner und zwei Dönerbuden.«

Sie strahlt mich an. »Cool«, sagt sie, »holst du mir 'n Döner?«

Ich öffne die Schublade mit dem Fleischmesser, starre es sehnsüchtig an und schiebe die Schublade bedauernd wieder zu. »Ich fahr jetzt zur Uni«, erkläre ich und erwäge, mich selbst für den Friedensnobelpreis vorzuschlagen.

Bei meiner Heimkehr ist wieder niemand zu Hause, was mich ehrlich gesagt fast erleichtert. Ich kontrolliere als Erstes sämtliche Räume auf Schäden. Bei Cosmo sieht es aus wie in einem gut geschüttelten LEGO-Karton, aber das ist ja eigentlich nicht mein Problem. Dort steht auch der Wäscheständer mit Pixis frisch gewaschenen Klamotten. Hm? Wie jetzt? Da hängen ihre Klamotten – und sie ist nicht zu Hause –, kann mir mal einer erklären, was sie jetzt anhat? Läuft sie mit Boxershorts, Wollsocken und meinem Sweatshirt durch Berlin?

Beim Rausgehen fällt mein Blick auf zwei Primark-Tüten neben dem Bett. Ich schöpfe einen düsteren Verdacht. Obwohl es vielleicht moralisch anfechtbar ist, gucke ich in die Tüten rein. Beide enthalten nagelneue Klamotten, und in einer finde ich auch einen Kassenbon: Endsumme 177,22 Euro, Datum vom heutigen Tag, Zeit 15:52 Uhr.

Nicht alles, was auf dem Kassenbon aufgelistet ist, befindet sich in den Tüten. Natürlich nicht. Den Rest hat Pixi an. Sie hat Cosmo nach seiner Rückkehr von der Schule erst mal losgeschickt, um ihr was zum Anziehen zu kaufen. (Und ihr einen Döner mitzubringen, nehme ich an.) Bleibt die Frage: Woher hatte Cosmo fast 200 Euro?

Ich kenne die Antwort, aber ich will es nicht glauben. Trotzdem gehe ich ins Wohnzimmer, öffne die indische Dose, in der ich heute Vormittag das Geld von Fridas Vater deponiert habe, und zähle nach. Es fehlen sogar *300* Euro.

Mit der Dose in der Hand sinke ich auf die Couch, weil meine Beine einfach unter mir nachgeben. Das Schlimmste ist: Ich bin schuld. Wie konnte ich das Geld nur in diese Scheißdose legen? Bloß weil ich zu faul war, es sofort aufs Konto einzuzahlen. Ich hätte auch einem hungrigen Hund ein T-Bone-Steak hinlegen können.

Dass ich jetzt die verbleibenden Scheine aus der Blechdose nehme und in mein Portemonnaie stopfe, ändert auch nichts mehr, ich weiß. Aber irgendwas muss ich ja tun.

Ich mache mich wieder winterfest und renne zur Sparkasse, um zu retten, was zu retten ist. Ich fülle die Überweisung auf Fridas Konto aus, und ich bezahle diese elende Strom- und Gasnachforderung, die schon seit über zwei Wochen fällig ist, und die beiden Rechnungen von der Versicherung, und den Strafzettel, den Cosmo für Fahren ohne Licht kassiert hat, und unsere Handyrechnungen, und die Monatsmiete für Januar, mit der wir im Rückstand sind. Danach ist mein Konto um 24 Euro überzogen. Ich fühle mich wie ein ausgeblutetes Schwein am Haken eines Schlachthofs.

Sterbend schleppe ich mich die Otto-Suhr-Allee entlang zurück nach Hause. Ich will mich nur noch irgendwo verkriechen und mein Bewusstsein abschalten. Bloß nicht darüber nachdenken, dass von diesen wundervollen 1.200 Euro, über die ich mich so fett gefreut hatte, nur noch Schulden übrig geblieben sind. Zu Hause hole ich mir die letzte Flasche Bier aus dem Kühlschrank, trinke sie beinahe in einem Zug leer und lege mich komplett angezogen ins Bett.

»Johannes, es ist doch nur Geld«, sagt Cosmo später mit einem mitleidig-besorgten Gesichtsausdruck. »Warum geht dir das so nahe? Du kannst es nicht essen, du kannst es nicht ficken, du kannst es nicht rauchen – was ist denn so Besonderes an Geld?«

Ich könnte schreien vor Verzweiflung, aber ich bemühe mich um Sachlichkeit. »Es gibt mir Sicherheit«, sage ich, um Beherrschung ringend. »Und ich wollte etwas davon kaufen, was mein Leben angenehmer gemacht hätte.«

Cosmo zieht die Augenbrauen hoch. »Eine Bettdecke und ein Kleiderschrank für mich hätten *dein* Leben angenehmer gemacht?«

»Ich weiß nicht«, flüstere ich kraftlos. »Aber deins jedenfalls.«

»Du bist wirklich süß«, sagt Cosmo nach einer Pause gerührt.

Ich begreife plötzlich, dass er eigentlich genauso gehandelt hat: Er hat das Geld für Pixi ausgegeben, nicht für sich selbst, und das hat *sein* Leben schöner gemacht. Wie kann ich ihm also einen Vorwurf machen? Verwirrt sehe ich zu ihm runter. Er hockt noch immer vor mir auf dem Teppich, und ich sitze auf der Couch, während Pixi sich wieder in den Sessel gefläzt hat und sich klugerweise raushält. Ein Wort von ihr, und ich stopfe ihr die Fernbedienung in die Fresse, das hab ich mir geschworen.

»Es tut mir so leid«, sagt Cosmo aufrichtig. »Es war nicht fair dir gegenüber. Ich versprech dir, dass ich so was nie mehr mache.«

Ich bin entschlossen, den Wert dieses Versprechens nicht zu diskutieren. »Sieht geil aus«, sage ich stattdessen und berühre das neue Piercing in seinem linken Nasenflügel, das er und Pixi sich an derselben Stelle haben stechen lassen. Ich wüsste gern, wie teuer es war, aber wenn ich frage, gibt es sofort wieder Streit, und ich bin schon völlig erschöpft von der anderthalbstündigen Auseinandersetzung, die wir gerade hatten. Außerdem fühle ich mich besiegt. Es ist mit Sicherheit besser, wenn ich jetzt einfach die Klappe halte.

so, 25.01.

Am Wochenende hab ich eine Liste gemacht

Pixi kommt und geht, wie es ihr passt, öffnet sämtliche Schränke und nimmt sich daraus, was ihr gefällt, benutzt unsere Handys, unser heißes Wasser, unsere Heizung und unseren Fernseher mit fast schon beneidenswerter Großzügigkeit und ist stets leicht gekränkt, wenn zu den Zeiten, wo sie Hunger verspürt – das kann jederzeit zwischen elf Uhr vormittags und zwei Uhr nachts sein –, keine warme Mahlzeit verfügbar ist. Sie hat sich inzwischen noch drei weitere Sweatshirts aus meinem Kleiderschrank »geliehen«, von denen ich bisher keins zurückbekommen habe, und einmal kam ich von der Uni nach Hause, da saß sie rauchend, telefonierend, Kaffee trinkend und krümelige Kekse essend an meinem Laptop und machte ein Onlinespiel, bei dem man Zeichentrickpüppchen verschiedene Klamotten anziehen kann. Ich glaub, ich bin da ein bisschen ausgerastet, jedenfalls hat sie mein Zimmer seither nicht mehr betreten.

Am Wochenende hab ich eine Liste gemacht.

Was ich an Pixi nicht leiden kann:
- *ihre Stimme*
- *dass sie nackt durch die Wohnung läuft*
- *dass sie nie fragt, bevor sie irgendwas von uns benutzt*
- *dass sie alles rumliegen lässt*
- *dass sie nicht erzählt, wie alt sie wirklich ist*
- *dass sie dauernd die Nase hochzieht*
- *dass sie das Bad blockiert*
- *dass sie ihrer Freundin am Telefon in allen Details erzählt, wie geil Sex mit Cosmo ist*
- *dass ihre Haare im Waschbecken liegen*
- *dass sie Noah erzählt hat, ich wäre ein Kontrollfreak*

An dieser Stelle breche ich die Liste ab, obwohl ich noch lange nicht fertig bin, aber mir wird irgendwie klar, wie sinnlos das ist. Ich hab sie eigentlich angefertigt, um ihr anschließend alle positiven Eigenschaften gegenüberzustellen, deshalb schreibe ich nun:

Was ich an Pixi mag:
- *sie ist ganz hübsch, irgendwie*
- *Cosmo liebt sie und ist glücklich*
- *sie wäscht sich regelmäßig*
- *sie hält sich raus, wenn ich mich mit Cosmo fetze*

Mehr fällt mir leider nicht ein. Dann streiche ich aus der Negativliste das mit dem Nasehochziehen, weil mir der Gedanke kommt, dass sie das vielleicht nur wegen des neuen Piercings tut, ich meine, wahrscheinlich kann sie sich im Moment nicht richtig schnäuzen. Das Missverhältnis zwischen Pro und Kontra wird dadurch allerdings auch nicht viel geringer.

mo, 26.01.

Bei siebenundsiebzig öffnet sich meine Tür

Am Montag komme ich nachmittags von Jens' Laden nach Hause, und Cosmo ist noch nicht aus der Schule zurück. Auch Pixi ist nicht da. Sie hat jetzt einen eigenen Schlüssel. Ich räume die gröbste Unordnung aus dem Weg und mache dann Backofen-Pommes und Frühlingsrollen. Wenig später höre ich Cosmo kommen.

Als er die Küche betritt, genügt mir ein einziger Blick, um zu sehen, dass eine neue Katastrophe in sein Leben eingebrochen ist. Ich weiß gar nicht, wie er es schafft, in solchen Fällen immer noch fertiger auszusehen als sonst, aber es gibt ja auch einen Unterschied zwischen normalen Leichen und Zombies.

»Scheiße, was ist passiert?«, frage ich panisch.

Er bleibt an der Tür stehen und starrt mit leerem Blick vor sich hin. »Thilo ist tot.«

»Ist er … an den Messerstichen …«, stammele ich hilflos.

Cosmo nickt nur.

Ich nehme ihn sofort ganz fest in die Arme und führe ihn zu einem Stuhl. Er setzt sich, und ich rücke mir einen zweiten Stuhl unmittelbar daneben. Ich weiß, dass er in einem solchen Augenblick allerengste Nähe braucht. Meine eigenen Hemmungen zählen jetzt nicht. Tatsächlich legt er sofort den Kopf an meine Schulter und heult wie ein Baby.

Wir sitzen sehr lange so. Ich stehe nur einmal ganz kurz auf, um den Backofen und die Herdplatte auszuschalten. Ich sage nichts, weil es nichts zu sagen gibt. Phrasen wie »Es wird alles wieder gut« oder »Ich bin ja bei dir« sind schließlich bei einem Todesfall nicht angemessen. Da wird leider gar nichts wieder gut, und meine Gegenwart ändert daran auch nichts.

Soviel ich weiß, waren Cosmo und Thilo nicht eng befreundet, aber erstens ist es trotzdem ein Schock, wenn ein Klassenkamerad ums Leben kommt – noch dazu auf diese Weise –, zweitens gab es durch das gemeinsam geplante Referat zumindest eine gewisse Bindung, und drittens sind solche Überlegungen bei Cosmo ohnehin gegenstandslos, weil er, wenn er trauert, nicht einfach nur traurig ist, sondern leidet wie ein langsam zu Tode gequältes Tier.

Ich nehme wieder mal Abschied von der Utopie, dass ich heute noch zum Weiterschreiben an meiner Hausarbeit komme. Komisch, dass ich immer dann erlöserisch tätig werden muss, wenn ich mir vorgenommen habe, was für die Uni zu tun. Ach Scheiße, was ist das für ein blöder Gedanke! Beschämt streiche ich über Cosmos wilde schwarze Gothic-Mähne und konzentriere mich darauf, mit ihm im selben Rhythmus zu atmen, was nach ein bisschen Übung wunderbar klappt.

»Wo ist Pixi?«, schnieft er irgendwann.

Ich hatte sie total vergessen, aber ich muss zugeben, dies ist das erste Mal, dass ich mir wünsche, sie wäre hier. Eigentlich wäre das ihre Aufgabe, Cosmos Seelenheil wiederherzustellen. Irgendwie typisch, dass sie ausgerechnet jetzt verschwunden ist. »Ich weiß nicht«, sage ich, »sie war schon weg, als ich nach Hause gekommen bin.«

Er gibt einen kleinen herzzerreißenden Klagelaut von sich. Wieder vergeht viel, viel Zeit. Ich wundere mich, dass er noch nicht auf die Idee gekommen ist, sich selbst die Schuld an Thilos Tod zu geben. Leiden und Selbstzerfleischung gehören für Cosmo nämlich untrennbar zusammen. Vielleicht konstruiert er noch an seiner schuldhaften Verstrickung herum, das dürfte ja in diesem Fall wirklich eine anspruchsvolle Aufgabe sein. Mann, was sind das bloß für Gedanken, die mir da durch den Kopf gehen? Warum bin ich so pietät- und gefühllos? Ich kann nur hoffen, dass Cosmo ausnahmsweise mal nicht mitliest. Nein, wird er wohl nicht, er ist zu sehr mit sich selbst beschäftigt. Und im Übrigen bin ich sehr, sehr froh, dass er sich nicht irgendeiner für niemanden außer ihn erkennbaren Schuld bezichtigt, weil das immer das Alleranstrengendste beim Erlösen ist. Einfach nur dazusitzen, ihn festzuhalten und meinen Pullover von Tränen durchtränken zu lassen ist da vergleichsweise easy-going.

Er hat sich schon fast wieder ein bisschen gefangen. Ich stelle ihm eine Cola hin, er kramt seine Zigaretten hervor. Dann sagt er wieder: »Wo ist Pixi? Wo bleibt die denn?« Gleichzeitig spült er zwei seiner Scheißpillen runter.

»Zwei?«, frage ich vorsichtig.

Er wirft mir unter seinen schwarzen Zotteln einen unfreundlichen Blick zu. »Hat sie keinen Zettel hingelegt oder so was?«, fängt er wieder an. Als ob Pixi je irgendeine Information über ihr Tun und Lassen veröffentlicht hätte. Verdammt, er braucht sie jetzt wirklich! Wo ist die blöde Ziege?

Gegen zehn Uhr habe ich Cosmo so weit stabilisiert, dass ich es riskieren kann, mal eben zur Dönerbude zu rennen und uns vier Flaschen Bier zu holen. Klar, bei Aldi hätte ich für diesen Preis mindestens die dreifache Menge bekommen, aber Aldi hat zu und wäre außerdem viel zu weit. Obwohl ich höchstens zehn Minuten weg war, hat sich Cosmos Zustand merklich verschlechtert, als ich mit pfeifender Lunge zurückkehre, denn er war allein – das Schlimmste, was ihm passieren kann – und hatte außerdem Zeit, über Pixis Abwesenheit nachzudenken.

»Vielleicht ist ihr was passiert!«, jammert er. »Kann doch sein! Diese Irren, die Thilo abgestochen haben, laufen ja noch frei rum! Und die sind nicht die Einzigen! Johannes, wäre es nicht besser, wenn wir sie suchen gehen?«

Ich lasse es mir nicht anmerken, aber ich bin stinkwütend auf sie. Auch wenn sie nicht wissen kann, was passiert ist – dass sie Cosmo mit ihrem Verhalten Schmerzen zufügt, dürfte ihr trotzdem klar sein. Immerhin vögelt sie seit einer Woche fast ununterbrochen mit ihm rum.

Nach dem Bier werde ich so müde, dass mein Kopf sich kontinuierlich der Küchentischplatte nähert. Ich kann einfach nicht mehr weitererlösen. »Lass uns schlafen gehen«, sage ich. Bei meinem Vorschlag flackert Panik durch Cosmos schwarze Augen, aber er fügt sich. Wir räumen gemeinsam die Küche auf, dann falle ich in mein Bett. Trotz meiner Müdigkeit schlafe ich nicht sofort ein, sondern lausche und zähle langsam bis hundert.

Bei siebenundsiebzig öffnet sich meine Tür. »Darf ich zu dir kommen?«

Ich beiße kurz in mein Kopfkissen, um einen gequälten Aufschrei zu unterdrücken, und sage dann so ruhig wie möglich: »Cosmo, es ist alles in Ordnung. Geh einfach in dein Bett. Ich bin doch ganz in der Nähe.«

Er bleibt einen Moment bei der Tür stehen, die er allerdings bereits hinter sich geschlossen hat, mit seinem Kopfkissen unter dem Arm. Ich zwinge mich zur Härte. »Bitte, Cosmo. Geh rüber. Ich kann das nicht leiden, das weißt du doch.«

Genauso gut könnte ich mit einer Würgeschlange diskutieren. Er krabbelt wortlos in mein Bett, platziert sein Kopfkissen neben meinem, nimmt sich einen bescheidenen Anteil meiner Decke – viel braucht es ja nicht, um dieses Häuflein Knochen zu verhüllen –, dreht mir den Rücken zu und rutscht dann rückwärts an mich ran, bis er von seinen Schultern bis zu den Kniekehlen engsten Körperkontakt hergestellt hat. Ich kann genau spüren, wie er sich behaglich entspannt, während sich meine Muskulatur im gleichen Maße verkrampft. In solchen Augenblicken kommt alles wieder hoch. Ich besinne mich auf die Techniken, die mein Therapeut mir beigebracht hat.

»Danke«, murmelt Cosmo schläfrig, »hab dich lieb.« Und nach vier oder fünf Minuten schiebt er noch ein »Du musst unbedingt mal lockerer werden, Johannes« hinterher, aber möglicherweise spricht er da schon im Traum.

di, 27.01.

Thilos Tod lässt mich auch nicht gerade kalt

Pixi ist auch am nächsten Morgen noch nicht zurück, und Cosmo springt im Quadrat. »Das kann nicht sein! Da ist was passiert! Sie hätte längst angerufen!«

Ich versuche, die Ruhe zu bewahren (außerdem fehlt Pixi mir bedeutend weniger als ihm). »Hat sie denn überhaupt deine Nummer?«

Er guckt mich irritiert an und schweigt.

»Na also«, sage ich und hole mir noch eine Tasse Kaffee. Dass er nichts frühstücken würde, war klar, aber ich bin wirklich dankbar, dass Thilos Tod keine schlimmeren Auswirkungen hatte.

Nachdem Cosmo sich auf den Weg zur Schule gemacht hat, stehe ich für ein paar Atemzüge mitten in der Küche und staune. Es ist vollkommen ruhig in der Wohnung. Es stehen keine absehbaren Katastrophen an. Ich muss erst um vier in der Uni sein. Jens erwartet mich nicht vor Donnerstag. Ich werde heute stundenlang an meiner Hausarbeit feilen, und vielleicht krieg ich sie sogar komplett fertig! Mit ungläubigem Kopfschütteln, aber wachsender Beschwingtheit gehe ich in mein Zimmer und nehme andächtig an meinem Schreibtisch Platz. Als ich so gegen halb zwei den Laptop ausschalte, um mir vor dem Aufbruch zur Uni noch schnell irgendwas Essbares einzuführen, bin ich stolz auf das, was ich geleistet habe. Sogar meine Konzentration war heute ganz okay. Ja, doch. Für meine Verhältnisse schon.

Später, auf der Heimfahrt von der Uni, rufe ich Cosmo an, um ihn zu fragen, ob ich noch irgendwas einkaufen soll.

»Ich bin am Alex«, sagt er wie immer, »ich such nach Pixi. Sie war auf jeden Fall gestern hier, ich hab eben Hool und Mayo getroffen, die haben sie gesehen.«

»Ich wünsch dir viel Glück«, sage ich. »Ist denn bei dir alles okay?«

»Ja, geht so«, sagt er. »Wenn ich sie gefunden hab, geht's mir auf jeden Fall besser. Übrigens: Am Donnerstagmorgen ist vor der Schule ein Gedenkgottesdienst für Thilo. Kommst du da mit hin?«

»Ja, na klar«, sage ich. Thilos Tod lässt mich auch nicht gerade kalt. Immerhin hab ich schon mit ihm Pizza gegessen.

Von Cosmo hab ich keinerlei verwertbare Hinweise auf unsere häusliche Versorgungslage bekommen, der hatte andere Sorgen, aber ich mache trotzdem noch eine Runde zu Aldi auf der Dovestraße und packe ein paar Sachen in den Wagen, die wir garantiert gebrauchen können. In meinem Portemonnaie drängen sich noch ein Zehner und ein Zwanziger frierend aneinander, das muss genügen bis zur nächsten Bafög-Überweisung. Also: kein luxuriöser Schnickschnack. Die Chipstüte lege ich nach kurzem Zögern wieder zurück ins Regal und nehme stattdessen die billigeren Salzstangen, und obwohl die Mangos wirklich lecker aussehen, muss ein Beutel Mandarinen für die Vitaminversorgung ausreichen.

*

Ich putze mir gerade die Zähne und mache mich bettfertig, als ich Geräusche im Flur höre. Erwartungsvoll reiße ich die Badezimmertür auf, aber es ist nur Pixi, die sich den Schnee von der Jacke schüttelt. Als könnte man das nicht auch draußen erledigen. »Wo ist Cosmo? Habt ihr euch getroffen?«, nuschele ich mit der Zahnbürste im Mund.

»Der kommt was später«, sagt sie und schnürt an ihren Doc Martens rum.

»Wie ›später‹?«

Der genervte Blick ist bei ihr Standard, ebenso wie dieser leicht vorwurfsvolle, gedehnte Tonfall, in dem sie mit mir spricht. »Ich soll dir ausrichten, du sollst dir keine Sorgen machen, er muss noch was erledigen.«

»Was denn?«

Pixi zuckt die Schultern, ich glaube, das ist ihre meistbenutzte Kommunikationsform. Außerdem zieht sie die Nase hoch. Das hat mir in den letzten zwei Tagen fast gefehlt. Da sie keine Anstalten macht, mir eine Antwort zu geben, bohre ich nach: »Er hat dich also gefunden, und dann hat er dich allein nach Hause geschickt?«

»Hä, was heißt gefunden«, nölt sie, »wir haben uns einfach getroffen, Alter. Hast du was zu essen da?«

Ich zucke die Schultern, damit wir uns sozusagen auf Augenhöhe verständigen, und weise mit dem Kinn wortlos in Richtung Küchentür.

mi, 28.01.

Vielleicht hat es auch was mit meinem Hunger zu tun

Cosmo muss sehr spät nach Hause gekommen sein, ich hab ihn jedenfalls nicht gehört. Seit Pixi da ist, wecke ich ihn morgens nicht mehr. Ich hab keine Lust, sie bei irgendwas zu überraschen, das ich nicht sehen will. Er kommt aber trotzdem pünktlich in die Küche, sogar fast zu früh, und er sieht aus, als sei er gut gelaunt.

»Wo warst du denn gestern noch?«, frage ich. »Und wieso hast du Pixi schon nach Hause geschickt?«

Statt einer Antwort lächelt er zufrieden, zieht etwas aus seiner Hosentasche und legt es auf den Tisch. Es sieht aus wie Geldscheine.

Ich gehe näher ran: Es *sind* Geldscheine. 200 Euro. Ich stehe da wie ein Mensch gewordenes Fragezeichen.

»Den Rest zahl ich auch noch zurück«, strahlt Cosmo. »Alles, was ich aus der Dose genommen hab. Du kriegst es wieder.«

Also, erstens war das nicht *mein* Geld, sondern unseres. Und zweitens: »Wo hast du das denn her?« Ich bin irgendwie völlig verpeilt. Er ist doch gestern losgezogen, um Pixi zu suchen. Offenbar hat er sie auch gefunden, aber dann schickt er sie allein nach Hause, bleibt zurück und besorgt so viel Geld? Mitten in der Nacht? Die Haut an meinem Rücken kribbelt. Cosmo gibt keine Antwort, sondern gießt sich Kaffee in seinen Lieblingsbecher und unterzieht die Brötchen im Korb einer eingehenden Untersuchung. Vielleicht versucht er zu ergründen, welches davon das kleinste ist.

»Ähm, hat das Geld irgendwas mit Drogen zu tun?«, spreche ich meinen erstbesten Verdacht aus. Auch weil Cosmo mir so komisch vorkommt, fast ein bisschen euphorisch. Irgendwie ist er heute anders als sonst – besonders um diese Uhrzeit.

Cosmo grinst. »Du traust mir echt alles zu, was? Nee, das hat nichts mit Drogen zu tun.« Er hat jetzt das passende Brötchen ausfindig gemacht, schneidet es in zwei höchst unterschiedliche Teile und legt den größeren davon auf seinen Teller. Hoffnungsfroh sehe ich zu, wie er ihn großzügig mit Butter und anschließend mit Käse belegt. Es scheint ihm heute wirklich gut zu gehen. Meine Zuversicht zerplatzt, als er die Brötchenhälfte auf meinen Teller überführt und sich selbst die kreditkartenflache Unterseite aus dem Korb angelt.

»Ja, und woher hast du das dann? Ich meine, so schnell kommt man doch nicht mal eben an 200 Euro!« Noch während ich spreche, packt mich ein scheußlicher Verdacht an der Kehle. Frierend vor Entsetzen starre ich Cosmo an.

An seinem kurzen, flackernden Blick in meine Richtung, sofort gefolgt von einem betont harmlosen Hinwenden zu seinem Teller, erkenne ich, dass ich richtig geraten habe und dass er meinen Gedanken klar und deutlich verstanden hat. Er beißt ungewöhnlich herzhaft in sein Brötchen, als wolle er mich damit gnädig stimmen, und sagt kauend: »Das lag mir die ganze Zeit auf der Seele, weißt du. Ich meine, dass ich das Geld ausgegeben hab. Du hast zwar nicht mehr viel dazu gesagt, aber ich weiß, dass es ganz schön schlimm für dich war.«

Das darf doch nicht wahr sein. Irgendwie bin ich jetzt anscheinend schuld, dass er seinen Körper verkauft. Hätte ich doch bloß nichts gesagt! Ich hätte ihm nie Vorwürfe machen dürfen! Es war ja im Grunde ohnehin sein Geld – er hat die Bilder gemalt! Verzweifelt stütze ich den Kopf in die Hände. Ich muss jetzt irgendwas sagen, und es ist von größter Wichtigkeit, dass Cosmo es nicht falsch versteht. Ich checke verschiedene Möglichkeiten und verwerfe sie wieder, alles in Sekundenbruchteilen.

»Du bist trotzdem sauer«, sagt Cosmo mit bereits düsterer Stimme.

Scheiße, mir läuft die Zeit davon! Wenn ich noch länger schweige, dreht er in wenigen Augenblicken durch. »Äh, nein, sauer? Quatsch, ich bin doch nicht sauer«, plappere ich los.

»Du freust dich gar nicht über das Geld«, fährt Cosmo noch düsterer fort.

Es geht los. Er fängt an, sich reinzusteigern. Ich bete, dass ich es noch irgendwie abwenden kann. »Doch, natürlich«, versichere ich ihm. »Das ist … ja schließlich ganz schön viel«, füge ich ziemlich lahm hinzu. Um ehrlich zu sein, ich glaube nicht, dass ich diese Scheine auch nur anfassen könnte. Aber Ehrlichkeit ist jetzt nicht hilfreich. »Ich möchte bloß nicht, dass du …« Mir geht der Sprit aus. Ja, was möchte ich nicht? »… dass du was Illegales machst …« Boah, was für einen Müll ich da rede. In Wirklichkeit finde ich den Gedanken unerträglich, dass Cosmo – mein Seelenbruder! – mit irgendeinem wildfremden, ekligen, schleimigen Typen in einem Bahnhofspissoir verschwindet und … und … Ich möchte diesen Gedanken noch nicht mal zu Ende denken. Dazu komme ich auch nicht, denn Cosmo hat bereits den Brocken verschlungen und sich prompt daran verschluckt.

»Was Illegales?«, wiederholt er und sieht mich an. »Du meinst, dich stört am meisten, dass das Geld illegal verdient ist?«

Tja. Das war's dann wohl. Wie gewohnt hab ich in meiner Hilflosigkeit – und in meiner Unfähigkeit, einfach mal meine Gefühle offen auszusprechen – exakt das Falsche gesagt. Und ich werde dafür bezahlen. Und es wird ein hoher Preis sein.

»Nein, das stört mich *nicht* am meisten«, versuche ich, noch was zu retten. »Ich finde bloß ... ich meine, der Gedanke ...« Keine Chance. Es kommt mir einfach nicht über die Lippen. Ich weiß, dass Cosmo das nicht versteht, er kennt keine Hemmschwelle zwischen Gedanken und Worten, er kann sie sich wahrscheinlich nicht mal vorstellen. Für Cosmo ist das, was man sagt, grundsätzlich ein Eins-zu-eins-Abbild dessen, was man auch denkt oder fühlt.

»Du meinst, du willst unsere Brötchen nicht mit schmutzigem Geld bezahlen, ja?«, sagt er schneidend. »Du findest, es ist nicht auf ehrliche Weise verdient! Hast du Angst, dass plötzlich die Bullen mit Handschellen hinter der Ladentheke hervorspringen oder was?«

Ich würde mir am liebsten die Ohren zuhalten, aber ich glaube, dann würde er erst richtig ausrasten. Cosmo schnappt sich die beiden Hunderter, die immer noch so auf dem Tisch liegen, wie er sie hingelegt hat, und hält sie mir direkt vor die Nase. »Hier, guck's dir an«, schreit er, »ganz normales Geld! Ein legales Zahlungsmittel in der Europäischen Union! Klebt auch kein Sperma dran!«

Ich unterdrücke einen Würgereiz.

»Und ich hab's nicht geschenkt bekommen, ich hab's mir verdient«, fährt er fort. »Möchtest du die Details hören?«

Wenn ich jetzt nichts tue, schildert er sie mir wirklich. »Nun sei doch nicht so wütend«, sage ich verzweifelt, »ich hab dir doch gar keinen Vorwurf gemacht!«

»Nee, natürlich nicht. Tust du ja nie. Du guckst immer nur so todtraurig und setzt mich unter Druck mit deiner Scheißleidensmiene. Übst du das vor dem Spiegel oder was? Ja, und wenn ich es dann nicht mehr aushalten kann und mir irgendwas einfallen lasse, damit du endlich damit aufhörst, dann ist das natürlich auch wieder falsch! Dir kann man's ja nie recht machen!« Er wird immer lauter. Würde mich nicht wundern, wenn Hergenraths gleich gegen die Wand hämmern. »Ich weiß gar nicht, warum ich jedes Mal wieder drauf reinfalle!«, tobt er weiter. »Weißt du was? Du kannst mich am Arsch lecken. Es ist doch sowieso mein Geld. Sind ja auch meine Bilder. Und das hier«, er stopft sich die Hunderter wieder in die Hosentasche, »das ist auch meins. Brauchst deine gierigen Krallen gar nicht danach auszustrecken. Davon kriegst du nichts. Null. Das ist nur für Pixi und mich. Die weiß wenigstens, was Leben heißt. Du bist doch im Grunde schon jahrelang tot, du Zombie.« Er steht auf, nimmt seine Kaffeetasse, aus der er nur ein, zwei Schlucke getrunken hat, und kippt ihren Inhalt mit einem unfassbar bösartigen Lächeln auf den Boden. »Verreck doch, du Wichser«, sagt er und verschwindet türenknallend aus der Küche.

Dieses Mal schaffe ich es nicht, die Tränen zurückzudrängen. Ich sitze da und heule wie ein kleiner Junge. Es ist mir egal. Sieht ja keiner. Immer wieder gehen mir Cosmos letzte Sätze durch den Kopf, und ich spüre wieder die Tritte unter die Gürtellinie, die er darin verpackt hat – der Schmerz wird durch die Wiederholung nicht geringer. Ja, er kennt mich wie kein Zweiter, liest meine Gedanken, erspürt meine Gefühle, und genau aus diesem Grund kann er mich auch vernichten wie kein Zweiter. Hätte Pixi dasselbe zu mir gesagt, wäre ich schlimmstenfalls sauer geworden. Bei Cosmo ist es wie ein Sturz ins Bodenlose.

Nachdem ich mich meinem Selbstmitleid lange genug hingegeben habe, setzen automatisch wieder die Sorgen ein. Der Schock darüber, wie Cosmo sich das Geld besorgt hat, ist noch längst nicht überwunden. Ich weiß natürlich, dass er kein Anfänger in diesem Job ist. Ich glaube, er war vierzehn, als er von seiner letzten Pflegefamilie abgehauen ist, und danach hat er ein Jahr lang auf der Straße gelebt, genauer gesagt am Alex, mit Mayo und Ketchup oder wie sie alle heißen. Ich war immer zu feige, ihn nach Einzelheiten zu fragen, aber er hat mal angedeutet, dass er damals so einen gewissen Kultstatus als Stricher hatte, was mich nicht überrascht. Ein niedlicher Vierzehnjähriger mit feinen, exotischen Gesichtszügen, der keine Hemmungen kennt und ohne Unterbrechung an Sex denkt – die müssen Schlange gestanden haben.

Aber ich hätte nie gedacht, dass er noch mal dahin zurückkehren würde. Mich plagen tausend Befürchtungen, von denen Aids nur eine ist. So dämlich wird er doch nicht sein, oder? Oder?! Und egal, was er mir da eben alles an den Kopf geworfen hat, und egal, wie schmerzhaft das war, er bleibt mein Seelenbruder, und ich muss irgendwas tun, um ihn aus diesem Sumpf rauszuziehen. Ich hör ihn schon wieder hetzen: ›Du bist so ein Spießer, du mit deinen bescheuerten Vorurteilen, du hast doch überhaupt keine Ahnung‹ und so weiter, aber sorry, für mich ist es ein Sumpf! Und Cosmo gehört da nicht hin, Ende der Diskussion!

Ich schleppe mich ins Bad, um einen Eimer und einen Bodenlappen zu holen, und wische erst mal die Kaffeelache auf. Dabei kommen mir erneut die Tränen, weil ich wieder Cosmos Gesicht vor mir sehe, wie er mich angeguckt hat, als er seine Tasse ausgekippt hat: Hass, Wut, Bösartigkeit. Besonders Letzteres. Das hat mich geschockt. Auch was er gesagt hat. Das war nicht nur im Zorn dahergeredet, das war absolut gezielt, und zwar dorthin, wo es am meisten wehtut. Ich hocke zusammengekrümmt mit dem Aufnehmer in der Hand auf dem Boden und wimmere leise. Dabei denke ich immer wieder ›Er ist krank, er ist krank‹, wie ein Mantra. Ich versuche, an die Fotos zu denken, die er mir gezeigt hat, und an die Geschichte von seiner ersten Pflegefamilie, um mich davon zu überzeugen, dass er keine Schuld hat.

*

Cosmo ist nicht zur Schule gegangen. Er ist wieder in seinem Zimmer verschwunden. Vermutlich lässt er sich von Pixi auf andere

Gedanken bringen. Es ist kurz vor acht – wenn er jetzt losfährt, könnte er es noch schaffen, mit nur ganz geringer Verspätung zum Unterricht zu erscheinen ... Aber ich werde jetzt bestimmt nicht an seine Tür klopfen und sagen: »Cosmo, beeil dich, du musst zur Schule«, und ebenso sicher wird er nicht antworten: »Oh, du hast recht, ich fahr sofort los!« Außerdem geht mich das nichts an. Aber das werde ich wohl nie lernen.

Ich verkrieche mich in meinem Zimmer und nehme mir die Texte vor, die ich für die Uni lesen soll. Nach einer Stunde muss ich einsehen, dass nicht mehr als die ersten fünf Zeilen in mein Bewusstsein vorgedrungen sind, und die hab ich inzwischen auch wieder vergessen. Ich rufe Jens an und frage ihn, ob ich heute schon bei ihm arbeiten kommen kann. Minuten später flüchte ich aus der Wohnung.

Während ich ein Katalogfoto nach dem anderen einscanne, lasse ich den Streit mit Cosmo immer wieder in meinem Kopf ablaufen, wie eine hundertmal zurückgespulte Kassette. Ich rekapituliere jedes einzelne Wort, jeden Blick, jede Geste. Ich versuche zu ergründen, an welcher Stelle mir alles aus der Hand geglitten ist. Ich bemühe mich, rauszukriegen, was ich falsch gemacht habe.

Nach anderthalb Stunden Grübelei habe ich eine Erkenntnis gewonnen: Ich habe Cosmo enttäuscht. Er wollte mir eine Freude machen, er war stolz – und ich habe mit Entsetzen und Ablehnung reagiert. Es ist verständlich, dass er wütend geworden ist. Ich hätte einfach sagen sollen, was ich wirklich dachte: *Ich mach mir Sorgen um dich, wenn du Sex mit wildfremden Männern hast. Ich ertrage die Vorstellung nicht. Das Geld ist mir nicht wichtig, du bist mir wichtig.* Stattdessen habe ich irgendeinen Scheiß dahergelabert von illegal und Drogen und so.

Mit einem tiefen Seufzer angele ich mein Handy aus der Hosentasche. Ich will ihn anrufen und diesmal das Richtige sagen. Aber auch wenn ich jetzt weiß, was ich falsch gemacht habe – ein anderer Mensch bin ich deshalb noch nicht. Wahrscheinlich kämen mir die richtigen Worte – die meine Gefühle ausdrücken – im entscheidenden Moment doch wieder nicht über die Lippen. Also schicke ich Cosmo eine SMS: *Ich hab nur Scheiß geredet. Ich wollte eigentlich sagen: Es ist ein schrecklicher Gedanke für mich, dass fremde Typen dich angrapschen. Dann will ich lieber hungern, frieren und mit dir unter einer Brücke leben. Sorry.* Ich schließe die Augen, als ich auf den Senden-Knopf drücke, und wünsche mir ganz fest, dass er die Entschuldigung annimmt. Danach lege ich das Handy vor mich auf den Schreibtisch und warte sehr ungeduldig auf eine Antwort.

Ich bleibe bei Jens, bis es Zeit für die Uni wird. In der Vorlesung muss ich mein Handy lautlos stellen, aber ich lege es auf den Tisch und starre es an. Als es endlich aufleuchtet und zu vibrieren beginnt, stürze ich mich so begierig darauf, dass es mir aus der Hand rutscht und klappernd zu Boden fällt. Alle starren mich an. Ich werde dunkelrot und traue mich nicht, die SMS zu lesen, die ich bekommen habe, bis ich wieder zu dem gewohnten unauffälligen Einrichtungsgegenstand geworden bin, als den man mich hier kennt. Dann öffne ich verstohlen unter dem Tisch die Nachricht.

Sie ist von Paule: *Kommt ihr Freitag zu uns? Kleine Party. CU!* Vor Enttäuschung kommen mir beinahe schon wieder die Tränen. Ich bin mir jetzt sicher, dass Cosmo mir nicht verziehen hat, sonst hätte er sich längst gemeldet. Wie soll ich ihm gegenübertreten? Ob er überhaupt noch mit mir redet? Oder wird er mich ignorieren, wenn wir uns in unserer Wohnung über den Weg laufen? Ich weiß nicht, ob ich das aushalte. Ich hab Angst, nach Hause zu fahren. Gleichzeitig bin ich viel zu unruhig und zu besorgt, um es nicht zu tun.

*

Als ich voller Angst und Unsicherheit ins Wohnzimmer gehe, lümmelt dort nur Pixi auf der Couch rum. Sie schiebt sich die Salzstangen rein, die ich gestern Abend gekauft habe, guckt irgendeinen niveaulosen Mist im Fernsehen und hebt kaum den Kopf, als ich reinkomme. Ich bin mir nicht sicher, ob ich den Grunzlaut aus ihrer Richtung als Begrüßung interpretieren darf. Wie üblich stelle ich zuerst die Frage: »Wo ist Cosmo?«

Ihr Gesicht hellt sich auf und verzieht sich zu einem Grinsen, aber dabei wendet sie den Blick nicht vom Bildschirm ab, deshalb bin ich wohl nicht gemeint. Ich wiederhole geduldig meine Frage, bis sie mir mit der üblichen Genervtheit »Unterwegs« hinwirft.

»So genau wollte ich's eigentlich gar nicht wissen«, schnappe ich, aber sie nimmt mich nicht zur Kenntnis. Ich greife mir die Fernbedienung und zähle lautlos bis zehn, dann schalte ich den Fernseher aus. Erwartungsgemäß stößt sie ein durchdringendes Protestgeschrei aus.

»Könntest du mir bitte sagen, wo Cosmo ist?«, sage ich sehr höflich.

»Weiß ich doch nicht«, zickt sie. »Geld verdienen.«

»Hat er das gesagt? Geld verdienen?«

Pixi tut das, was sie am besten kann: Sie zuckt die Achseln und zieht die Nase hoch. »Mach wieder an, Mann! Ich will das gucken!«

Ich verdrücke mich in die Küche, checke routinemäßig die Schränke und hole gedankenverloren eine Tüte Nudelsuppe raus. Wenn es stimmt, was Pixi gesagt hat, dann hat Cosmo offenbar Gefallen an seinem neuen Job gefunden. Und/oder er will sich an mir rächen, indem er mir zeigt: Jetzt erst recht. Ich sitze grübelnd am Tisch, während ich darauf warte, dass das Wasser kocht. Dann springe ich auf, ziehe mir Jacke und Schuhe wieder an und haste nach draußen in die klirrende Kälte.

Ich nehme die U2 bis zum Alexanderplatz. Dort laufe ich so planlos und panisch rum wie ein Hund, der sein Herrchen verloren hat. Ich durchkämme den S-Bahnhof, umkreise den Platz, renne durch den kleinen Park hinter dem Fernsehturm, gucke in jede Toreinfahrt, und ab und zu bleibe ich stehen und drehe mich langsam um die eigene Achse. Nach fast einer Stunde, in der ich dem Kältetod näher komme als je zuvor in meinem Leben, sehe ich ihn in Richtung Galeria Kaufhof eilen, allein. Ein Adrenalin-Tsunami rollt durch meinen Körper. Ich renne hinter ihm her, halte ihn am Arm fest und stelle mich ihm stumm und keuchend in den Weg, wobei ich im Rhythmus meines Atems Dampfwolken produziere. Ich hab gar nicht darüber nachgedacht, was ich sagen soll, ich wollte ihn einfach nur finden. Er starrt mich an. Wir stehen uns gegenüber wie zwei Staffordshire-Terrier, die überlegen, ob sie direkt zubeißen oder den anderen erst mal beschnuppern sollen.

Ich muss jetzt was sagen. Und diesmal muss es das Richtige sein. Dies hier ist meine letzte Chance. »Bitte komm nach Hause«, flüstere ich verzweifelt. »Ich dreh durch, wenn du dich hier verkaufst. Ich kann das nicht aushalten. Ich stell mir dauernd vor, was die mit dir machen, und das fühlt sich an, als würde mir jemand die Luft abdrücken.«

Cosmos Haltung wirkt unschlüssig. Ich bin froh, dass er mich nicht einfach aus dem Weg schubst und weitergeht. »Was machst du hier?«, fragt er.

»Hab dich gesucht. Ich lauf schon über eine Stunde hier rum.«

Wieder stehen wir schweigend da. Ich merke, dass ich wortlos bete.

»Du siehst aus wie 'n Eiszapfen«, sagt Cosmo schließlich.

Paradoxerweise wird mir von diesen Worten schlagartig warm, wenigstens ums Herz. »Komm«, sage ich, »ich bring dich mal nach Hause, ja?«

Und er folgt mir tatsächlich zur U-Bahn-Station.

Wir reden nicht während der Fahrt. Er sieht mich nur oft von der Seite an, mit so einem komischen nachdenklichen Blick. Ich weiß nicht, was das zu bedeuten hat, aber ich bin so froh, ihn gefunden zu haben und mit ihm auf dem Heimweg zu sein, dass ich es nicht hinterfragen will. Die Kälte wird mir jetzt erst richtig bewusst. Ich zittere, obwohl die U-Bahn überheizt ist. Meine Hände sind trotz der Handschuhe taub und steif, meine Füße spüre ich gar nicht mehr.

Pixi latscht halb nackt durch den Flur, als wir die Wohnungstür öffnen. Sieht aus, als hätte sie mal wieder ein Bad genommen. Sie grinst Cosmo träge an und saugt sich ohne weitere Vorrede an ihm fest. Sie fragt ihn noch nicht mal, wo er war. Ist es ihr egal? Oder weiß sie es und nimmt es hin? Ich ziehe die Jacke und die Schuhe aus, und immer noch stehen die beiden da rum und küssen sich ab. Hatte ich nicht Wasser aufgesetzt, um mir eine Suppe zu kochen? Die würde mir jetzt guttun.

Der leere Topf steht mit einem benutzten Löffel darin auf dem Tisch, neben dem Herd liegt die aufgerissene Suppentüte. Wahrscheinlich hat Pixi gedacht, ich hätte alles für sie vorbereitet, damit sie sich satt essen kann, während ich ihren Freund nach Hause hole und dafür sorge, dass sie heute nicht ungevögelt ins Bett geht. Ich will mir eine neue Tütensuppe machen, aber es ist keine mehr da. Und auch sonst finde ich nichts, was ich zu einer warmen Mahlzeit verarbeiten könnte. Seufzend schäle ich mir eine Mandarine, während mein Gehirn ungebeten die Bilder zu den Geräuschen aus dem Flur produziert.

Ob ich Cosmo heute noch mal zu Gesicht bekomme? Ich meine, wir sollten doch reden, oder? Nach wie vor ist alles ungeklärt. Ich weiß nicht, ob er noch sauer auf mich ist, ich weiß auch nicht, ob er nur mit mir nach Hause gekommen ist, weil er sowieso gerade Feierabend machen wollte. Ich hab überhaupt keine Ahnung, wie ich mich verhalten soll. Und er hat nichts Dringenderes zu tun, als sich und Pixi um den Verstand zu poppen. Ist es eine Überreaktion, wenn ich mich ein klein wenig verarscht fühle?

Vielleicht hat es auch was mit meinem Hunger zu tun. Mir knurrt der Magen, und wenn ich es recht bedenke, habe ich heute noch gar nichts Richtiges gegessen. Ich könnte die letzten beiden Scheiben Salami verputzen oder den Rest Frischkäse aus der fast leeren Packung kratzen. Außerdem stehen knapp hundert Gramm Butter, eine halbe Flasche Ketchup und eine zerdrückte Tube Senf auf dem Speisezettel. Und in meinem Portemonnaie befinden sich noch 72 Cent. Am Ende verschlinge ich gierig die letzten beiden Mandarinen und bin anschließend noch hungriger.

Als ich die Wohnungstür ins Schloss fallen höre, bin ich augenblicklich in Alarmbereitschaft. Ist Cosmo noch mal weggegangen? Natürlich könnte ich nachschauen und gegebenenfalls Pixi fragen. Aber es ist so entwürdigend, diese schulterzuckende und dauergenervte Kuh permanent nach dem Verbleib meines Seelenbruders ausquetschen zu müssen. Um mich abzulenken, wasche ich das Geschirr ab, wodurch meine Hände allmählich wieder auftauen. Ich schrubbe gerade an Pixis Suppentopf herum, da kommt Cosmo in die Küche und stellt eine Plastiktüte auf den Tisch, die einen unwiderstehlichen Duft verströmt. »Du hast ja bestimmt Hunger«, sagt er (eine Vermutung, mit der er praktisch immer richtig liegt), »ich hab dir Spaghetti carbonara geholt. Und 'ne Flasche Wein.«

Ich bin überwältigt. Mit so einer positiven Wendung hatte ich heute nicht mehr gerechnet. Cosmo verteilt die Spaghetti auf zwei Teller, wobei er auf seinen knapp viereinhalb Nudeln legt und mir den Rest zuteilt, holt Gläser raus, öffnet die Weinflasche und schenkt uns ein. Ich nehme Besteck aus der Schublade und frage: »Und was ist mit Pixi?«

»Die schläft.«

Umso besser. Dann haben wir jetzt endlich die Gelegenheit, miteinander zu reden. Alles wird gut! Mich durchströmt ein freudiges Gefühl der Zuversicht. Ich stopfe die Spaghetti in mich rein wie bei einem bulimischen Anfall. Als ich merke, dass Cosmo mich beobachtet, bremse ich mich. »Wir hatten nichts mehr zu essen da«, sage ich entschuldigend. »Ich hab bloß drei Mandarinen gegessen.«

»Kein Problem«, sagt Cosmo, zurückhaltend an seiner zweiten Nudel rumknabbernd.

»Bist du noch wütend auf mich?«, frage ich vorsichtig.

»Ich hab deine SMS abgespeichert«, sagt er. »Nur falls du jemals abstreiten solltest, dass du mit mir unter einer Brücke leben willst. Ich hab's schriftlich.« Er grinst überlegen.

»Und warum hast du nicht geantwortet?«

Cosmo lässt sich Zeit mit der Antwort. »Ich war noch im Unterricht. Und danach musste ich sofort los.«

Nein – ich werde nicht fragen wohin. Ich werde überhaupt alles vermeiden, was auch nur ansatzweise Streit provozieren könnte. Diesen kalten Hass in seinen Augen will ich nie mehr sehen, sonst falle ich tot um. »Danke für das Essen«, sage ich und schiebe den Teller von mir. Ich hab ihn so gründlich leer geputzt, dass er aussieht wie frisch gespült. Jetzt werde ich mich mal dem Wein widmen. Cosmo hat sein Glas bereits zur Hälfte geleert und zündet sich eine Zigarette an.

Immer noch warte ich darauf, dass er irgendwas sagt. Ich möchte von ihm hören, dass alles wieder in Ordnung ist. Eine Entschuldigung wäre auch okay, muss aber nicht sein. Es kommt nichts, deshalb hake ich nach. »Du warst ja tierisch sauer heute Morgen. So hab ich dich noch nie erlebt.«

Er gibt erneut keine Antwort. Was ist nur mit ihm los? Dauernd fixiert er mich mit diesem merkwürdigen Blick, genau wie in der U-Bahn. Ich kann ihn nicht einordnen. Überlegen – abwartend – distanziert – irgendwas dazwischen. Jedenfalls nichts, was mich spontan heiter stimmen würde.

»Tut mir echt leid, dass ich so blöd reagiert habe«, fahre ich fort. »Ich bin manchmal einfach ... bescheuert.«

Cosmo nickt langsam und nachdenklich, als müsse er diese Einschätzung nach reiflicher Überlegung leider bestätigen.

In mir wächst das ungute Gefühl, dass er bei dieser Unterhaltung – die eigentlich überhaupt keine ist – total die Fäden in der Hand hält. Dass ich mich hier gerade zum Trottel mache und er es gnadenlos ausnutzt. Ich bin irritiert. Sonst ist *er* doch immer der mit der ganzen Emotionalität! Mehr und mehr fühle ich mich wie ein armseliges, zappelndes Würstchen, das von einer übermächtigen, undurchschaubaren Instanz begutachtet, geprüft und am Ende vermutlich verzehrt wird.

»Cosmo, ist irgendwas los mit dir? Du bist so komisch. Bist du immer noch sauer?«

Cosmo nimmt einen Schluck Wein und sagt: »Wie kommst du darauf? Ich hab dir was zu essen mitgebracht und trink mit dir 'ne Flasche Wein!« Er geht gezielt nicht auf meine Fragen ein. Er manipuliert mich.

Obwohl mir das bewusst ist, kann ich es nicht verhindern. Das gerät hier alles außer Kontrolle. »Du guckst mich aber so komisch an«, sage ich hilflos.

Cosmo guckt mich komisch an und gibt keine Antwort.

Ich leere das Weinglas fast auf einen Zug und fülle es sofort nach. Wenigstens wird mir jetzt warm. Aber da ist so eine Restkälte tief in mir drin, die sich eher verstärkt. »Sag mir, was ich tun soll«, bitte ich Cosmo, während mein Kopf sich allmählich leichter anfühlt. Welchen Sinn hätte es, mich selbst für mein Harmoniebedürfnis zu verachten? Ich will doch nur, dass alles wieder gut wird. Wenn ich dafür irgendwas tun muss, dann soll er es mir einfach sagen. Ich tu's, versprochen, ohne Widerrede.

Aber er sagt nichts, er lächelt nur und schnalzt mit der Zunge, was ausreicht, dass ich mich komplett elend und nichtswürdig fühle. Ich kippe das zweite Glas runter, alles unter Cosmos sezierendem, gruseligem Blick. Diesmal füllt er es nach. Seins ist immer noch halb voll.

Ohne Bedauern verabschiede ich mich von meinem Stolz oder dem, was noch davon übrig ist. »Bitte sag mir, dass alles in Ordnung ist.« Bin ich das wirklich, der da spricht? Meine Güte. »Du gehst heute nicht mehr weg, oder?« In meiner Fantasie formt sich das Bild eines sich krümmenden Regenwurms, der von einem schwarzen Schnürstiefel zertreten wird (die Art Stiefel, wie Cosmo sie trägt).

»Nein, ich geh heute nicht mehr weg.«

Irgendwie ist mein Glas schon wieder leer, die Flasche allerdings auch. Cosmo zündet sich eine neue Zigarette an und steht auf. »Du gehst jetzt wohl besser schlafen.«

Ich bin ganz bestimmt nicht zu betrunken, um den Weg in mein Zimmer zu finden. Trotzdem begleitet Cosmo mich aus der Küche raus. Als ich meine Tür öffnen will, fasst er mich am Arm, dreht mich zu sich rum und drückt mich mit dem Rücken gegen die Wand. Er steht ganz dicht vor mir, sein Gesicht ist nur Zentimeter von meinem entfernt, und immer noch sieht er mir konzentriert in die Augen. Für eine Sekunde fürchte ich schon, er will mich küssen, aber er hebt nur die Hand und streichelt liebevoll meine Wange, wie er das öfter tut. Seine Fingerspitzen wandern behutsam über meine Schläfe, über meine Augenbrauen, über meine Stirn. »Seelenbruder«, sagt er mit einer aufwühlend zärtlichen Stimme. »Bester Freund. Vater, Mutter, Erlöser.«

Dann drückt er seine Zigarette an meinem Hals aus.

Ich bin so geschockt, dass ich nicht mal aufschreie; im Übrigen setzt der Schmerz erst mit Verzögerung ein. Cosmo dreht sich um und geht in sein Zimmer, und ich stehe da, schlaff an die Wand gelehnt. Ungläubig und fassungslos starre ich ihm nach und lege die Hand auf die Stelle an meinem Hals, die jetzt heftig zu brennen beginnt. Was immer da gerade geschehen ist: Ich begreife es nicht. Ich dachte, ich kenne Cosmo wie mich selbst. Ich dachte, wir sind eine Seele in zwei Körpern. Ich habe mich getäuscht.

Mir ist schwindlig und leicht übel von dem Wein, ich habe Sodbrennen, weil ich die Spaghetti zu hastig runtergeschlungen habe, die Brandwunde an meinem Hals sendet rot glühende Schmerzbotschaften an mein Gehirn. Aber das Schlimmste ist meine grundlegende, existenzielle Verwirrung. Ich schlafe nicht. Ich liege nicht mal wirklich im Bett, sondern laufe konfus im Zimmer herum, einmal schalte ich sogar den Laptop ein und direkt wieder aus. Gegen fünf Uhr morgens – die Zeit, wo ich sonst oft schon aufstehe – werfe ich noch mal einen Blick auf meinen Wecker. Dann erwischt der Schlaf mich doch irgendwie.

do, 29.01.

Sie ist echt, sie ist aus Fleisch und Blut, sie ist zum Anfassen

Ich schreie fast auf vor Schreck, als Cosmo neben meinem Bett steht, denn ich bin schweißnass von Albträumen, in denen er eine tragende Rolle gespielt hat. Aber er geht neben meinem Bett in die Hocke und fragt: »Kommst du jetzt mit zu dem Gedenkgottesdienst für Thilo? Hast du mir doch versprochen.«

Ich schiele auf seine Finger, ob er da wieder eine Zigarette im Anschlag hat, aber das ist nicht der Fall. Auch sonst kommt er mir plötzlich wieder vor wie Cosmo. Er sieht mich bittend an, mit diesem rührenden Blick von unten hoch, und er wirkt unsicher, als rechne er zu achtzig Prozent mit Verweigerung. Trotzdem bin ich aufgewühlt. Ich setze mich aufrecht hin, um weiteren Abstand zwischen uns zu schaffen, und ziehe die Knie an den Körper. Cosmo senkt den Blick, schüchtern, bescheiden. Hab ich das gestern nur geträumt? Ich taste nach der Wunde an meinem Hals. Sie schmerzt.

»Das war kein Traum«, sagt Cosmo. Aha! Die Telekommunikation funktioniert wieder. Gestern Abend war sie definitiv unterbrochen. »Und es tut mir echt total leid. Ich mach dir Brandsalbe drauf, ja?« Er springt hoch, sichtlich erleichtert, dass er irgendwas Konstruktives tun kann, und kommt Sekunden später mit einer Tube aus dem Bad zurück. Hoch konzentriert gibt er einen Klecks Salbe auf seinen Zeigefinger und tupft diesen dann auf meinen Hals. Es ist wie die Berührung eines Schmetterlingsflügels. Ich seufze vor Erleichterung. Mein Seelenbruder ist wieder da.

»Klar komm ich mit«, sage ich und kämpfe mich gegen Bleigewichte aus dem Bett. Cosmo ist schon geduscht und fertig angezogen, zum Frühstücken bleibt keine Zeit. Ich würde mir gerne beim Bäcker ein belegtes Brötchen holen und es unterwegs essen, aber dafür reicht mein Barvermögen nicht aus. Also schließe ich die Augen und halte die Luft an, während wir an der halb geöffneten Tür der heimelig erleuchteten Backstube vorübergehen. Pixi ist nicht mitgekommen, Cosmo sagt, sie schläft noch.

Vor der Schule hat sich bereits eine Menge von Trauernden versammelt. Fast alle sind dunkel gekleidet. Wir wandern in einem langen, deprimierenden Zug zur Kirche, die bis auf den letzten Platz besetzt ist. Ich weiß nicht, ob der Pfarrer Thilo persönlich kannte. Vermutlich nicht. Trotzdem redet er über ihn, als seien sie jeden Dienstag gemeinsam zum Squash gegangen, und das geht einem schon nahe.

Cosmo wischt sich ab und zu Tränen aus dem Gesicht. Ich bin bekanntlich kein großer Freund des Händchenhaltens, speziell nicht mit Cosmo, und ganz speziell nicht in der Kirche, aber ich rücke so nah an ihn ran, dass ich selbst durch unsere Winterjacken hindurch jeden seiner Atemzüge spüren kann. An den diffusen Schwingungen, die er mir sendet, kann ich erkennen, dass ihm das hilft. Immer noch quält mich die Frage: Wo war Cosmo gestern Abend? Und wer war dieses zynische, überhebliche, manipulative Miststück in unserer Küche?

Nach der Kirche geht Cosmo zum Unterricht, und ich fahre zurück nach Hause. Für meine 72 Cent kaufe ich mir zwei Schrippen und freue mich tierisch auf ein Frühstück – wahrscheinlich mein letztes in diesem Monat, aber heute ist ja zum Glück schon der Neunundzwanzigste. Während ich die Treppe in den vierten Stock hochklettere, fällt mir ein, dass Pixi sicher auch ein Brötchen haben will. Das dämpft meine Euphorie ein bisschen. Aber wirklich nur ein bisschen. Und auch nur, weil ich in letzter Zeit so oft Hunger hatte.

Pixi sitzt bereits in der Küche und trinkt Kaffee. Sie sieht mich an, und mir fällt die Brötchentüte aus der Hand.

»Mann, jetzt glotz nicht so«, pfeift sie mich an, aber da ist ein ungewohntes Beben in ihrer Stimme. Ihre linke Gesichtshälfte ist lila verfärbt und geschwollen. Das linke Auge kann sie gar nicht mehr öffnen. Es könnte sein, dass ihre Nase gebrochen ist. Und auf der rechten Wange, am Kinn, an der Schläfe und am Hals hat sie lange, gerade Schnittwunden, die unverkennbar von Rasierklingen stammen.

Ich fange an zu zittern und kann mich nicht mehr bewegen. Pixi lässt den Kopf hängen und zieht gleich mehrfach die Nase hoch. »Dieses Scheißzeug«, flucht sie leise vor sich hin. Sie spricht etwas undeutlich. Vielleicht fehlen ihr auch ein paar Zähne oder so. »Das hätt er echt nicht nehmen dürfen. Der verträgt das nicht. Blöder Scheißkerl.«

Ich gebe zu, ich mag Pixi nicht besonders, aber *das* hat sie nicht verdient. Das hätte niemand verdient. Ich gehe zu ihr hin, nehme ihr verwüstetes Gesicht zwischen meine Hände und betrachte es aus der Nähe. Sie entdeckt die Brandwunde an meinem Hals und sagt nicht ohne einen gewissen Triumph: »Ach, du hast deinen Anteil auch gekriegt!«

»Hast du Hunger?«, frage ich.

»Klar, ey, ist ja überhaupt nichts mehr im Kühlschrank!«

»Tja, das Geld ist alle«, sage ich, damit sie mal so einen kleinen Überblick über unsere Finanzlage kriegt. »Aber ich hab was mitgebracht.« Ich schneide die Brötchen auf der Arbeitsplatte auf und belege sie mit Butter und den letzten Salamischeiben. Noch ehe ich einen Teller aus dem Schrank holen kann, hat Pixi schon eins davon weggeschnappt. Ich suche mir eine saubere Tasse und nehme mir von dem Kaffee, den sie gekocht hat, und in dieser Zeit verdrückt sie auch das zweite Brötchen.

»Das sollte mal mein Frühstück sein«, sage ich.

»Ach so! Sorry«, erwidert sie kauend. Damit ist das Thema für sie erledigt. Was soll sie auch sonst machen? Es wieder auswürgen? Noch einmal durchwühle ich sämtliche Schränke und Schubladen nach Essbarem, aber seit gestern Abend ist nichts Neues dazugekommen. Mir ist flau vor Hunger. Wir haben nicht mal mehr Milch, die ich in den Kaffee kippen könnte, um ihn ein bisschen nahrhafter zu machen.

Aber wenn ich Pixi so ansehe, gibt es wirklich schlimmere Probleme. »Soll ich dich nicht lieber zum Arzt bringen?«, biete ich ihr an.

»Nee«, sagt sie, »ich bin doch nicht versichert.«

Wir schweigen einen Augenblick.

»Und was willst du jetzt machen?« Ich wette mit mir selbst und gewinne: Sie zuckt die Schultern.

»Das verheilt auch von selber.«

»Nee, ich meine: wegen Cosmo«, sage ich.

»Wie jetzt, wegen Cosmo? Ob ich den anzeige oder was? Bist du bescheuert?«

Was für eine typische Pixi-Antwort. Gleich hat sie ihren Mitleidsbonus verspielt. »Nein. Ich meine, ob du weggehen willst. Ob du mit Cosmo Schluss machen willst. Und wenn ja, wohin du gehen willst«, sage ich langsam und zum Mitschreiben. Himmel, ist das anstrengend, dass man ihr immer alles so genau erklären muss! Als würden wir verschiedene Sprachen sprechen.

»Tja«, sagt sie. »Ich weiß ja nicht ... ist der öfter auf Crystal?«

Crystal!? Meint sie dieses Zeug, das fünfmal stärker sein soll als Speed und das in irgendwelchen Ostblock-Hinterhöfen zusammengepanscht wird? *Das* soll Cosmo genommen haben?

»Erst ging das los mit diesen Scheißrasierklingen«, erzählt Pixi unaufgefordert. »Ich soll den damit schneiden, hat der gesagt. Mann, der ist doch echt durchgeknallt! Und dann ging dem das irgendwie alles nicht schnell genug, und dann hat der angefangen loszuprügeln.« Aus ihrem zugeschwollenen Auge läuft eine Träne. »Der hat mir voll ins Gesicht gehauen, der Wichser! Und dann lässt der mich da liegen und haut einfach ab!«

Ich beiße mir heftig auf den Daumennagel und sehe weg. Nachdem Cosmo das erledigt hatte, ist er zum Italiener gegangen und hat Spaghetti geholt. Und während wir in der Küche saßen, lag Pixi schwer verletzt in seinem Zimmer, und er hat mir erzählt, sie schlafe. Kann sich ein Mensch so total verändern, bloß weil er mal die falsche Droge nimmt? Und ich hatte gedacht, heute früh sei alles wieder in Ordnung gewesen. Trotzdem hat er Pixi unversorgt in seinem Bett zurückgelassen und mir nicht mal gesagt, dass ich mich um sie kümmern soll oder so. Wie konnte er sich da in die Kirche setzen und um Thilo weinen?

»Eigentlich will ich nicht weg«, sagt Pixi. »Irgendwie ist der ja auch … ich weiß nicht …«

Ausnahmsweise finde ich es nicht schlimm, dass sie das Ausdrucksvermögen einer Plastiktüte hat. Ich verstehe, was sie sagen will. »Ja, irgendwie schon«, gebe ich ihr recht.

Auf dem Weg zu Jens denke ich über diese verwirrende Angelegenheit nach, und ich will Cosmo eine SMS schreiben. Aber ich schaffe es nicht, mich in ein paar Zeilen verständlich zu machen. Ich weiß ja selbst nicht, was ich denken soll. Einerseits bin ich wütend auf Cosmo, auch enttäuscht von ihm, außerdem entsetzt, dass er so sein kann. Andererseits habe ich Angst um ihn: War das ein einmaliger Ausraster, oder ist er dabei, in irgendeine Zone abzurutschen, wo ich ihn nicht mehr halten kann? Ich müsste ihm schon einen mehrseitigen Brief schreiben, um das alles rüberzubringen. Nachdenklich stecke ich mein Handy wieder in die Hosentasche. Ich muss mit ihm reden, dringend. Persönlich. Unter vier Augen.

Komisch, das Hungergefühl lässt irgendwann nach. Ich bin jetzt in der Uni und spüre meinen Hunger nicht mehr. Gegessen hab ich natürlich immer noch nichts, aber es macht mir nichts mehr aus. Stattdessen spüre ich eine gewisse Leichtigkeit im Kopf, als hätte ich ein Glas Sekt getrunken oder so. Ich glaube, ich verstehe jetzt, warum manche Menschen regelmäßig fasten.

Wie jeden Donnerstag halte ich als Erstes nach Nuria Rabe Ausschau, als ich den Seminarraum betrete, aber sie ist nicht da, dabei ist es schon ziemlich spät. Mit einem ziehenden Gefühl der Enttäuschung suche ich mir einen freien Platz im hinteren Teil des Raums und packe meine Alibi-Ausrüstung aus: Schreibblock, Stift, sogar den Schnellhefter mit den nach wie vor ungelesenen Texten. Dann rauscht Nuria doch noch rein. Wow, was für ein Auftritt! Wie da alles hinter ihr herweht, ihre langen schwarzen Haare, ihr Rock, ihr schwarzer Flatterschal – geil! Ich verfolge jede ihrer Bewegungen, während sie sich suchend umsieht und nach einem freien Stuhl Ausschau hält. Einen gibt es noch: den neben mir. Sie steuert darauf zu. Es könnte sein, dass ich jetzt gleich ohnmächtig werde … Sie legt ihre Tasche auf den Tisch, und als sie sich hinsetzt, lächelt sie mich an. *Nuria Rabe lächelt mich an!* Ich mache irgendwas mit meiner Gesichtsmuskulatur, das hoffentlich als Zurücklächeln rüberkommt, und starre dann krampfhaft auf meinen Block.

Mindestens zwanzig Minuten lang bewege ich mich nicht mehr. Ich klemme in meinem Stuhl wie eine Stahlfeder. Gleichzeitig sind all meine Sinne auf ultrascharf gestellt. Ich nehme ihren Duft wahr, ich höre das Gleiten ihres Füllers über Papier, aus den Augenwinkeln sehe ich, wie sie sich zurücklehnt und die Beine übereinanderschlägt, und ich spüre sogar jeden winzigen Lufthauch, wenn sie sich bewegt. Alles versetzt mich in einen Zustand total übersteigerter Begierde. Dann geht der Dozent plötzlich rum und verteilt Referatthemen. Keine Ahnung, um was es geht, aber ich kriege mit, dass er sagt: »Bearbeiten Sie die Themen bitte paarweise«, und eins der Blätter landet auf dem Tisch zwischen Nuria Rabe und mir.

Sie guckt mich von der Seite an, und da ich offenbar querschnittsgelähmt bin, greift sie danach und liest es sich durch. »Richard Powers, *The Time of Our Singing*«, sagt sie. »Hast du das zufällig gelesen?« Oh. Wer? Ich? Was? Sie hat tolle Augen, so ein schillerndes Grün. Hat sie mich was gefragt? Sie guckt mich abwartend an.

»Äh, ich glaub nicht«, sage ich.

»Ich auch nicht«, antwortet sie. »Na ja, egal. Was meinst du, wie lange brauchen wir zum Lesen? Wann sollen wir uns treffen?«

Treffen? Sie? Und ich? Ihr Gesicht verschwimmt vor meinen Augen, und ich hab plötzlich das Gefühl, dass der Stuhl unter mir wegrutscht. Ich mache eine hastige Bewegung, um mich am Tisch festzuklammern. In meinem Kopf dreht sich alles.

»Hey«, sagt sie sanft. Wow! Diese Stimme! »Geht's dir nicht gut? Du wirkst so ein bisschen abwesend.«

Der Raum dreht sich um mich, und zwar mit wachsendem Tempo. Ich suche Nurias Gesicht und kann es nicht mehr finden. Es rauscht alles zu schnell an mir vorbei. Davon wird mir schlecht. Kotzschlecht. Ich weiß nicht mehr, wo oben und unten ist, und als ich eine ziellose Bewegung mache, um nach etwas zu greifen, das mir Halt gibt, kippe ich vom Stuhl. Undeutlich nehme ich wahr, dass im Seminarraum Unruhe entsteht, die meisten Kommilitonen springen hoch und bilden eine besorgt dreinblickende menschliche Wand um mich herum, aber Nuria Rabe kniet neben mir am Boden, berührt mich und lässt ihre wundervolle Stimme über mich hinwegstreichen.

O ja, schöner Todesengel, leg deine kühle, blasse Hand auf meine Stirn! Ich will sie zu mir runterziehen und küssen, aber ich habe zu viel damit zu tun, die Übelkeit zu unterdrücken, denn ich möchte ihr nur ungern auf den langen schwarzen Rock kotzen. Es scheint, dass ich kurz das Bewusstsein verliere. Irgendjemand gibt mir einen Becher Wasser. Mehrere Hände zerren an mir rum und bringen mich in eine sitzende Position. Ich lehne mich an die Wand, und ganz allmählich geht es mir wieder besser.

Nuria hockt vor mir und sagt: »Ich bring dich nach Hause.« Das setzt eine Sturmflut von Bildern in meinem Kopf frei, von denen keines jugendfrei ist, bis mir klar wird, dass sie das nur aus Barmherzigkeit tut.

»Nein, das brauchst du nicht, es geht mir schon wieder besser«, fühle ich mich verpflichtet zu sagen, aber sie besteht darauf. Sie packt ihre und auch meine Sachen zusammen, hängt sich beide Taschen um und bringt mich raus. Das Seminar ist noch nicht zu Ende, und wenn mich nicht alles täuscht, hab ich im Anschluss noch eins, aber das hier sind ja besondere Umstände.

Ich bin unsicher auf den Beinen, und die Übelkeit lauert noch unter der Oberfläche, aber das Schlimmste scheint überstanden zu sein. Nuria fährt einen schwarzen VW Golf mit Sitzbezügen aus schwarzem Teddyplüsch. Am Rückspiegel baumelt ein Kristall. Als sie den Motor startet, schaltet sich auch der CD-Spieler ein. »Was ist das für Musik?«, frage ich.

»Lacrimosa. Soll ich's ausmachen?«

»Nee, lass mal. Gefällt mir ganz gut.« Wir tauschen uns über unseren Musikgeschmack aus, reden über das Seminar, das wir gemeinsam besuchen, und kommen darüber auf Bücher zu sprechen. Irgendwann fragt sie mich nach meinem Namen, was mir einen kleinen Stich versetzt – ich hab mir ihren von der ersten Sekunde an gemerkt, und sie weiß überhaupt nicht, mit wem sie da im Auto sitzt! –, aber als sie dann sagt: »Johannes? Das ist aber ein schöner Name«, bin ich wieder versöhnt.

Auf den letzten Metern muss ich sie dirigieren, damit sie die Cauerstraße findet. Zu spät fällt mir ein, wie peinlich beschissen unser Wohnhaus aussieht – genau genommen ist es das peinlichste Haus der ganzen Straße. Sie parkt schräg gegenüber von unserer schmierigen und graffitibesudelten Haustür. »Ich bring dich noch rein«, sagt sie. »Du bist immer noch total blass. Wir wollen ja nicht, dass du auf den letzten Metern wieder umkippst, oder?«

Ich weiß nicht genau, ob ich das gut finde, aber schon ist sie ausgestiegen und hat sich meine Tasche geschnappt, und ich folge ihr nervös. Ob sie mit in die Wohnung geht? Bei meinem Glück liegen Cosmo und Pixi gerade mal wieder vögelnd im Flur. Ich schicke ein kurzes Gebet ab.

Kurz hinter der zweiten Etage kriege ich noch mal einen kleinen Schwächeanfall und muss mich kurz auf eine Stufe setzen. Nuria sitzt neben mir und legt die Hand auf meine Schulter, was kleine Stromstöße durch meinen Körper schickt. »Ich hab's doch gewusst«, sagt sie. »Du solltest dich sofort hinlegen! Und wenn es nicht besser wird, ruf einen Arzt an!«

Nach zwei, drei Minuten geht es wieder, und wir bewältigen den restlichen Aufstieg. Vor der Wohnungstür zögere ich. »Das war wirklich superlieb von dir«, sage ich. »Ich glaub, mit dem Bus hätte ich das nicht geschafft.«

»Kein Problem. Ich bring dich noch rein.«

Ergeben schiebe ich den Schlüssel ins Schloss. »Ich würde dir gern noch irgendwas anbieten«, sage ich, »aber wir haben nichts da ... nur Kaffee. Möchtest du vielleicht einen Kaffee?«

Sie lächelt. »Wenn du auch einen trinkst?«

Vorsichtig öffne ich die Türe und atme erleichtert auf. Keine nackten Leiber, die sich stöhnend über den Boden rollen. Noch nicht mal eine frisch gebadete Pixi, die in Cosmos Unterhosen unseren Weg kreuzt. Es ist dunkel im Flur, bis auf den schwachen Lichtschein, der unter der Wohnzimmertür hindurchkommt. Ziemlich eilig schiebe ich Nuria Rabe in die Küche. »Setz dich«, sage ich und rücke ihr einen Stuhl zurecht, »ich sag nur schnell meinen Mitbewohnern Bescheid.«

Cosmo und Pixi liegen vor dem Fernseher auf der Couch. Sie haben sich eine DVD geliehen, irgendwas Blutrünstiges, schlecht Ausgeleuchtetes mit nervenzerfetzender Musik. Cosmo hält Pixi im Arm wie der geborene Beschützer. »Hallo«, sage ich hastig, weil ich Nuria nicht zu lange allein lassen will, »ich bin wieder da, Nuria Rabe hat mich nach Hause gefahren, weil ich in der Uni zusammengeklappt bin. Sie ist in der Küche, ich mach ihr noch einen Kaffee. Lasst euch nicht stören.« Ich nehme an, dass sich in Cosmos Gehirn jetzt eine Armee von Fragezeichen formieren wird.

Nuria sitzt brav am Esstisch und blättert im *Sonic Seducer*. »Ist das deiner?«

Wenn ich jetzt Ja sage, mach ich mich bestimmt interessant für sie, aber sie wird meine Lüge schnell durchschauen. »Nee, der gehört Cosmo«, gebe ich also zu und fülle Wasser in die Kaffeemaschine. Dann drehe ich mich rum, lehne mich an den Kühlschrank und sehe ihr zu, wie sie in der Zeitschrift liest. Sie ist wirklich wunderschön, selbst bei Küchenbeleuchtung. Ich könnte jetzt über sie herfallen.

Nuria hebt den Kopf und lächelt mich an, und ich kann nur hoffen, dass ich nicht wieder zu Boden gehe. Ehrlich gesagt ist mir immer noch ziemlich schwindlig. »Hast du öfter mit dem Kreislauf zu tun?«, fragt sie.

»Eigentlich nicht.« Ich setze mich vorsichtshalber zu ihr an den Tisch. »Ich glaub, ich hab ein bisschen wenig gegessen heute.«

»Oh, dann hol das mal schleunigst nach!«, drängt Nuria besorgt. »Am besten was mit viel Zucker, Schokolade oder so! Das tut dir bestimmt gut!«

Verdammt. Warum hab ich das gesagt mit dem Essen? Ich möchte ihr nicht erzählen, dass der Kühlschrank hier nur zur Dekoration steht, dass mein Konto überzogen ist und dass ich bis Februar keine großen Aussichten auf Nahrungsaufnahme habe. Um Zeit zu gewinnen, stehe ich wieder auf und fummele an der Kaffeemaschine rum.

Noch ehe ich mir eine Antwort ausdenken kann, höre ich, wie die Küchentür sich öffnet, gefolgt von einem dröhnenden, metallischen *Zang*. Das ist das Geräusch, mit dem Cosmos und Nurias Blicke sich ineinander verhaken. Ich drehe mich um und sehe elektrische Entladungen zwischen den beiden blitzen. Mir wird wieder übel.

Cosmo geht mit seinem unwiderstehlichsten Grübchenlächeln auf Nuria zu und reicht ihr wohlerzogen die Hand. »Hallo, ich bin Cosmo.« Seine Stimme klingt wie schwarzer Samt. Man möchte sich nackt darauf wälzen.

Nuria lächelt ebenso atemberaubend zurück. »Nuria. Ich hab Johannes nach Hause gefahren, er ist im Seminar vom Stuhl gefallen.«

Warum komme ich mir bei diesen Worten vor wie ein drittklassiger Zirkusclown?

Cosmo sieht mich besorgt an. »Was ist denn passiert? Ist dir schlecht geworden?«

»Ja, schwindlig irgendwie …«, und dabei gerate ich ins Schwanken, weshalb ich schnell wieder an den Tisch zurückkehre und mich vorsichtig hinsetze.

»Du bist immer noch nicht ganz über den Berg«, stellt Nuria fest und wendet sich dann an Cosmo: »Er sollte unbedingt was essen. Habt ihr nicht eine Tafel Schokolade oder so was?«

Cosmo öffnet den Vorratsschrank und schlägt ihn schnell wieder zu, als hätte er eine halb verweste Leiche darin entdeckt. »Äh, sieht nicht so aus«, sagt er. Er macht auch den Kühlschrank auf, und seine Schultern sacken herab. Als er sich umdreht, wirft er mir einen Blick zu, in dem sich Beschämung und Sorge an der Hand halten. »Ich könnte was vom Chinesen holen«, schlägt er vor. »Hast du noch ein bisschen Zeit? Iss doch mit uns zu Abend. Ich bin in zwanzig Minuten zurück.«

Nuria ziert sich nicht lange. »Okay. Ich pass so lange auf, dass Johannes bei Bewusstsein bleibt.«

Ich grüble nicht darüber nach, mit welchem Geld Cosmo das Essen bezahlen will, sondern kümmere mich um den Kaffee und um Nuria, und ich stelle erstaunt fest, dass sie überhaupt nicht so arrogant ist, wie sie wirkt. Eigentlich kann man sich mit ihr ganz normal unterhalten. Sie ist sehr selbstbewusst, ja, aber dazu hat sie ja auch jeden Grund – wirklich jeden. Gerade will ich ihr erklären, was ich im Nebenfach studiere, da meldet mein Handy eine SMS von Cosmo: *Gratuliere! Der geilste Aufriss seit Jahren! Sie flasht! Ich glaub, ich hab dich unterschätzt!* Ich unterdrücke mein Grinsen und schiebe das Handy eilig wieder in die Hosentasche. Ja, hier sitzt Nuria Rabe, die erotischste Frau aller Zeiten, die Göttin des Peter-Szondi-Instituts, meine Lieblingsfantasie in einsamen Nächten, direkt vor mir in unserer popeligen Küche. Sie ist echt, sie ist aus Fleisch und Blut, sie ist zum Anfassen. Ich könnte jetzt die Hand ausstrecken und ...

»Studiert Cosmo eigentlich auch?«, fragt sie.

Mein mentaler Höhenflug endet mit einem dumpfen Aufprall, und ich seufze leise. »Nein, er macht sein Abitur nach.« Wollen wir jetzt über Cosmo reden oder was? Ich wechsele geschickt das Thema und finde raus, dass sie ein Jahr jünger ist als ich und eine kleine Wohnung auf der Schlüterstraße hat, ehe Cosmo zurückkehrt.

Er hat zwei in Alu-Behälter verpackte Gerichte und zwei Flaschen Wein geholt. Zwei Essen? Für vier Personen? Ist hier außer ihm noch irgendjemand magersüchtig? »Was ist denn mit Pixi?«, frage ich, und im selben Moment wird mir klar, wie überflüssig das war.

»Pixi möchte lieber nicht mit uns essen«, erklärt Cosmo, »außerdem hab ich ihr vorhin schon was geholt. Sie hat nämlich 'n paar ganz schlimme Verletzungen im Gesicht«, erklärt er Nuria, ehe ich ihn daran hindern kann.

»Echt? Wie ist das denn passiert?«

Soll ich einen weiteren Ohnmachtsanfall simulieren? Zu spät.

»Ich hab sie verprügelt«, berichtet Cosmo unbekümmert.

»Äh, du ... du hast sie verprügelt? Oder hab ich das jetzt falsch verstanden?«

Cosmo lächelt entzückend wie der liebe kleine Junge von nebenan. »Ich war gestern 'n bisschen bedröhnt. Das Zeug hat mich irgendwie aggressiv gemacht. Johannes hat leider auch was abgekriegt.« Er wickelt mir den Schal vom Hals, der den ganzen Tag über meine Verletzung vor fremden Blicken verborgen hat. Und ich bin zu perplex, um ihn daran zu hindern.

»Oh«, sagt Nuria beim Anblick der Brandwunde. »Da musst du ja wirklich ziemlich aggressiv gewesen sein.«

»Du müsstest erst mal Pixi sehen«, plaudert Cosmo weiter. »Dabei bin ich normalerweise gar nicht so.«

Ich spiele mit dem Gedanken, ihm meinen Schal in den Mund zu stopfen. Merkt er denn nicht, was er da macht? Ich meine, Nuria ist meine Traumfrau, er weiß das – und stellt mich hier als hilflosen Trottel hin!

»Hat mir im Nachhinein auch tierisch leidgetan«, fügt Cosmo hinzu. »Na ja, jedenfalls will Pixi vorläufig keinen sehen. Kann man ja verstehen.«

Schwach vor Wut sage ich: »Dann solltest du dich jetzt besser wieder um sie kümmern«, aber Cosmo lächelt bloß wieder liebenswert.

»Nö, ich ess jetzt erst mal mit euch zu Abend.« Genau wie gestern nimmt sich Cosmo seinen Anteil von meinen gebratenen Nudeln mit Hühnerfleisch und legt ihn auf seinen Teller. Es sieht aus wie die Probeentnahme für eine lebensmitteltechnische Untersuchung; die Menge würde ohne Weiteres auf einen Objektträger passen.

Obwohl ich ja nun bereits mehrmals vor Hunger kollabiert bin, mache ich mich nicht wie gewohnt über meine Nudeln her. Man gewöhnt sich das Essen irgendwie ab. Schon nach vier oder fünf Bissen verspüre ich ein ausgeprägtes Sättigungsgefühl.

»Ein bisschen mehr solltest du dir aber schon noch reinzwingen«, rät Nuria, »du brauchst es ganz bestimmt!«

Ich sehe ihr in die Augen und versuche, ihr zu signalisieren, was ich jetzt tatsächlich brauche. Immerhin fühle ich mich inzwischen besser. Das Schwindelgefühl lässt nach. Den Wein, den Cosmo mir eingeschenkt hat, rühre ich nicht an; ich hole mir stattdessen ein Glas Leitungswasser. Nachdem Nuria als Einzige ihre komplette Portion verdrückt hat, zündet Cosmo sich eine Zigarette an, und ich gehe rüber ins Wohnzimmer, wo Pixi immer noch vor dem Fernseher sitzt. »Wollte nur mal sehen, wie's dir geht.«

Pixi wendet sich erstaunt vom Bildschirm ab und mir zu. Die Schwellungen scheinen eher schlimmer geworden zu sein.

»Scheiße«, rutscht es mir heraus.

»Ja, genau«, bestätigt Pixi düster.

Es scheint nichts zu geben, was ich für sie tun kann, also gehe ich wieder in die Küche. Nuria und Cosmo sind in eine leidenschaftliche Diskussion über Nightwish und Within Temptation vertieft, und obwohl sie offensichtlich sehr gegensätzliche Positionen einnehmen, kann ich schon wieder die Funken blitzen sehen. Ich habe eine kurze, aber schmerzhafte Vision von Cosmo und Nuria in leidenschaftlicher Umarmung. Zehn Minuten später höre ich immer noch ihrer Diskussion zu – sie sind inzwischen bei den besten Bezugsquellen für Gothic-Klamotten, und Nuria notiert sich gerade eine Internetadresse. Ich habe kein Wort beigesteuert, weil ich ganz einfach keine Ahnung habe. Endlich fällt mir ein, wie ich mich dazwischendrängen kann: »Hab ich das nur geträumt, oder müssen wir wirklich zusammen ein Referat schreiben?«

Nuria wendet sich wieder mir zu, und ihr Blick jagt sofort wilde Schauer über meinen ganzen Körper. Aus den Augenwinkeln nehme ich wahr, dass Cosmo uns beobachtet – mich –, und ich bin sicher, dass er meine Gefühlsregungen ebenso aufmerksam verfolgt wie Pixi ihre Fernsehserie. Die Frage ist nur, welche Reaktion das in ihm auslöst: Ist er wieder mein Seelenbruder, der mir alles Glück der Welt wünscht, oder trudeln noch irgendwelche Chemieabfälle durch seine Adern, die ihn dazu veranlassen, mir lässig die tollste Frau Berlins wegzuschnappen? Bis gestern Abend hätte ich nicht geglaubt, dass ich so etwas jemals würde befürchten müssen.

Ich bespreche mit Nuria ein paar Details unseres gemeinsamen Referats, wobei Cosmo sich zurückhält, raucht, seinen Wein trinkt und uns beobachtet. Dann stößt Nuria einen tiefen Seufzer aus und erhebt sich. »So, jetzt muss ich aber wirklich los. Ich denke mal, ich kann dich jetzt mit ruhigem Gewissen allein lassen, oder?«

»Ähm, nein! Ich meine, es kann durchaus sein, dass ich diese Nacht noch mal einen Anfall kriege ...« Ich grinse sie an.

»Sag mal, flirtest du mit mir?« Ihr Lächeln zwingt mich fast in die Knie. Ich kann meinen Blick nicht von ihr wegbewegen. Es zischt und knistert.

*

»Das hast du ja sauber hingekriegt«, sagt Cosmo anerkennend, als wir wieder alleine sind. »Ausgerechnet Nuria Rabe! Cool.«

Ich zucke bescheiden die Achseln. »Na ja, das war ja nicht geplant oder so. Sie saß einfach zufällig neben mir und hat sich dann wohl verantwortlich gefühlt.« Mir fällt ein, dass ich immer noch nicht vernünftig mit Cosmo geredet habe. Über seinen gestrigen Aussetzer, über Pixi und so weiter. Ich fürchte, ich muss das jetzt nachholen, obwohl ich plötzlich sehr erschöpft bin. »Als ich heute Morgen von der Kirche zurückkam und Pixi gesehen habe, war ich echt geschockt«, fange ich trotzdem an. »Warum hast du mir nichts gesagt?«

Cosmo bläst Rauch in die Luft und sieht ihm hinterher. »Was hätte das genutzt?«

»Aber du hast sie einfach allein gelassen«, versuche ich es noch einmal. »Du hast in der Kirche gesessen und um Thilo geweint, obwohl deine Freundin hier zu Hause mit einer gebrochenen Nase rumlag. Mit einer von dir gebrochenen Nase.«

»Ihre Nase ist nicht gebrochen«, erklärt Cosmo, »nur geschwollen.« Als wenn das irgendeinen Unterschied machte. Dann beugt er sich vor und sieht mich an. »Johannes, ich hatte gestern einen Aussetzer. Okay? Ich war nicht ganz bei mir. Jochen hat mir dieses Zeug gegeben, und ich dachte mir, na ja, vielleicht hilft es ja.«

»Wobei? Und wer ist Jochen?«

»Das willst du nicht wissen«, teilt mir Cosmo mit. »Jedenfalls hat es mir anscheinend nicht wirklich gutgetan. Oder sagen wir mal: Es hat euch nicht gutgetan. Pixi und dir. Tut mir leid.«

Ich kann kein echtes Bedauern aus seinen Worten heraushören, aber vielleicht erwarte ich auch zu viel. Ich will ihm ja keine Vorwürfe machen. Eigentlich will ich nur verstehen. »Heißt das, dass du es nicht mehr nimmst?«

Cosmo seufzt und nickt vage, wobei er mit den Schultern zuckt.

»Cosmo, kannst du mir noch was versprechen?«

»Ja, ja, ich weiß schon«, sagt er leicht genervt. »Ich geh da nicht mehr hin.« Er guckt mich an, und dann lächelt er plötzlich – sein echtes Original-Cosmo-Lächeln, leuchtend vor Liebe und Zärtlichkeit. Das kommt so unerwartet, dass ich fast zusammenzucke. Ich erwarte, dass er noch irgendwas sagt – den Gedanken ausspricht, der dieses Lächeln hervorgerufen hat –, aber er schweigt nur und strahlt mich an. Ratlos schüttele ich den Kopf. Dann verschwindet das überirdische Leuchten, und seine Miene wird unerwartet streng. »Was war das da für ein Ohnmachtsanfall, Freundchen? Gib's zu: Du hast wieder nichts gegessen!«

»Ja, stimmt«, sage ich, »und zwar den ganzen Tag nicht. Und weißt du warum? Weil wir nichts mehr im Haus haben. Das hast du ja eben selbst gesehen.«

Cosmo zieht die Augenbrauen zusammen. »Und warum isst du dann nicht in der Mensa, du Trottel?«

»Weil ich noch genau 2 Cent im Portemonnaie habe. Du warst zwar noch nie in der Mensa und kannst es daher nicht wissen, aber glaub mir: Für 2 Cent kriegst du da keine Mahlzeit.«

Triumphierend entdecke ich einen Funken schlechten Gewissens in seinem Blick. »Dann hättest du ja heute Morgen einfach mal den Mund aufmachen können. Woher soll ich das wissen?« Cosmo kramt in seiner Hosentasche und holt zwei zerknüllte Hunderter, einen Fünfziger und ein paar Münzen raus. Die Münzen steckt er wieder ein. »Hier«, sagt er. »Du kommst eher zum Einkaufen als ich.«

Ich starre die Scheine an, und er sagt leise und drohend: »Wage es nicht, irgendeinen verschissenen Spruch loszulassen. Nimm das Geld und halt die Schnauze.«

Schweigend und meinen Widerwillen bekämpfend streiche ich die Scheine glatt und stecke sie in mein Portemonnaie. Danach unterdrücke ich das Bedürfnis, mir die Hände zu waschen.

Es dauert ein paar Sekunden, ehe wir uns beide wieder entspannen.

»Bring Schmerztabletten mit für Pixi«, sagt Cosmo, »wir haben nur noch zwei.« Ich bin froh, dass er das sagt. »Und ich möchte, dass du jeden Tag drei Mahlzeiten zu dir nimmst«, fährt er fort. »Ich mag das nicht, wenn du vom Stuhl fällst. Das törnt mich irgendwie ab.« Grinsend leert er sein Glas, drückt die Zigarette aus und steht auf. »Wir haben noch 'ne DVD geholt«, sagt er, »willst du mitgucken?«

fr, 30.01.

Ich könnte ja anfangen, diese Dinge rumzuerzählen

Ich schlendere entspannt durch die Aldi-Filiale und genieße den Luxus eines gut gefüllten Geldbeutels. Heute kommen nur die verführerischsten Leckerbissen in meinen Einkaufswagen. Ja, ich weiß, das hier ist Aldi und nicht Feinkost Lindner. Aber ich bin ja bescheiden – Hauptsache, ich werde satt. Beim Bezahlen an der Kasse lenke ich mich bewusst mit allen möglichen gedanklichen Spielereien ab. Ich zähle die Fensterscheiben der Filiale, rechne das Wechselgeld im Kopf aus und stelle Vermutungen darüber an, welches Sternzeichen die Kassiererin hat. So bleibt fast keine Gehirnzelle mehr übrig für die Überlegung, woher das Geld stammt, das ich aus meinem Portemonnaie ziehe. Trotzdem kann ich den Impuls nicht unterdrücken, mir die Hand an der Hose abzuwischen, nachdem ich den Schein rübergereicht habe.

Nachdem ich die Einkaufstüten in unsere Wohnung geschleppt und Pixi die Schmerztabletten überreicht habe, gehe ich gleich wieder los, um zwei Exemplare des Buches zu kaufen, das Nuria und ich für unser Referat lesen müssen. Ich konnte sie gestern davon überzeugen, dass sie sich dafür nicht extra in die Buchhandlung bemühen muss.

Falls sie das für einen dürftigen Vorwand hielt, hat sie es mich jedenfalls nicht spüren lassen. Sie hat gesagt, dass sie bis zwei Uhr zu Hause ist. Ich beeile mich, um die bei Aldi vertrödelte Zeit wieder rauszuholen. Dummerweise wohnt sie am untersten Ende der Schlüterstraße, fast schon am Kurfürstendamm. Um fünf vor zwei stehe ich keuchend vor ihrer Haustür und lege den Finger auf den Klingelknopf.

Ihre Wohnung ist in der zweiten Etage, die Tür steht offen, aber Nuria ist nirgends zu sehen. Ich gehe zögernd rein und rufe ihren Namen. Da kommt sie mir durch den langen Altbauflur entgegen, ihre Haare bürstend. »Hi! Du, ich muss leider sofort weg … tut mir leid! Hast du das Buch dabei?«

Ich hole es aus meiner Schultertasche und gebe es ihr.

»Toll. Danke. Das ist wirklich lieb von dir. Wie viel bekommst du von mir?« Sie wirkt sehr geschäftsmäßig. An der Garderobe hängt eine Tasche aus schwarzem Satin mit Brokatstickerei. Sie holt ihr Portemonnaie heraus und gibt mir 12 Euro. »Sei nicht sauer, ja? Ich muss pünktlich sein, tut mir leid.«

Nachdem ich die Ansammlung von Speichel runtergeschluckt habe, die sich bei ihrem Anblick in meinem Mund gebildet hat, sage ich: »Das ist schon in Ordnung, du hast doch gesagt, dass du nur bis zwei Uhr hier bist. Ich hab leider … rumgetrödelt. Meine Schuld.« Sobald ich zu Hause bin, werde ich mir dafür kräftig in den Arsch treten.

»Geht's dir wieder besser?«, fragt sie.

Ich fühle mich wie Schokolade, die man im Hochsommer aufs Armaturenbrett gelegt hat. »Mm, ja, viel besser«, strahle ich sie an.

»Wir können zusammen runtergehen«, sagt Nuria, »warte mal kurz.« Sie bringt die Haarbürste weg, dann kommt sie zurück in den Flur, zieht ihren Ledermantel an und hängt sich den Rucksack über die Schulter. »Beim nächsten Mal haben wir hoffentlich mehr Zeit. Das ist mir jetzt wirklich unangenehm.«

Sie schwebt vor mir die Treppe runter, und für ein paar Sekunden bin ich wunschlos glücklich als ihr Schatten, ihr Parfum inhalierend und so nah, dass ihre wehenden Haare meine Nasenspitze berühren. Vor der Haustür hebt sie den Arm: »Mein Wagen steht in dieser Richtung«, und ich muss genau in die andere. Nuria hebt die Hand mit den granatrot lackierten Nägeln und fliegt davon. Ich bleibe stehen und schmachte ihr nach, bis sie außer Sichtweite ist.

*

Cosmo muss all seinen Charme aufwenden – und das ist ein beträchtliches Maß –, um Pixi zu überreden, uns zu Paule und Marlene zu begleiten. Ich kann ihre Bedenken verstehen. Ihr Anblick erweckt einen Gefühlsmix aus Mitleid, Abscheu und dem Wunsch zu flüchten. Es ist noch ein weiteres Pärchen zu Gast, Britta und Daniel. Britta ist eine Arbeitskollegin von Paule, mit der er schon seit Beginn seiner Ausbildung befreundet ist. Ich bin sicher, dass die beiden auch mal eine Affäre hatten, aber das ist sozusagen inoffiziell, keiner gibt es zu. Obwohl man noch so gewisse Schwingungen wahrnehmen kann, wenn man darauf achtet. Daniel, also Brittas Freund, achtet offensichtlich nicht darauf. Er ist ein gutmütiger Teddybär, fast zehn Jahre älter als wir und ziemlich ruhig. Ich mag seinen trockenen Humor.

Marlene hat indisch gekocht, was umwerfend gut duftet, aber sich als fast ungenießbar scharf entpuppt. Mann, bin ich froh, dass dies nun doch nicht meine einzige Mahlzeit bis zum nächsten Ersten ist, sonst hätte ich mich mit diesem Chilizeug vermutlich so lange vollgestopft, bis es sich mir durch die Bauchdecke geätzt hätte. Alle haben ihre Schwierigkeiten damit – Britta hat Tränen in den Augen, und Paule putzt sich dauernd die Nase.

Cosmo hat sich heute Abend offensichtlich entschlossen, das Enfant terrible zu spielen, eine seiner Lieblingsrollen – oder sollte ich sagen Lieblingspersönlichkeiten? Denn groß verstellen muss er sich dafür nicht. Er benimmt sich wie ein etwas zu lang geratenes ungezogenes Kind und freut sich über alle Maßen, wenn er provozieren kann. In erster Linie tut er das, indem er alle gesellschaftlich festgelegten Grenzen missachtet und den Anwesenden reihum an die Wäsche geht. Ich kriege ganz genau mit, dass er seine Hand minutenlang in Marlenes Bluse hat. Und dass er dem neben ihm auf der Couch sitzenden Daniel seine langen Beine über die Oberschenkel legt, während er ihn aus einer Distanz von wenigen Millimetern vollquatscht (dass Crystal ihn aggressiv macht und wie er Pixi verprügelt hat). Er geht mit Paule in die

Küche, um ihm beim Einräumen der Teller in die Spülmaschine zu helfen, umarmt ihn dabei von hinten und albert mit ihm rum. Mit Britta erfreut er sich unermüdlich an diesem alten Kindergeburtstagsspiel, bei dem zwei Personen gleichzeitig eine Salzstange essen, indem sie aufeinander zuknabbern. Die Zärtlichkeiten, die er mit Pixi austauscht, laufen ja sozusagen außer Konkurrenz. Hier kann er nur durch besondere Hemmungslosigkeit die Aufmerksamkeit auf sich lenken.

Mit Abstand die meiste Zeit klebt er allerdings mir an der Backe. (Auch gelegentlich im Wortsinne.) Er sitzt neben mir, auf mir oder unter mir, knabbert an meinen Ohren, schlingt seine dünnen Ärmchen um mich, küsst mich auf den Nacken und dackelt mir hinterher, sobald ich den Standort wechsle. Immer mit ostentativem Besitzanspruch und diesem kindlich-triumphierenden Blick in die Runde: Seht ihr das auch alle? Das ist meiner!

Ich hab immer noch die Hoffnung, dass irgendjemand Cosmo mal so eins auf die Fresse gibt, wie er es verdient. Aber hier und heute hoffe ich definitiv vergebens. Alle beobachten ihn mit Amüsement, Nachsicht und Vergnügen. Je mehr Cosmo trinkt, desto schlimmer wird es. Wenn ich ihm nicht die Tür vor der Nase zuknalle und abschließe, folgt er mir sogar zum Pinkeln. Und die ganze Zeit versucht er, mir ebenfalls irgendwelche Liebesbeweise zu entlocken.

Wir trinken alle nicht wenig, und Daniel legt CDs auf. Paules und Marlenes Wohnzimmer hat sich aufgeheizt. Cosmo zieht seine Zipper-Jacke aus, und ich starre verblüfft auf das T-Shirt, das er dabei enthüllt. Natürlich ist es schwarz, aber nicht nur hauteng, sondern auch sehr kurz. In Verbindung mit seiner ziemlich tief auf der Hüfte sitzenden Hose bedeutet das die Zurschaustellung eines verwirrenden Streifens blasser Haut. Und außerdem hat das Shirt am linken Ärmel irgendeinen Glitzeraufdruck. Zwar dezent, aber trotzdem Glitzer.

»Sag mal, ist das ein Shirt von Pixi?«, frage ich besorgt.

»Herrgott, Johannes! Sei doch nicht immer so grauenhaft spießig!«, gibt er zurück. »Was ist denn daran so schlimm?«

»Es ist ein Damen-T-Shirt«, sage ich. »Und es ist dir zu klein.«

»Wie meinst du das, ›zu klein‹?«, fragt Cosmo unschuldig.

Ach, hätte ich doch den Mut, ihm die Bierflasche über den Schädel zu ziehen! »Zu kurz«, sage ich mühsam beherrscht.

Cosmo stellt sich vor mich, hebt die Arme über den Kopf, wodurch der Saum des T-Shirts noch weiter hochrutscht, und führt eine Art orientalischen Bauchtanz vor, übrigens nicht ohne Talent. »Ich glaube, das gefällt dir«, sagt er. Scheiße, ist der voll! »Ich glaube, das törnt dich an.«

Und *ich* glaube, dass ich ihn mit bloßen Händen erwürgen könnte. Das Problem sind nur die vielen Zeugen, und natürlich gucken jetzt wirklich alle. Irgendjemand fängt an, im Rhythmus der Musik zu klatschen, worauf alle anderen begeistert mitziehen. Für Cosmo die schönste Bestätigung, die er sich nur vorstellen kann. Er tanzt exklusiv für mich, mit anhaltendem Blickkontakt, und kommt mir dabei immer näher, bis der Song zu Ende ist. Dann setzt er sich rittlings auf meinen Schoß und zieht meinen Kopf an seine Brust. Durch den begeisterten Applaus seiner Fans hindurch flüstert er mir ins Ohr: »Sag, dass es dir gefallen hat, Seelenbruder«, und ich zische zurück: »Dafür müsste ich so besoffen sein wie du, du Arschloch!«

Cosmo legt den Kopf in den Nacken und lächelt mich mit halb geschlossenen Lidern an, als hätte ich ihm einen unanständigen Antrag gemacht, dann geht er in die Küche und holt mir eine neue Flasche Bier aus dem Kühlschrank. Auf dem Weg dorthin und zurück kassiert er im Vorübergehen jede Menge Komplimente. »Wow, Cosmo, wo hast du das denn gelernt?«, »Super! Echt geile Show!«, »O Cosmo, würdest du für mich auch mal tanzen? Auf meinem Geburtstag?« und so weiter. Deshalb ist sein dringendstes Bedürfnis vorerst gestillt, und er kann für eine Weile darauf verzichten, weiter an mir rumzulutschen.

Dankbar für diese Atempause wandere ich mit meiner Bierflasche rüber zu Daniel, der sich konzentriert durch Paules und Marlenes CD-Sammlung arbeitet. Ich hocke mich neben ihn auf den Boden, und er sagt: »Cosmo dreht ja ganz schön auf in letzter Zeit. Kommt er in die Pubertät oder so was?«

»Vielleicht«, sage ich. »Jedenfalls sucht er irgendwie nach seinen Grenzen.«

Daniel fischt eine Franz-Ferdinand-CD aus der Hülle und schiebt sie in den Player. »Na, bei dir findet er die bestimmt nicht.«

Ich rühre seine Antwort einige Zeit in meinem leicht benebelten Gehirn um, bis sie gluckernd im Abfluss verschwindet. Dann greife ich mir meine Flasche und gehe rüber zu Marlene und Britta.

»Johannes! Komm, setz dich doch zu uns.« Wie auf Kommando rutschen die beiden ein Stückchen voneinander ab und nötigen mich, sich zwischen sie zu quetschen. Es ist mir unangenehm, denn ich will ihr Gespräch nicht unterbrechen und weiß auch nicht, worüber ich reden soll, aber das Problem lösen sie schon für mich. Britta schiebt ihren Arm unter meinen, sieht zu Cosmo rüber und sagt: »Bist du nicht eifersüchtig?«

Ich folge ihrem Blick. Cosmo hat gerade Pixi in Arbeit. Es scheint, dass niemand in der Lage ist, mit mir über ein anderes Thema zu sprechen, und außerdem finde ich diese Frage völlig unangemessen. Das kann ich aber nicht sagen, sonst versaue ich hier die Atmosphäre. »Äh, nein«, sage ich höflich, »Pixi ist zwar ganz nett, aber nicht mein Typ.«

Britta und Marlene wechseln einen Blick.

»Das Essen war wirklich super«, sage ich überleitungslos. »Aber beim nächsten Mal solltest du als Vorspeise Schmerztabletten rumgehen lassen. War ganz schön scharf.«

Britta prustet los: »Na, warte erst mal, wie du dich morgen auf dem Klo fühlst«, und Marlene boxt sie über mich hinweg in die Seite.

»Ihr seid echt blöd«, mault sie, aber sie grinst dabei. »Totale Luschen.«

Gerade als ich denke, ich wäre in Sicherheit, fängt Britta schon wieder an. »Ich hätte Cosmo gar nicht zugetraut, dass er so gewalttätig werden kann«, sagt sie mit einer gewissen Sensationsgier. »Warst du dabei? Hast du das mitgekriegt?«

Scheiße! Ich schreie gleich! Warum fragen sie ihn nicht einfach selbst? Um mich zu beruhigen, nehme ich einen großen Schluck Bier. »Nee«, sage ich dann. Sie warten einen Moment, weil sie denken, es käme noch was, aber ich starre stur auf irgendeinen Punkt hinten links am Fenster.

»Ja, das macht einem schon Angst«, nimmt Marlene den Faden auf. »Ausgerechnet Cosmo! Findest du nicht?«

Penetrant, echt. Ich hole tief Luft, um einen verbalen Keulenschlag loszulassen, der sie alle beide für Wochen außer Gefecht setzt. Dann lasse ich die Luft möglichst geräuschlos wieder ab, stehe auf und sage: »Ich muss mal.«

Ich schließe mich im Badezimmer ein, setze mich auf den Rand der Wanne und lasse die Wut in mir hochkochen. Ob sich eigentlich irgendjemand auch für mich interessiert? Warum fragt mich nie mal einer, wie es mir geht? Bin ich ein Langweiler, bloß weil ich nicht in bauchfreien Girlie-Shirts erotische Tanzeinlagen liefere? Macht mich das zu einem Menschen zweiter Klasse?

Eine leise Stimme in meinem Hinterkopf wendet ein, dass ich ja ziemlich selten freiwillig etwas von mir erzähle und dass die Leute vielleicht einfach zu wenig über mich wissen, um mich gezielt was fragen zu können, aber ich fahre ihr unbeherrscht über den Mund, leere die Bierflasche in einem Zug und schmeiße sie gegen die Fliesenwand. Sie zerbricht in zwei Teile, bloß der Flaschenhals springt ab. Als wäre ich sogar zu dämlich, eine Bierflasche kaputt zu schlagen. Im Bad breitet sich Biergestank aus.

Ich nehme den Flaschenhals in die Hand und betrachte nachdenklich seine scharfen Kanten und Spitzen. Ja, natürlich bringt mich das auf Ideen. Vorsichtig ziehe ich eine besonders spitze Stelle über meinen Handrücken, und es entsteht sofort eine dünne, rote

Linie. Ich ziehe noch mal, sodass sich ein Kreuz bildet. Dann klopft jemand an die Tür, und ich zucke zusammen, als wäre ich beim heimlichen Rauchen erwischt worden.

»Johannes, lass mich mal kurz rein, ich muss total dringend! Bitte!«

Ich schließe seufzend die Lider, dann gehe ich und öffne die Tür, schließe sie aber sofort wieder ab, nachdem Cosmo reingekommen ist. Er ist völlig bedröhnt, was ich unter anderem daran erkenne, dass er seine Augen nicht mehr richtig offen halten kann. Aber trotzdem weiß er innerhalb einer Sekunde, was hier los ist. Ganz beiläufig nimmt er mir den Flaschenhals aus der Hand und legt ihn auf die Ablage über dem Waschbecken, ehe er den Klodeckel hochklappt, seine Hose öffnet und mit dem Rücken zu mir rund zwei Liter Bier ablässt. Er drückt die Spülung, wäscht sich die Hände, nimmt den Flaschenhals wieder an sich und setzt sich neben mich auf den Wannenrand.

»Das ist doch Kinderkacke«, sagt er, auf das rote Kreuz weisend. »Guck mal.« Cosmo schiebt den Ärmel von Pixis Shirt bis über den linken Ellbogen hoch und setzt die Scherbe weit oben an seinem Unterarm an, noch jenseits der halbwegs verheilten Schnitte von vor zwei Wochen. Dann schneidet er sich ein J in die Haut, und zwar in Schönschrift. Danach ein O. Und ein H. Ich bin so fassungslos, dass ich erst beim A reagiere. »Hör auf! Spinnst du? Hör sofort auf!«

Cosmo lächelt nur und schreibt konzentriert weiter. »Bin doch schon fertig«, murmelt er, ritzt den dritten Querstrich des E in seinen Arm, fügt ein runenartiges S hinzu und betrachtet dann befriedigt sein Kunstwerk. Ich schreie und stottere irgendwelche Satzpartikel, die keinerlei Sinn ergeben, bis er den Flaschenhals achtlos auf den Boden wirft und mir die Hand auf den Mund drückt. »Jetzt halt mal die Fresse.«

Ich verstumme, und er nimmt die Hand wieder weg. Natürlich hat er die Scherbe nicht so oberflächlich angesetzt wie ich, sondern sich richtig tief in die Haut geschnitten. Ich greife mit zitternden Fingern nach dem Klopapier und tupfe das Blut ab. »Du bist so durchgeknallt«, wimmere ich leise vor mich hin. »So total bescheuert. Du bist irre. Du gehörst in eine Anstalt.« Und so weiter. Cosmo sagt dazu nichts. Er sitzt leicht schwankend auf dem Wannenrand, guckt sich seinen blutenden Arm an und lächelt versonnen.

Voller Grauen denke ich daran, wie er gleich rausgehen und jedem zeigen wird, dass er meinen Namen in sein Fleisch graviert hat. Damit hat er sich die nächste Riesenportion Aufmerksamkeit gesichert, gepaart mit leisem Entsetzen – und verstohlenen Seitenblicken in meine Richtung. Sie werden sich fragen, was ich falsch mache, dass Cosmo, der arme, kranke Cosmo, zu so drastischen Maßnahmen greifen muss, um mir seine Zuneigung zu beweisen. Und warum ich nicht mal ein bisschen netter zu ihm sein kann.

Keiner von ihnen ist je dabei, wenn ich Cosmo nächtelang im Arm halte, weil er in irgendeine Krise gestürzt ist, keiner weiß, dass ich ihm den Vortrag für die Schule geschrieben habe, keiner sieht mich, wie ich bei arktischer Kälte am Alex rumstreune, um Cosmo vom Straßenstrich zu holen. Ich könnte ja anfangen, diese Dinge rumzuerzählen. Ich könnte die Musik ausschalten, auf den Wohnzimmertisch springen und schreien: »Hab ich euch eigentlich schon erzählt, dass Cosmo mehrere Hundert Euro aus unserer gemeinsamen Kasse genommen hat, um sie mit Pixi unter die Leute zu bringen? Und dass ich daraufhin in der Uni bewusstlos vom Stuhl gefallen bin, weil ich kein Geld mehr hatte, mir was zu essen zu kaufen?«

Tja, das könnte ich machen. Sie würden sofort den Notarzt holen und mich abtransportieren lassen. Cosmo trägt Frauenkleider und schlitzt sich die Arme auf, und ich bin der Verrückte.

Als mir vor Wut und Selbstmitleid die Tränen in die Augen schießen, nuschelt Cosmo: »Ach, ich hab dich so lieb, mein Seelenbruder.« Und er macht einen wackeligen Versuch, mir die Wange zu streicheln, ist aber zu besoffen, um richtig zu zielen. »Sooo lieb«, wiederholt er. »Weil du immer zu mir hältst und nie mit mir schimpfst. Jedenfalls nicht doll.«

Ich raffe die blutgetränkten Klopapierfetzen zusammen, schmeiße sie ins Klo und spüle sie weg. »Mach den Ärmel runter«, sage ich schwach.

»Nee«, protestiert Cosmo, »mein Seelenbruder sagt immer, das darf ich nicht, das entzündet sich sonst alles.«

Na ja, wozu wäre das hier auch gut gewesen, wenn er es jetzt nicht einem aufnahmebereiten Publikum präsentieren könnte? Nur für mich alleine hätte er sich die Mühe ja nicht zu machen brauchen. Er eiert also mit entblößtem, blutigem Arm zurück ins Wohnzimmer.

»O Gott, Cosmo, was ist denn das?«, schreit Britta entsetzt. Und Marlene springt auf, eilt zu ihm hin, als müsse sie ihn stützen, und prallt ein bisschen zurück, als sie die Inschrift entziffert. Paule schlägt vor, einen Arzt zu rufen, aber Daniel meint, mit etwas Heilsalbe müsse es auch gehen.

Ich beobachte Pixi. Sie sagt nichts, aber sie tut mir leid. An ihrer Stelle wäre mir das grenzenlos peinlich. Wenn er wenigstens ihren Namen gewählt hätte. Der wäre viel einfacher zu ritzen gewesen. Und es hätte ihr diese Demütigung erspart. Ich gehe zu ihr rüber und sage: »Tut mir leid. Ich hab versucht, ihn abzuhalten, aber ...«

Pixi guckt nur kurz zu mir hoch und starrt dann wieder in ihr Glas. Ich setze mich neben sie und lege den Arm um ihre Schultern.

»Vielleicht hau ich doch ab«, sagt sie zu ihrem Glas und zieht die Nase hoch. »Ich glaub, der geht mir auf'n Keks.«

Sofort habe ich eine albtraumhafte Vision: Cosmo, von Pixi verlassen, völlig am Boden zerstört, mit diversen Selbstmordvarianten drohend – also das Übliche, wenn mal wieder eine seiner Beziehungen gescheitert ist. Ich schlucke vor Panik und sage dann: »Gib ihm noch eine Chance. Er ist total bedröhnt. Morgen tut es ihm bestimmt leid.«

Wir wissen beide, was für ein Quatsch das ist. Morgen? Da denkt er sich was Neues aus.

Daniel hat sich beim Trinken zurückgehalten und drängt Britta jetzt zum Aufbruch. Es ist schon halb drei. Cosmo, Pixi und ich dagegen nehmen Paules und Marlenes Angebot, bei ihnen zu übernachten, gerne an. Sie haben eine große aufblasbare Matratze. Jeder ist mal dran mit Blasebalgtreten. Wir legen sie mitten ins Wohnzimmer, spannen ein großes Laken darüber und werfen eine bunte Sammlung von Sofakissen und Decken drauf.

Cosmo hat sich einfach nur seiner Hose entledigt und liegt jetzt genau in der Mitte der Matratze auf dem Bauch, die Fäuste rechts und links von seinem Kopf wie ein Baby. Er schläft bereits. Ich pflücke die glimmende Zigarette zwischen seinen Fingern hervor, decke ihn zu und gehe ins Bad. Als ich zurückkomme, hat auch Pixi bereits ihren Platz eingenommen; sie dreht Cosmo den Rücken zu und starrt vor sich hin, ist aber nicht mehr ansprechbar. Für mich ist nicht viel Platz auf der Matratze verblieben. Außerdem gerät sie bei jeder Bewegung in schiffsartige Schwankungen. Hoffentlich wird keiner von uns seekrank.

sa, 31.01.

Niemand sagt mir, was ich machen soll

Das Frühstück ist eine echte Kraftquelle und entschädigt mich ein bisschen für den Frust des Vorabends. Ich sitze nämlich mit Paule und Marlene allein am Tisch, weil Cosmo und Pixi nicht aus ihrem Koma zu wecken sind, muss mich deshalb nicht pausenlos gegen Cosmos One-Man-Show behaupten und komme tatsächlich dazu, auch mal was zu erzählen. Zum Beispiel von Nuria Rabe, worauf ich schließlich echt stolz bin. Und die beiden freuen sich ganz aufrichtig mit mir, was meinem bröckeligen Ego unbeschreiblich guttut.

Mein einziger Fehler ist, dass ich vergessen habe, mir den Schal wieder umzuwickeln, der mich gestern den ganzen Abend zuverlässig vor blöden Bemerkungen geschützt hat. Natürlich entdecken Marlene und Paule die Brandwunde direkt als Erstes, während ich noch nicht mal die Schwelle zur Küche überschritten habe, und ich bin gezwungen, diese beschissene Story zu erzählen, die ihr zugrunde liegt.

Ich weiß, dass Paule mich versteht, aber Marlene steht immer auf Cosmos Seite (bei Frauen hat Cosmo überhaupt grundsätzlich unbeschränkten Bonus), deshalb bin ich etwas in die Defensive gedrängt. »Ich hab mal eine Biografie von James Dean gelesen«, sagt sie. »Der hat sich wohl auch von seinen Liebhabern Zigaretten auf der Haut ausdrücken lassen.«

Ja, ich weiß, ich bin sehr empfindlich, heute noch mehr als sonst, weil ich einen leichten Kater habe. Aber was bitte meint sie mit »auch«?

Abgesehen von diesem Tiefpunkt fühle ich mich gegen Ende unseres ausgedehnten Frühstücks ziemlich gut. Fünf bis sieben Becher Kaffee haben meine leichte Übelkeit bekämpft, und außerdem hab ich mich wunderbar satt gegessen. Es ist bereits früher Nachmittag, als ich mich mit meinen beiden leichenähnlichen und schweigsamen Mitbewohnern auf den Heimweg mache. Ich meinerseits bin voller Energie und ziehe mich mit dem Richard-Powers-Roman in mein Zimmer zurück, um mich inbrünstig meiner Aufgabe zu widmen.

Ich lese mindestens zwanzig Seiten, nehme den Inhalt vollständig zur Kenntnis, komme zügig voran und bin bemerkenswert konzentriert. Dann ertappe ich mich dabei, dass ich während des Lesens darüber nachdenke, wie ich Nuria mit meinen klugen Äußerungen über das Gelesene beeindrucken kann. Mein Gehirn ist mit diesem Multitasking jedoch überfordert, und ich muss ein paar Seiten zurückblättern. Ich rufe mich streng zur Ordnung, verbiete mir jeden weiteren Gedanken an Nuria und halte mich genau drei Minuten an diese Regel, ehe ich wieder abdrifte.

Aber wie soll man bei diesem Lärm auch konzentriert arbeiten? Was ist da überhaupt los? Ich öffne meine Tür und lausche, und ich erkenne Pixis Stimme, die Rückschlüsse auf ihr Erregungsniveau zulässt. Die beiden streiten sich, dass die Fetzen fliegen. Ich wusste gar nicht, dass Pixi über so was wie Temperament verfügt, aber Cosmo setzt wohl in jedem ungeahnte Energien frei. Tja, ich verstehe, dass sie ausflippt. Ich beneide sie sogar ein bisschen. Manches von dem, was sie ihm da gerade an den Kopf wirft, hätte ich auch schon oft gerne gebrüllt. Aber gleichzeitig löst dieser Streit in mir wachsende Besorgnis aus, weil ich genau weiß, dass da ein unübersehbarer Haufen Stress auf mich zukommt – es sei denn, sie überlegen es sich noch mal und gehen nahtlos zu einem Versöhnungsfick über.

Diese Hoffnung muss ich begraben, als ich höre, wie die Wohnungstür ins Schloss geschlagen wird. Ich glaube, das war's. Pixis Gastspiel dürfte beendet sein. Und ich darf jetzt die Trümmer zusammenfegen, nehme ich an. Vorsichtshalber bleibe ich noch eine Viertelstunde in der Deckung meines Zimmers, aber dann siegt meine Sorge – ich meine, Cosmo braucht ja nie viel Zeit, um irgendwas Dramatisches zu unternehmen, und ich möchte nur ungern zu spät kommen.

Er liegt auf seinem Bett, raucht und starrt an die Decke. Ich setze mich auf den Boden, lehne mich mit dem Rücken gegen sein Bettgestell und schweige. Es dauert nicht lange, bis er von hinten den Arm um mich legt. Das ist okay. Er muss sich jetzt an irgendwas festhalten. Wir reden nicht – was gibt es auch zu sagen? Wahrscheinlich wusste er genauso gut wie ich, dass Pixi gehen würde. Ehrlich gesagt hatte ich den Eindruck, dass auch seine Leidenschaft für sie am Schluss ziemlich abgekühlt war. Deshalb bin ich überrascht, als ich ihn plötzlich sagen höre: »Ich frag mich bloß, wo sie hinwill. Sie kann doch nicht wieder auf der Straße leben.«

»Vielleicht geht sie zurück nach Hause«, schlage ich vor. »Das wäre sowieso am besten. Ich meine – sie ist vierzehn. Sie sollte wirklich wieder zur Schule gehen und so.«

Cosmo macht eine hastige Bewegung hinter mir. »Quatsch! Sie ist sechzehn!«, widerspricht er vehement.

»Das hat sie dir erzählt«, sage ich, »aber das war gelogen.«

Ich habe Pixi nämlich mit chinesischen Sternzeichen ausgetrickst. Sie hat mir bereitwillig erzählt, dass sie Hase ist. Da brauchte ich ja bloß im Internet nachzusehen, welches die Hasen-Jahre waren. Und demzufolge ist sie vierzehn.

Cosmo wirkt betroffen. Wir versinken wieder in anhaltendes Schweigen. Schließlich fragt er: »Warum hast du mir das nicht früher erzählt?«

»Du hättest doch bloß geglaubt, dass ich sie dir nicht gönne!«

Cosmo zieht seinen Arm zurück. Die Raumtemperatur scheint um ein, zwei Grad abzusinken.

»Na ja, dann bist du ja jetzt auf jeden Fall am Ziel«, sagt Cosmo Minuten später. Ich drehe mich zu ihm um. Er sitzt mit angezogenen Knien auf dem Bett, an die Wand gelehnt, und zündet sich eine weitere Zigarette an. Er nimmt einen tiefen Zug und bläst den Rauch in meine Richtung. Er brennt in meinen Augen. »Ein Kostenfaktor weniger«, fährt er fort. »Das hat dich doch die ganze Zeit tierisch angepisst, dass du Pixi mit durchfüttern musstest. Und mein Geld wolltest du ja nicht haben.«

Ach du Scheiße, jetzt geht das wieder los! »Ich muss noch ein bisschen arbeiten«, sage ich und erhebe mich von meinem unbequemen Platz am Boden.

»Ja – klar«, sagt Cosmo. Es hört sich genau an wie: Hau schon ab, du Arsch. Ich gehe rüber in mein Zimmer und versuche dabei, mir meine Verunsicherung nicht anmerken zu lassen. Natürlich kann ich jetzt nicht mehr arbeiten. Absolut kein Gedanke daran. Ich sitze exakt so auf meinem Bett wie Cosmo auf seinem – nur ohne Zigarette – und mache mir fürchterliche Sorgen.

Warum habe ich es nicht geschafft, ihm ein bisschen Trost zu geben? Warum habe ich diese Scheiße über Pixis wahres Alter erzählt? Ich hätte es mir doch einfach klemmen können. Was hat das noch für einen Sinn? Er wird sich jetzt doppelt gelinkt vorkommen. Von Pixi, die ihn verlassen hat. Und von mir, weil ich wie ein beschissener Besserwisser mit dieser unsäglichen Info um die Ecke gekommen bin, statt ihm zu sagen, dass es mir leidtut, dass ich wünschte, sie wäre bei ihm geblieben – dass ich ihm überhaupt alles wünsche, was gut, schön und lebenswert ist auf dieser Welt. Ich hab schon wieder versagt. Ich ziehe Cosmo runter. Alle wundern sich, dass er immer labiler und durchgeknallter wird, dabei liegt es schlicht an mir.

Hat Cosmo da gerade nach mir gerufen? Soll ich rübergehen? Vielleicht hat er ja auch gar nicht gerufen, dann sieht es aus wie ein billiger Vorwand. Oder er hat doch gerufen – und ich komme nicht ... und seine Verzweiflung nimmt genau jenes Ausmaß an, vor dem ich solche Angst habe. Ich entscheide, dass ich ohnehin über keinerlei Würde mehr verfüge, und gehe nachschauen. Er liegt wieder flach auf seinem Bett, die Hände hinter dem Kopf verschränkt.

»Hast du gerufen?«, frage ich und versuche, die Anspannung in meiner Stimme zu unterdrücken. »Ich war mir nicht ganz sicher.«

Lange reagiert er überhaupt nicht. Dann rollt er sich auf die Seite und dreht mir den Rücken zu. »Hau ab, Johannes«, sagt er – müde, aber nicht aggressiv. »Lass mich einfach in Ruhe.«

Ich muss mich doch verhört haben. Oder vielleicht hat er mich nicht mit Worten gerufen, sondern mit Gedanken. Der Anblick seines mageren Rückgrats ist kaum auszuhalten. Er trägt immer noch Pixis Shirt, und seine Nierengegend ist schutzlos entblößt. Ein Streifen weißer, verletzlicher Haut.

»Ich lass dich nicht allein«, sage ich fest. »Da musst du mich schon mit dem Schaufelbagger vor die Tür setzen.« Entschlossen lege ich mich neben ihn, besser gesagt: hinter ihn, und drücke ihn an mich ran. »Es tut mir so leid«, murmele ich. »Vielleicht kommt sie ja zurück?«

Na ja, besonders viel Response kommt da nicht von Cosmo. Wenigstens verpasst er mir keinen Tritt, der mich aus seinem Bett befördert. Ich beschließe, einfach bei ihm zu bleiben. Egal wie lange – so, wie er es braucht. Ich will endlich mal etwas richtig machen.

Das ist komisch. Er liegt wirklich extrem still da. Ob er eingeschlafen ist? Ich hebe den Kopf und schiele über ihn rüber, um sein Gesicht zu sehen. Er hat die Augen geschlossen. Es scheint, dass er wirklich schläft, denn auch geschätzte zehn Minuten später hat er sich noch keine Zigarette angezündet. Also, das ist bestimmt okay, wenn er schläft. Die letzte Nacht war kurz, sein Alk-Pegel war hoch, der Streit mit Pixi hat ihm den Rest gegeben, vielleicht auch mein dämlicher Auftritt. Er ist total erschöpft, und sein Körper holt sich jetzt die dringend benötigte Regeneration.

Ich bemühe mich, ebenso still zu liegen und dabei Trost und Kraft zu übertragen. Vielleicht ist er ja auch im Schlaf auf Empfang gestellt, keine Ahnung. Aber einfach nur so dazuliegen und nichts zu tun, ist für mich sehr ungewohnt. Mir fallen die Augen zu. Ich sehe keinen Sinn darin, mich gegen den Schlaf zu wehren. Falls Cosmo aufwacht und mich braucht, bin ich mit Sicherheit sofort wieder voll da.

*

Ich schrecke hoch, mein Herz rast, irgendetwas hat mich in Panik versetzt, aber ich habe keine Erinnerung an einen Albtraum. Es ist stockdunkel, und ich zappele hektisch herum, weil ich nicht weiß, wo ich bin und was passiert ist. Ist da noch irgendjemand? Hält mich jemand fest? Hat mich ein Geräusch geweckt oder eine unangenehme Berührung? Mir bricht der Schweiß aus. Unmittelbar vor mir liegt etwas Großes, Weiches, aber Massives … ach. Himmel, ja. Das ist Cosmo.

Ich erinnere mich, warum ich hier bin und was ich hier mache, bleibe aber trotzdem aufgewühlt. Vorsichtig löse ich meinen Arm von Cosmo und setze mich auf die Bettkante. Er schläft weiter. Ich taste mich zum Lichtschalter und sorge für Erleuchtung. Mann, wie fertig muss er sein, dass er so tief schläft und nichts von alldem mitkriegt? Jetzt wird das Hämmern meines Herzschlags noch schneller. Stimmt da was nicht? Ich beuge mich über ihn, fasse ihn an der Schulter und schüttele ihn leicht. »Cosmo? Cosmo, hallo! Hey! Werd mal wieder wach!«

Da kommt nichts. Ab-so-lut keine Reaktion. Ich stelle fest, dass er so gut wie gar nicht atmet. Das heißt, sein Brustkorb hebt sich ab und zu und senkt sich wieder, aber nur in unnatürlich langen Abständen.

Hitze schießt durch meinen ganzen Körper bis in die Fingerspitzen, und ich gerate in Panik. Zuerst zerre und reiße ich an Cosmo rum und schreie auf ihn ein, was nichts bewirkt. Dann springe ich wie Rumpelstilzchen planlos in der Wohnung rum auf der Jagd nach meinem Handy, ohne zu wissen, wen ich überhaupt anrufen will. Was mir erst klar wird, als ich es nach mehrminütiger Suche schließlich in meiner Hosentasche finde, wo es immer ist. Die Zifferntasten grinsen mich erwartungsvoll an. So, und was jetzt? Es ist Samstagabend. Cosmos Hausarzt ist nicht zu erreichen. Also den Notarzt?

Ich stürze noch mal zurück zu Cosmo und mache einen weiteren Versuch, ihn aufzuwecken, denn ehrlich gesagt hab ich Angst, dass er mich in kleine Stücke zerreißt, wenn ich einen Arzt rufe, ohne dass er wirklich am Rande des Grabes steht. Aufgrund seiner langjährigen leidvollen Erfahrung als Serienselbstmörder hasst Cosmo alles, was mit medizinischer Versorgung zu tun hat. Dann wird mir klar, was für ein feiger Idiot ich bin. Ich verliere möglicherweise wertvolle, lebensrettende Minuten mit meiner jämmerlichen Angst vor Cosmos Wut – bin ich noch ganz dicht? Beherzt drücke ich die 112.

Es dauert siebzehn Minuten vom Anrufen bis zum Klingeln an der Tür. Also, sagen wir mal so: Wäre Cosmo aus dem Fenster gesprungen, hätte sich das erledigt. Aber er atmet noch, wenn auch kaum wahrnehmbar. Der Notarzt ist ein junger, smarter Bursche mit einem vertrauenerweckenden Alukoffer voller Heil bringender

Instrumente. »Wo ist denn der Patient?«, fragt er zur Begrüßung. Ich führe ihn hin.

Der Arzt setzt sich auf die Bettkante, hebt Cosmos Augenlider und leuchtet ihm mit einer schicken kleinen Taschenlampe in die Pupillen. Dann beobachtet er seine Atmung und legt ihm eine Blutdruckmanschette um den Oberarm. »Was hat er denn da?«, fragt er und weist auf die blutige Inschrift.

»Äh, er ist, das hat er, das ist …«

Der Arzt würdigt mich keines Blickes, als er mich unterbricht: »Hat er das selbst gemacht?«

»Ja«, sage ich erleichtert. Ich hoffe, er fragt nicht, wessen Name das ist.

»Sind Sie verwandt?«, will er jetzt wissen.

»Nein, befreundet. Und wir, wir teilen uns die Wohnung.«

»Studenten«, stellt er fest.

Das war definitiv keine Frage, trotzdem sage ich gehorsam: »Ja.« Ich starre ihm die ganze Zeit ins Gesicht, weil ich seiner Mimik irgendeinen Hinweis entnehmen will, wie es um Cosmo steht, aber er muss ein fantastischer Pokerspieler sein.

»Hat Ihr Freund Alkohol getrunken? Oder Medikamente eingenommen?«

»Ja.«

Er guckt mich an, leicht ungehalten. »Was denn nun?«

»Beides«, antworte ich rasch. »Er hat gestern Abend sehr viel getrunken, und er nimmt regelmäßig Valium.«

»Wie viel?«, kommt die routinemäßige Frage, während er eine Spritze aufzieht.

Was meint er jetzt? Wie viel Alkohol? Wie viel Valium? Normalerweise oder heute? Ich kaue auf meinem Daumennagel herum und starre ihn verzweifelt an. Dieser Kerl schüchtert mich völlig ein.

Er drückt Cosmo den Inhalt der Spritze in den Arm, packt seine Werkzeuge ein und sagt so laut, als sei ich ein schwerhöriger, dementer Opa: »Wie viel Valium hat er genommen?«

»Ich weiß nicht! Ich war doch nicht dabei!«

Der Blick, den der Notarzt mir zuwirft, gibt mir das Gefühl, hoffnungslos debil zu sein. Ich fühle mich schuldig, weil ich Cosmos Tablettenkonsum nicht mit stündlichen Aktualisierungen in einer Excel-Datei dokumentiere.

»Er hypoventiliert«, erklärt er mir. »Wir nehmen ihn mit.« Mit diesen Worten verlässt er die Wohnung, und ich stehe absolut ratlos da. Wer ist wir? Warum haut er einfach ab? Wohin wollen sie Cosmo mitnehmen? Kann ich mitkommen? Wird irgendwas von mir erwartet?

Ich gehe in die Küche und sehe runter auf die Straße. Der Krankenwagen steht mit zwei Rädern auf dem Bürgersteig, und soeben holen der Arzt und ein Pfleger hinten eine Trage raus und klappen sie auseinander. Ich erwarte sie an der Wohnungstür. Sie sehen wütend aus – wegen der vier Stockwerke vermutlich. Ich nicke dem Pfleger zu, er ignoriert mich.

»Haben Sie ein paar Sachen zusammengepackt?«, fragt der Arzt mich ohne jede Freundlichkeit.

Was? Warum sagt er das nicht, *bevor* er geht? Ich drehe schon wieder frei, mir fällt nicht ein, wo ich eine Reisetasche oder einen Koffer oder so was finde. Schließlich kippe ich Cosmos Schulrucksack aus und stopfe stattdessen alle Gegenstände hinein, die zufällig in meiner Reichweite liegen.

»Kann ich mitkommen?«, frage ich. Ich würde mich nicht wundern, wenn er mir jetzt sagt, ich soll zu morgen einen Aufsatz über das Thema »Medizinische Notfälle« abliefern und hätte außerdem drei Wochen Fernsehverbot. Deshalb bin ich unverhältnismäßig erleichtert, als er mit gleichgültigem Achselzucken nickt.

Die beiden Männer haben Cosmo auf die Trage gelegt – für seinen Abtransport hätte einer von beiden völlig ausgereicht, einfach locker über die Schulter werfen und los – und manövrieren ihn nun durch den Flur nach draußen. Voller Entsetzen sehe ich ihn bleich und bewusstlos daliegen; ein Bild, das sich mir vermutlich auf ewig einprägen wird. Ich ziehe mit vor Eile zitternden Fingern meine Schuhe und meine Jacke an, weil ich sicher bin, dass sie ohne mich losfahren, wenn ich nicht gleichzeitig mit ihnen am Krankenwagen eintreffe.

Ich muss vorne neben dem Fahrer sitzen, während der Arzt sich hinten mit Cosmo befasst. Ab und zu sehe ich durch das kleine Fenster nach hinten, aber dann wird mir sofort kotzschlecht, denn der Krankenwagen schlingert und schwankt in Stuntgeschwindigkeit durch das abendliche Berlin. Zum Glück dauert die Fahrt nur wenige Minuten, dann halten wir sozusagen am Lieferanteneingang der DRK-Kliniken Westend.

Niemand sagt mir, was ich machen soll. Ich bleibe einfach in Cosmos Nähe und trage den Rucksack mit seinen Sachen. Die Tragbahre hat jetzt Beine mit Rollen ausgefahren und wird durch lange, hell ausgeleuchtete Flure geschoben. Irgendwann verschwindet sie hinter einer Pendeltür, und als ich mit durchschlüpfen will, stellt sich mir eine Krankenschwester in den Weg und sagt: »Warten Sie bitte draußen.« Noch ehe ich nur eine einzige von all den Fragen stellen kann, die mich bedrängen, bringt sie sich ebenfalls hinter der Tür in Sicherheit.

Ich stehe mit einem schrecklichen Gefühl der Verlassenheit in diesem kahlen, menschenleeren Gang und weiß nicht, was ich tun soll. Nachdem ich ein paar Minuten vergeblich gehofft habe, dass sich die Tür noch mal öffnet und jemand kommt, um mir exakte und verständliche Verhaltensanweisungen zu geben, lehne ich mich schließlich an eine nackte Wand, drücke Cosmos Rucksack an meine Brust und warte.

Ich verliere jedes Gefühl für Zeit. Vielleicht stehe ich schon seit Wochen hier, keine Ahnung. Selten – sehr selten – kommt jemand aus dem geheimnisvollen Raum hinter dieser Tür. Ärzte, Schwestern. Sie gehen an mir vorbei, als wäre ich nicht vorhanden. Niemand streift mich auch nur mit einem Blick, obwohl ich sie alle flehend anstarre. Ich bekomme ernstliche Zweifel an meiner Existenz. Wäre da nicht meine Angst um Cosmo, wären da nicht meine Gewissensbisse, weil ich neben ihm eingeschlafen bin, ohne zu merken, dass er schon ans jenseitige Ufer aufgebrochen war – ich würde mich für einen Geist halten.

Ich habe viel Zeit zum Nachdenken. Zum Beispiel darüber, ob er nun ganz bewusst eine große Menge Tabletten geschluckt hat, um sich davonzumachen. Aus enttäuschter Liebe? Nein, ich glaube nicht. Ich müsste mich sehr täuschen, wenn Cosmo wirklich so verliebt in Pixi gewesen wäre. Aus verletzter Eitelkeit? Eigentlich ist er gar nicht so von sich eingenommen. Aus Angst vor dem Alleinsein? Ja – das passt zu ihm. Aber ich war doch da ... Der Gedanke, dass ihm das nicht genügt haben könnte, tut weh.

Vielleicht wollte er auch einfach nur schlafen. Er war enttäuscht, frustriert, genervt, überdrüssig. Er wollte seine Ruhe. Seine letzten Worte waren: »Lass mich einfach in Ruhe.« Letzte Worte? Verdammt, er ist doch noch nicht tot! Oder ...? Was machen die da drin? Setzen sie ihm gerade diese elektrischen Bügeleisen auf die Brust, wo immer alle Umstehenden einen Schritt zurücktreten müssen, ehe sie ein paar Tausend Volt hindurchjagen? Immer wieder ... immer wieder ... Auf dem Monitor ist nur ein horizontaler Strich zu sehen, und ein lang gezogener, durchdringender, hoffnungsloser Ton erfüllt den Raum. Alle Schwestern und Ärzte wechseln resignierende Blicke. »Wir haben ihn verloren.«

Scheiße, ich wünschte, ich hätte nicht so viele Krankenhausserien geguckt! Das ist Pixis Schuld, die hatte so einen Mist immer laufen, wenn ich abends nach Hause kam. Ich möchte nicht wissen, wie viele Todesfälle ich miterlebt habe in der kurzen Zeit, da sie bei uns wohnte. Mein Kopf sinkt herab, bis ich mit der Nase an Cosmos Rucksack stoße, in der Hoffnung, dass er irgendwie vertraut riecht. Na ja, ein bisschen – nach Rauch. Aber nicht wirklich nach Cosmo. Er fehlt mir so! Ich wünschte, ich säße jetzt mit ihm zu Hause auf der Couch, und wir würden uns eine Krankenhausserie ansehen und so richtig derbe ablästern und versaute Sprüche über die großbusige Schwester raushauen.

Sie kommt aus der verbotenen Tür und steuert direkt auf mich zu. Mann, die hat wirklich Riesendinger. Sie kriegt kaum den Kittel darüber zu. »Ihr Freund ist nicht in Lebensgefahr«, sagt sie.

Ich schrecke hoch. Was? Ist die echt? Hat sie mit mir geredet? Hat sie was über Cosmo gesagt? »Was ist mit Cosmo?«, sage ich etwas atemlos. Sie lächelt mich an. Wow! Und wie sie mich anlächelt! Ich kann schon fast spüren, wie sich meine Pupillen erweitern.

»Über Nacht bleibt er hier auf der Station zur Beobachtung. Morgen können Sie ihn dann sicher besuchen. Er muss bloß ausschlafen. Das kann dauern.«

Ich sauge ihre Worte auf wie eine biblische Offenbarung. Für einen Engel ist sie allerdings ein bisschen zu, na ja, handfest.

»Sind das seine Sachen?«, fragt sie und zeigt auf den Rucksack, den ich wie einen Schutzschild vor der Brust umklammert halte. Ich kann bloß wortlos nicken. Sie lächelt wieder, diesmal deutlich amüsiert. »Wollen Sie sie mir nicht geben?«

Ich straffe meine Haltung, reiche ihr den Rucksack und sage höflich: »Natürlich, Entschuldigung. Ich war nur so erleichtert, dass er ...« An dieser Stelle verlässt mich schon wieder die Contenance, aber immerhin, das war doch ein Anfang.

»Dann fahren Sie jetzt mal nach Hause«, sagt sie freundlich, aber bestimmt. Ehe sie den Gang runter verschwindet, wirft sie mir noch einen prüfenden Blick zu, als wolle sie sich vergewissern, ob ich nicht auch ärztliche Hilfe benötige. Also, sie könnte mir ruhig mal den Puls oder so was fühlen ... Aber sie ist schon weg.

Ich brauche nur ungefähr sechs Wochen, um den Ausgang zu finden. Dann stehe ich im nächtlichen Nieselregen auf dem Spandauer Damm, genau gegenüber von einem Beerdigungsinstitut, und frage mich, was ich jetzt tun soll. Der Gedanke an unsere leere Wohnung, in der benutzte Einwegspritzen und Latexhandschuhe rumliegen, kickt mich nicht die Bohne. Ich besinne mich auf mein soziales Netzwerk, das aus genau zwei Optionen besteht: Paule und Marlene oder Noah und Frida. Aus paritätischen Gründen entscheide ich mich für meinen Bruder und meine Schwägerin. Kaum fünfzehn Minuten später hält ihr Auto neben mir am Straßenrand.

In ihrer wohlig warmen Küche bieten sie mir nicht nur den Luxus aufmerksamen Zuhörens, sondern auch die aufgewärmten Reste eines Nudelauflaufs, zwei Scheiben Käsebrot, einen Becher Milchreis, eine Milch-Schnitte sowie unbeschränkten Zugriff auf ihre Süßigkeitenkollektion. Nach dem vierten Grabower Küsschen verspüre ich einen Anflug von Übelkeit und stelle beschämt die Nahrungsaufnahme ein.

Was mir am meisten wohltut, ist Noahs und Fridas übereinstimmende Überzeugung, dass Cosmo sich nicht das Leben nehmen wollte. »Cosmo ist doch ein absoluter Fachmann auf diesem Gebiet«, sagt Frida schonungslos, »der weiß ganz genau, dass man sich mit Valium kaum umbringen kann. Da muss man sich schon wirklich Mühe geben. Und noch dazu, wenn man ohnehin schon ein Dauerkonsument ist. Nee, mach dir da mal keine Gedanken – er hat einfach zwei, drei Stück mehr genommen als üblich, weil er gefrustet war, und das war's.«

Das ist nun schon die zweite Nacht in Folge, die ich nicht im eigenen Bett verbringe. Ich kann lange nicht einschlafen, weil ich grüble, ob Cosmo wieder bei Bewusstsein ist, und wenn ja, wie er sich gerade fühlt: allein gelassen, fremd, verängstigt? Am liebsten würde ich mich wieder anziehen und zum Krankenhaus fahren, um bei ihm zu sein. Schließlich klammere ich mich an die Worte der Krankenschwester: »Er muss ausschlafen. Das kann dauern.«

Cosmo bastelt sich mit seiner Ringtone-App gerne abgefahrene Klingeltöne. Vor ein paar Tagen haben er und Pixi einen neuen Sound zusammengestrickt und sich abgerollt vor Begeisterung. Ich hab mir die Datei rüberschicken lassen und auf meinem eigenen Handy installiert. In diesem Moment fand ich das irgendwie witzig. Es war früher Abend, wir hatten ein Bier getrunken, wir waren gut drauf. Ich konnte ja nicht ahnen, dass ich ausgerechnet heute Nacht einen Anruf bekomme.

Um 2:37 Uhr reißt mich ein markerschütternder Todesschrei aus meinem ohnehin unruhigen Schlaf, und er hört einfach nicht auf. Ich habe gerade von Cosmo geträumt, wie er reglos auf einer Tragbahre liegt und etwas Schwarzes über seine Stirn kriecht, und dieser Schrei scheint durch den stockfinsteren Raum zu irren.

Ich schreie ebenfalls, mache eine instinktive Abwehrbewegung und falle von der Couch. Genau auf meine linke Schulter. Es tut so weh, dass mir die Luft wegbleibt. Immerhin bin ich jetzt wach. Ich komme auf die Beine und stoße mir bei der Suche nach dem Lichtschalter den nackten Fuß an etwas Hartem. Fluchend suche ich nach meiner Hose und lasse sie zweimal hinfallen, während ich die Taschen durchwühle. Ich weiß nicht, wie lange dieser Sterbende geschrien hat, ehe ich endlich auf den Annehmen-Knopf drücke, ich weiß nur, dass ich verzweifelt hoffe, es habe nichts mit Cosmo zu tun.

»Ich bin's«, sagt eine vertraute Stimme. Vertraut und etwas quengelig. »Was ist denn mit Cosmo? Wieso geht der nicht ans Telefon?«

Ich hole ganz tief Luft. »Kannst du schon die Uhr lesen, Pixi?«

»Ich wollt ja bloß mal wissen, wie es ihm so geht. Ich meine, weil … weil wir haben uns doch gestritten und so.«

Ich bin zu müde und zu wütend, um ihre Grammatik zu korrigieren. »Er ist im Krankenhaus«, sage ich brutal und koste die kleine Pause, die daraufhin entsteht, richtig aus.

»Was ist denn passiert«, sagt Pixi schließlich etwas kurzatmig.

Wow, ich hab's geschafft! Ich hab sie geschockt! »Sieht nach 'ner Überdosis aus«, sage ich. »Ich weiß noch nichts Genaues. Er ist nicht bei Bewusstsein.«

»Scheiße«, ächzt Pixi. Ich gebe keine Antwort, um ihren Gewissensbissen die Chance zu geben, sich so richtig tief reinzufressen. Meine Schulter schmerzt in rhythmischen Wellen. Das ist auch ihre Schuld.

»Ja, das ist ja echt Kacke«, präzisiert sie noch mal. Sie scheint an ihrem Wortschatz gearbeitet zu haben, dass sie sogar mehrere Umschreibungen für einen Sachverhalt findet.

»Genau«, bestätige ich. »Und wo bist du jetzt?« Es ist nicht so, dass es mich interessiert. Ich frage nur, weil ich sicher bin, dass Cosmo sich danach erkundigen wird.

»Zu Hause«, sagt sie. Klingt da so was wie Beschämung durch?

»Das ist gut«, sage ich im Tonfall eines Tierarztes, bevor er der Kuh den Arm in den Hintern steckt. »Genau da gehörst du hin. – Hör mal, Pixi, ich muss aufhören. Ich hab die Pfanne auf dem Herd stehen. Soll ich Cosmo sagen, dass du angerufen hast, falls er überlebt?«

»Ja, nee, lass mal«, sagt sie in ihrer unnachahmlich trägen Art. »Ich meld mich noch mal.«

Muss das wirklich sein? Dann aber bitte nicht bei mir. Ich reibe mir die Schulter und hoffe, dass sie jetzt auch eine schlaflose Nacht hat.

so, 01.02.

Vielleicht gibt es ja auch Frauen, die Johannes heißen

Sehr früh morgens öffne ich mit einem Gefühl der Beklemmung die Tür zu jenem Zimmer, in dem ich Cosmo angeblich vorfinden soll. Zwischen mir und dem gegenüberliegenden Fenster stehen drei Betten, und alle drei sind belegt. Aber nur von einem der weißen Kopfkissen hebt sich eine Flut langer, pechschwarzer Strähnen ab, und darauf steuere ich zu, ohne einen Blick für irgendwas anderes zu vergeuden.

Cosmo schläft noch. Als Erstes überprüfe ich seine Atmung; sie ist wieder normal, würde ich sagen. Regelmäßig und ausreichend tief. Dann streiche ich ein paar der schwarzen Fransen aus seinem Gesicht und mache Gott aus purer Dankbarkeit allerhand waghalsige Versprechungen. Sie haben ihm einen dieser schrecklichen Krankenhauskittel angezogen. Meine Schuld – so was wie ein Schlafanzug war wohl nicht bei den Gegenständen, die ich in den Rucksack gestopft hatte. Ich nehme an, dass ich da eher CDs, Zigarettenschachteln, Schulbücher, Kondome, Pixis vergessene Slips, Musikzeitschriften und Tuschefedern reingepackt habe, so konfus, wie ich war. In Weiß hab ich Cosmo noch nie gesehen, aber irgendwie steht es ihm; es hat so was Unschuldiges. Er sieht entspannt und friedlich aus.

Ich hänge meine Jacke an einen Wandhaken, ziehe mir einen Stuhl an Cosmos Bett, greife mir seine rechte Hand und warte. Ich stelle mich darauf ein, dass es möglicherweise Stunden dauert, bis er wach wird, und dass in dieser Zeit vermutlich absolut nichts passiert. Tatsächlich spüre ich jedoch schon nach rund dreißig Minuten eine minimale Bewegung in Cosmos Hand, wie ein schwaches Flattern.

Ich schrecke aus meinem mentalen Dämmerzustand hoch und fixiere sein Gesicht. Weitere zehn Minuten später ist er wach, und er sieht mich an. Wahrscheinlich strahle ich unverhältnismäßig, Cosmo dagegen guckt ängstlich und verstört. Er lässt seine Blicke durch den Raum wandern und zu mir zurückkehren. »Bring mich nach Hause«, flüstert er.

Mein Herz schwillt an vor Mitleid. »Ja, das mach ich«, verspreche ich ihm mit meinem zuversichtlichsten Tonfall, »sobald sie dich gehen lassen.«

Wieder sieht er sich im Krankenzimmer um, als berge es unvorstellbare Schrecken. Er hat Panik.

»Es ist alles okay«, sage ich rasch, ehe er sich reinsteigert. »Ich bin hier, und ich geh nicht weg, jedenfalls nicht ohne dich.«

Das scheint ihn zu beruhigen. Er umklammert meine Hand und lässt meinen Blick nicht los, bis ihm die Augen wieder zufallen.

Ich kann nur hoffen, dass sich hier mal so was wie medizinisches Personal blicken lässt. Heute ist Sonntag, da gibt es wahrscheinlich keine Visite. Vielleicht entlassen sie sonntags gar nicht. Jetzt gerate ich in Panik. Notfalls werde ich Cosmo wohl entführen müssen. Irgendwann später kommt eine Krankenschwester rein, und als sie sieht, dass Cosmos Augen geöffnet sind, kräht sie fröhlich: »Aaaah, Schneewittchen ist aufgewacht!«

»Kann ich ihn jetzt mit nach Hause nehmen?«, frage ich hoffnungsvoll.

Sie guckt streng. »Sind Sie ein Verwandter?«

»Er hat schon seit zweiundzwanzig Jahren keine Verwandten mehr«, kläre ich sie auf. »Aber wir wohnen zusammen, zählt das auch?«

Ihr Blick wird milder, aber sie sagt energisch: »Also, nach Hause kann er auf keinen Fall. Doktor Banerjee muss ihn vorher noch mal sehen. Und der hat heute frei. Bis morgen nach der Visite müssen Sie also noch durchhalten.«

Cosmo starrt sie mit weit aufgerissenen Augen an und flüstert: »Nein!«

Ich merke, er ist noch nicht in der Lage, seine Interessen wahrzunehmen, das muss ich wohl übernehmen. »Aber … es ist so, dass er …« Ich überlege, wie weit ich gehen soll, und entschließe mich für die volle Packung. »Also, er leidet unter einer Persönlichkeitsstörung, und wenn er hier festgehalten wird, verschlimmern sich die Symptome.«

»Ach so, na ja, dann verlegen wir ihn vielleicht lieber auf die Psychiatrie«, antwortet die Schwester hilfsbereit.

Ich fürchte, sie meint das ernst. Cosmo drückt meine Hand so fest, dass ich schon die Knochen knacken zu hören glaube.

»Nein … Ach, bitte, kann ich ihn denn nicht einfach nach Hause bringen? Wir könnten doch morgen noch mal herkommen«, biete ich an, »damit der Arzt ihn sich noch mal ansehen kann. Er würde doch sowieso nur feststellen, dass es ihm wieder gut geht und dass er entlassen werden kann.«

Ihre Miene wird wieder strenger. »Sind Sie Mediziner?«

Ich werfe einen schnellen Blick zu Cosmo und sehe die Panik in seinen Augen, dann schreie ich: »Nein, ich bin Mensch, verdammt!«

Es entsteht eine sekundenlange peinliche Stille. Schließlich sagt die Schwester: »Nun regen Sie sich mal nicht künstlich auf. Ich will mal sehen, ob ich was ausrichten kann, aber versprechen kann ich nichts.«

Draußen dämmert es bereits, als ein Arzt an Cosmos Bett auftaucht. Cosmo, der vollkommen wiederhergestellt scheint, hat mittlerweile geduscht, sich angezogen und war mindestens fünfzehnmal im Raucherzimmer den Gang runter (ich hatte tatsächlich ein Päckchen Zigaretten in seinen Rucksack gepackt). Er hat nicht viel geredet, dazu ist er zu verängstigt.

Ich hab ihm erzählt, wie ich neben ihm eingeschlafen bin, wie ich dann gemerkt habe, dass er kaum noch atmete und so weiter. Dabei habe ich mich bemüht, ihn abzulenken, aber ich spüre die ganze Zeit, dass er an der Schwelle zum Durchdrehen steht. Wahrscheinlich sind es nur die Restbestände an Diazepam in seinem Blutkreislauf, die ihn unter Kontrolle halten.

Doktor Banerjee ist Inder, einen Kopf kleiner als ich, schiebt einen Bauch vor sich her und hat ziemlich dunkle Haut. »Wie ich höre, haben wir hier einen akuten Fall von Ungeduld«, sagt er, als er sich zu Cosmo runterbeugt, um seinen Puls zu fühlen. Er stellt ihm ein paar Fragen zu seinem Befinden und wendet sich schließlich an mich: »Dann kommen Sie mal bitte mit.«

Cosmo und ich wechseln irritierte Blicke, und mein verängstigter Seelenbruder keucht: »Du kommst aber gleich wieder, ja?«

Ich beruhige ihn mit einem zuversichtlichen »Natürlich« und folge dem Arzt in ein kleines, fensterloses Büro. Er setzt sich auf den Schreibtisch und weist mir einen Stuhl zu. »Sind Sie der Bruder?«, will er wissen.

Wie kommt der denn darauf? Wir sehen uns doch kein bisschen ähnlich! »Nein, wir sind befreundet und teilen uns eine Wohnung.«

Doktor Banerjee nickt.

»Cosmo hat keine Angehörigen«, füge ich schnell hinzu, denn ich kenne den Fragenkatalog ja schon.

Er nickt wieder. »Ihr Freund hat ja eine ganze Reihe von Narben und Verletzungen«, sagt er dann und beobachtet mich dabei aufmerksam, um meine Reaktion zu testen.

Ich warte noch einen Moment – kommt da noch eine Frage? Scheint nicht so –, dann sage ich: »Ja, er ist Borderliner.«

Warum nickt der Mensch dauernd? Vielleicht hat das im indischen Kulturraum irgendeine spezielle Bedeutung, zum Beispiel »Leck mich am Arsch« oder so.

»Das heißt, er hat sich die Verletzungen selbst zugefügt?«

Diesmal nicke ich. Bei mir heißt es einfach nur »ja«.

»Er hat auch einen Namen in seinen Arm geritzt, nicht wahr?«

Ich spüre, wie ich rot anlaufe.

»Das sieht noch ganz frisch aus. Steht das in irgendeinem Zusammenhang mit seinem Suizidversuch?«

Oha. Bei mir klingeln die Alarmglocken, denn Frida hat mir eingeschärft, dass das Wort »Suizid« absolut tabu sein muss, sonst behalten sie ihn hier und verlegen ihn wirklich auf die psychiatrische Station. Ich versuche ein souveränes Lächeln und hoffe, dass es nicht allzu stark verrutscht. »Also, ich glaube, da haben Sie etwas missverstanden. Das war doch kein Suizidversuch!« (Gespielte Entrüstung, als würde Cosmo nie, nicht mal im Traum, unter gar keinen Umständen jemals ... haha.) »Er hatte bloß ein bisschen Ärger mit seiner Freundin und war, na, sagen wir mal: genervt. Und da hat er Beruhigungstabletten genommen, weil er schlafen wollte. Er hat sich wohl bei der Dosis etwas verschätzt.«

Doktor Banerjee nickt nicht mehr. Er sieht mich forschend an. »Und diese Freundin – ist das ihr Name auf seinem Arm?«

Ach, verdammt. Für einen Moment bin ich in Versuchung, einfach Ja zu sagen. Vielleicht gibt es ja auch Frauen, die Johannes heißen. Aber ich hab Probleme mit dem Lügen – ich schaff es einfach nicht. »Nein, das ist sie nicht«, sage ich stattdessen und erröte erneut.

»Was macht Sie so sicher, dass er sich nicht das Leben nehmen wollte?«, insistiert der Arzt.

»Cosmo kennt sich mit solchen Sachen aus«, erkläre ich. »Er käme nie auf die Idee, sich mit ein paar Valium umzubringen. Vor allem, weil das so gut wie keinen Showeffekt hat. Wenn er sich umbringen möchte, dann schneidet er sich die Pulsadern auf und verteilt sein Blut großflächig auf einer Leinwand. Oder er klettert im Zoo ins Raubtiergehege. Oder er schließt sich in einem Raum ein und legt Feuer. Oder er springt von einer Brücke vor eine S-Bahn.« Zumindest sind das die Praktiken, die mir jetzt auf die Schnelle einfallen. Die Liste ist natürlich nicht vollständig, und er hat noch nie zweimal dasselbe gemacht – da hat er seinen Stolz.

Doktor Banerjee sieht mich mit hochgezogenen Augenbrauen an. »Das klingt, als wäre Ihr Leben nicht gerade langweilig. Aber warum wollen Sie ihn unbedingt schon heute wieder nach Hause holen?«, fragt er. Vielleicht denkt er, ich könnte es nicht erwarten rauszufinden, was er sich als Nächstes einfallen lässt.

»Weil Cosmo schreckliche Angst vor Krankenhäusern hat«, erwidere ich wahrheitsgemäß. »Er kriegt Panikzustände. Und er kann nicht allein sein. Das heißt, ohne jemand … Vertrautes. Wenn er hierbleiben muss, dreht er durch. Außerdem ist er doch wieder total fit! Was soll er noch hier?«

Doktor Banerjee legt den Kopf ein bisschen schräg und sagt: »Kann es sein, dass Sie auch nicht allein sein können?«

Beleidigt verschränke ich die Arme vor der Brust und sage: »Kann er jetzt gehen oder nicht?«

Doktor Banerjee rutscht vom Schreibtisch runter und nickt wieder. »Sie müssten dann bitte morgen noch mal herkommen und in der Patientenaufnahme alles regeln. Die ist sonntags nicht besetzt.«

»Ja, klar«, sage ich glücklich, zu jedem Zugeständnis bereit. »Danke!« Und ich spurte zurück zu Cosmo, der total verkrampft wie ein Häuflein Elend auf seinem Bett sitzt, sich aber bei meinem Anblick schlagartig entspannt. Ich kommuniziere schon beim Reinkommen nonverbal, dass wir frei sind, deshalb reicht ein cooles »Alles klar«, und er stopft sofort seine Zigaretten in den Rucksack und steht auf.

*

Es kommt mir vor, als hätte ich eine anstrengende Reise hinter mir, und ich bin unendlich erleichtert, wieder daheim zu sein. Als Erstes räume ich eilig die Spuren der medizinischen Notversorgung beiseite, aber Cosmo kriegt es trotzdem mit, und obwohl er nichts sagt, kann ich seine Panik fast anfassen. Ich halte inne und frage: »Bist du sauer, dass ich einen Krankenwagen gerufen habe?«

»Das wär wohl ziemlich unfair von mir, oder?«

»Ich hatte so Angst«, sage ich. »Ich dachte, du liegst im Koma. Ich wusste nicht, was ich sonst machen sollte.«

Cosmo hebt die Hand. »Halt mal die Klappe jetzt. Du brauchst dich nicht zu rechtfertigen.«

Nachdem ich uns etwas zu essen gemacht habe, sagt Cosmo: »Also, ich würde mal sagen, du hast dir die Goldene Erlöser-Ehrenmedaille verdient. Wir machen heute einen Erlöser-Ehrenabend, was hältst du davon? Wir leihen uns ein paar DVDs, du darfst sie aussuchen, und du darfst den ganzen Abend Chips und Salzstangen essen, so viel du willst, ohne dass ich auch nur ein Wort darüber verliere. Und ich hol dir immer neues Bier aus dem Kühlschrank.«

»Wir könnten uns vielleicht eine ganze Staffel *Emergency Room* ausleihen«, schlage ich vor – ein Witz, über den Cosmo nicht lachen kann. Ich kassiere einen schmerzhaften Schlag in die Rippen.

Irgendwann später an diesem Abend sagt Cosmo: »Glaubst du, dass ich mich umbringen wollte?«

Was spielt es für eine Rolle, was ich glaube? Ich sage ihm mehr oder weniger dasselbe wie Doktor Banerjee. »Nö, ich glaub nicht. Dann hättest du dir was Spannenderes ausgesucht, nehme ich an.«

Er grinst ein bisschen. »Da hast du recht, Alter. Also, ich wollte mich bloß – beruhigen. Ich war ziemlich fertig. Ans Sterben hab ich dabei eigentlich nicht gedacht. Tja. Nur dass du das weißt.«

Ich bin ihm dankbar dafür, dass er das gesagt hat. »Wie viele hast du denn genommen?«, frage ich. »Fünf«, sagt er. Und nach einer kurzen Pause: »Oder sechs. Weiß nicht mehr so genau.«

mo, 02.02.

Irgendwas muss da wieder schiefgelaufen sein

Auf dem Rückweg vom Krankenhaus, wo ich Cosmos An- und Abmeldung erledigt habe, ruft Nuria mich auf dem Handy an. Sie hat ein semantisches Problem bei der Lektüre des Powers-Romans – auf Seite vierhundertzwei! – und will wissen, welche Übersetzungsvorschläge ich habe. Ich winde mich vor Scham. »Tut mir leid, ich hab noch gar nicht richtig angefangen zu lesen. Das heißt, ich wollte ... aber ich konnte mich nicht konzentrieren ...«

»Schokolade«, sagt Nuria.

»Wie bitte?«

»Schokolade! Hab ich doch schon am Donnerstag gesagt, dass dir Schokolade fehlt. Die ist auch gut für die Konzentration. Du ernährst dich wahrscheinlich falsch.« Damit kommt sie der Wahrheit ziemlich nahe – manchmal ernähre ich mich ja bekanntlich überhaupt nicht.

»Ja«, stimme ich ihr zu, »könnte schon sein. Na ja, jedenfalls waren wir Freitag eingeladen, und übers Wochenende war Cosmo im Krankenhaus – also, ich bin überhaupt nicht zum Lesen gekommen.«

Sie will wissen, was mit Cosmo los war, und obwohl ich nicht ins Detail gehe, tut es mir gut, mit ihr darüber zu sprechen. Vor allem, weil sie nicht zu der Art Menschen gehört, die unweigerlich so etwas antworten wie: »Oh, eine Medikamentenvergiftung hatte die Cousine meines Exfreunds auch mal, das war 2003, als sie die Antibabypille für Schmerztabletten gehalten hat, da musste ich mit ihr ins Krankenhaus, und da hab ich diesen total netten Arzt kennengelernt blablabla.« Also, Nuria ist definitiv nicht so. Sie sagt nämlich: »Da hast du dir bestimmt schreckliche Sorgen gemacht.«

Ich krieg eine Gänsehaut aus Liebe zu ihr. »Ja, das hab ich, und deshalb bin ich mit dem Lesen auch noch nicht so weit.«

»Du denkst aber dran, dass wir uns am Freitag treffen, ja? Schaffst du es bis dahin?«

Realistisch gesehen schaffe ich das nicht. Das verdammte Buch hat über sechshundert Seiten. Wäre ich ein anständiger Kerl, würde ich jetzt sagen: »Hör zu, Nuria, such dir einen anderen Partner für diese Aufgabe. Ich werde dieses Buch in hundert Jahren nicht gelesen haben, und ich werde überhaupt mein Studium in den Sand setzen, also achte lieber darauf, nicht mit mir in Verbindung gebracht zu werden.«

Ich bin aber nicht anständig, jedenfalls nicht genug, deshalb sage ich: »Na klar, ich leg gleich los. Heute hab ich weiter keine Termine mehr, da schaff ich bestimmt schon mal die Hälfte. Du kannst dich auf mich verlassen.«

Tatsächlich kann sie sich lediglich drauf verlassen, dass ich am Freitag pünktlich zu unserer Verabredung erscheinen werde, aber das auch nur, weil ich sie flachlegen will, und dazu brauche ich Richard Powers nicht. Trotzdem fange ich zu Hause sofort an zu lesen und vernichte dabei systematisch die Tafel Nussschokolade, die ich mir am Kiosk gekauft habe.

Kurz nach mir kommt Cosmo nach Hause, mit einer riesigen Leinwand unter dem Arm. Er sagt nur kurz Hallo und murmelt: »Ich muss was malen.«

Neugierig frage ich: »Was denn?«

»Was ich gesehen hab. Am Samstagabend.«

Samstagabend? Als er im Koma lag? »Du meinst, du hast diesen Tunnel gesehen mit dem hellen Licht am Ende?«, witzele ich. »Oder – hey, hast du Gott gesehen? Wie sieht er aus?«

Cosmo zeigt noch nicht mal die Andeutung eines Lächelns, als er erwidert: »Wie du. Aufs Haar genau wie du.«

Ich lese fast bis zur Bewusstlosigkeit, und jedes Mal, wenn ich merke, dass meine Gedanken abschweifen, rufe ich mir Nuria in Erinnerung. Ich stelle sie mir als Domina vor, ganz in Leder und eine Peitsche in der Hand, wie sie mich an ein Andreaskreuz kettet und mich fragt: »Hast du das Buch wirklich gelesen? Dann sag mir, um was es geht! Fass es mit eigenen Worten zusammen!« Und ich stottere mir irgendwas zurecht und kriege ihre Peitsche zu spüren. Es ist natürlich so, dass mich diese Fantasien auch ablenken. Aber sie bewirken immerhin, dass ich nach einer gewissen Zeit wieder zu meiner Lektüre zurückkehre und mir Mühe gebe, die nächsten Seiten zu bewältigen.

Es ist nach acht, und seit Cosmos Heimkehr habe ich nichts mehr von ihm gesehen. Ich höre bloß Musik aus seinem Zimmer. Also gehe ich mal nachschauen. Er steht vor seiner Staffelei und arbeitet an seinem Bild, ohne meine Anwesenheit zur Kenntnis zu nehmen. Es ist bereits in einem sehr fortgeschrittenen Stadium, und es ist – genial. Mit Sicherheit eins seiner besten Bilder, vielleicht sogar das beste, das er je gemalt hat.

Es zeigt eine einsame nächtliche Allee, die in nebulöse, bedrohliche Ungewissheit führt. Man hat das Gefühl, dass am Ende irgendetwas lauert, etwas Abgrundböses, etwas Grauenvolles, aber es lässt sich nicht richtig greifen.

Cosmo hat nur wenige Farben verwendet, aber dennoch mit Öl gearbeitet und nicht mit Bleistift oder Tusche. Dadurch bekommt das Bild eine beklemmende Präsenz. Es ist wirklich entsetzlich deprimierend und gehört eigentlich in einen Giftschrank. Zumindest auf selbstmordgefährdete Betrachter dürfte es unmittelbar tödlich wirken. Aber darin liegt zugleich auch seine Genialität. Das angedeutete Entsetzen am Ende dieser Allee zieht mich total in seinen Bann.

Cosmo hat aufgehört zu malen und beobachtet mich. Keine Ahnung, wie lange schon. Er wartet wohl darauf, dass ich etwas sage, was mir schwerfällt, weil ich mich wie gelähmt fühle.

»Unglaublich«, seufze ich schließlich.

»Was meinst du damit? Unglaublich schlecht?«

»Blödmann«, sage ich. »Es ist unglaublich genial. Irre, durchgeknallt, krank und genial.« – *Also wie du*, füge ich in Gedanken hinzu, vorübergehend vergessend, dass Cosmo das Passwort für mein Gehirn hat. Er guckt mich an, als überlege er, ob er mir das spitze Ende des Pinsels zwischen die Rippen stoßen soll. Deshalb hänge ich noch ein strahlendes Lächeln an, das ihn von der Echtheit meiner Begeisterung überzeugt.

Gute zwei Stunden später gesellt er sich zu mir in die Küche, wo ich gerade die Reste meiner letzten Fressorgie beseitige. Ich hab mich nicht getraut, ihn zu fragen, ob er auch was essen will, weil ich dann immer diese tadelnden Blicke kassiere. Aber jetzt sagt er mit beißendem Sarkasmus: »Ist ja nett, dass du mir auch was zu essen gemacht hast.« Womit er mir mal wieder verdeutlicht, dass ich grundsätzlich alles falsch mache.

Wie gewöhnlich springe ich sofort darauf an. »Scheiße, tut mir leid, ich wollte dich bloß nicht stören! Soll ich dir …«

Er schneidet mir mit einer Handbewegung das Wort ab und holt sich eine Flasche Wasser aus dem Kühlschrank, die er im Stehen leert, ohne den Blick von mir zu wenden. »Schon gut«, sagt er dann mit maliziösem Grinsen und wischt sich mit dem Handrücken über den Mund, »du bist bloß immer so niedlich, wenn du dich schuldig fühlst.«

Cosmo nimmt sich einen Apfel aus der Obstschale und teilt ihn mit einem Messer in kleine Spalten. Dann setzt er sich zu mir an den Tisch und knabbert an einer davon herum. »Soll ich dir erzählen, was ich in der zweiten Familie erlebt habe, die mich aus dem Heim geholt hat?«

Ich nicke heftig und warte gespannt.

Cosmo beißt noch einen halben Millimeter von der Apfelspalte ab. »Ich war ja inzwischen einigermaßen sozialisiert«, beginnt er zynisch, »deshalb konnten sie mich wieder vermitteln. Meine neue Familie war ein ungewollt kinderloses Ehepaar, und sie waren wirklich lieb. Ich glaub nicht, dass ich bei denen gebockt habe. So ganz genau weiß ich das natürlich nicht. Aber sie haben mich ziemlich verwöhnt. War 'ne coole Zeit.«

Endlich mal was Positives, denke ich erleichtert, obwohl mir klar ist, dass das dicke Ende nicht lange auf sich warten lassen wird. Ich meine, sonst wäre Cosmo nicht der, der er heute ist, oder? Irgendwas muss da wieder schiefgelaufen sein.

»Ich durfte bei denen im Bett schlafen, wenn mir danach war«, erzählt Cosmo mit schwärmerischem Blick. »Und meinen vierten Geburtstag haben wir mit 'ner Megakinderparty gefeiert. Ich musste drei Tage lang kotzen von den ganzen Süßigkeiten.« Er lächelt selig. »Und dann wurde meine Mutter schwanger«, fährt er fort, jetzt ganz ernst. »Obwohl man ihr gesagt hatte, sie könnte keine Kinder bekommen. Na ja, wahrscheinlich war der Leistungsdruck jetzt weg, weil sie mich hatten – und prompt hat's gezündet. Also bekam ich eine kleine Schwester.«

Ich merke, wie sich in meinem Magen ein Klumpen bildet. »Und du warst abgemeldet?«, frage ich leise.

Er guckt eine Weile ins Leere. »Ja. Nicht sofort natürlich. Das ging eher schleichend. Es waren so – Kleinigkeiten. Ich durfte nicht mehr ins Elternbett, weil da jetzt das Baby lag. Ich wurde im Kindergarten angemeldet, wo ich mich nicht wohlfühlte. Ich musste leise sein, wenn das Baby schlief.«

Nichts davon klingt für mich nach besonderer Grausamkeit, wenn ich ehrlich sein soll. Meine älteren Geschwister mussten auf mich bestimmt auch Rücksicht nehmen. Aber die hatten nicht das erlebt, was Cosmo bereits erlebt hatte … »Das war ein ganz schön tiefer Fall für dich«, sage ich.

Cosmo nickt nachdenklich. »Vom Prinz zum Störfaktor. Ich war ein beschissener großer Bruder, das kannst du mir glauben.«

»Hast du dich an deiner Schwester gerächt oder so was?«

Er guckt woandershin, aber der Trotz in seinen Augen entgeht mir nicht. »Jedenfalls hab ich's versucht«, sagt er. »Ich hab sie in ihren Kinderwagen gelegt und bin ganz allein mit ihr losmarschiert, bis zu so 'nem kleinen Park mit Teich. Da hab ich sie stehen lassen und bin wieder nach Hause gegangen.«

Ich schweige betroffen.

»Meine Eltern haben erst gar nichts davon mitgekriegt«, erzählt Cosmo mit einem dünnen Lächeln. »Sie dachten, sie liegt in ihrem Bett. Und irgendwann haben sie nachgeguckt, und da war sie weg.« Sein Lächeln verschwindet. »Na ja, war natürlich schnell klar, dass ich irgendwas damit zu tun haben musste, aber ich hab nichts gesagt. Nichts. Kein Wort. Ich hab nie mehr ein Wort mit ihnen geredet, weißt du, auch nicht als sie meine Schwester wiederhatten. Danach war ich nur noch drei Wochen bei ihnen.«

Diese Geschichte hat Cosmo mir noch nie erzählt, nicht mal andeutungsweise. Mich schockiert vor allem, wie er sie erzählt. Als fühle er sich immer noch hundertprozentig im Recht. Sein Gewissen scheint sich nicht weiterentwickelt zu haben seither.

»Ich kam also wieder ins Heim, in ein anderes diesmal, da hatte ich eine total nette Erzieherin. Tante Lotte. Die hat dann dafür gesorgt, dass die Kinderwagen-Geschichte nicht in meine Akte kam, sonst hätte ich nämlich keine Chance gehabt, da jemals wieder rauszukommen. Aber dank ihrer Hilfe war ich ein paar Monate später schon wieder untergebracht.« Cosmo macht den Eindruck, als sei er gerade aufgewacht. Er sieht mich an und lächelt, während er nach einem weiteren Apfelstückchen greift. Ein kleines Häppchen beißt er ab, den Rest hält er mir hin, und ich fresse ihm aus der Hand – wie immer. An seinem Grinsen sehe ich, dass er dasselbe denkt.

»Diesmal waren schon zwei Geschwister da«, berichtet er weiter, »das machte die Sache natürlich einfacher, und außerdem waren sie

Zwillinge und nur anderthalb Jahre älter als ich – und grottendämlich. Und total feige. Die hatten richtig Angst vor mir.«

Das wundert mich nicht. Hätte ich wahrscheinlich auch gehabt, wenn ich mir dieses raffinierte, mörderisch intelligente Kind mit seinem gnadenlosen Anspruch auf Alleinherrschaft vorstelle, das vor nichts zurückschreckt, um sich sein Recht auf Liebe zu sichern. Und wieso verwende ich eigentlich Konjunktiv und Präteritum?

»Eigentlich hätte da alles ganz glatt über die Bühne gehen können«, sagt Cosmo, »auch wenn die neuen Eltern nicht ganz so perfekt waren wie die davor. Die waren manchmal 'n bisschen chaotisch, und es kam schon mal vor, dass sie vergessen haben, uns von der Schule abzuholen oder so. Aber dafür hatten wir natürlich auch viel mehr Freiheiten.«

Ich versuche, mir diese Familie vorzustellen. Unorganisierte Eltern und die eingeschüchterten Zwillinge. Wahrscheinlich war Cosmo das heimliche Familienoberhaupt. Mit Sicherheit hat er sie alle nach seiner Pfeife tanzen lassen; das liegt ihm ja. »Und wo war dann das Problem?«, frage ich.

»Meine Mutter hat 'ne Psychose gekriegt«, sagt er ziemlich unbeteiligt.

Ich zucke zusammen. »Wie – aber was ...«, stammele ich.

»Ja, ja, so mit allem Drum und Dran«, erklärt Cosmo. »Mit Rumschreien, Einschließen im Bad, Zerschmeißen von Geschirr, Tränenausbrüchen und so weiter. Dann war sie wieder tagelang nicht ansprechbar. Sie hat sich nicht mehr gewaschen und nichts gegessen. Ich hab mich bloß gewundert, wie lange das Jugendamt gebraucht hat, bis die das mitgekriegt haben. Das ging fast 'n halbes Jahr so. War nicht besonders witzig.«

»Hat sie dich angegriffen?«, frage ich besorgt.

»Nö«, sagt er. »Aber sie hat sich nicht mehr richtig um uns gekümmert, und mein Vater war auch total überfordert. Der ging ja auch noch arbeiten und hatte mit ihr schon genug zu tun. Jedenfalls – zurück ins Heim. Tante Lotte war leider inzwischen nach Frankfurt gezogen.«

Hin und her. Rauf und runter. Liebe und Ablehnung. Vertrauen und Enttäuschung. Gewinn und Verlust. In meiner Kehle steckt irgendwas Dickes, das sich nicht runterschlucken lässt. Komisch, dass Cosmo so gelassen wirkt – oder ist das eine Schutzmaßnahme? Könnte aber auch sein, dass er kurz zuvor sein Valium genommen hat, das verleiht ihm ein dickes Fell. Er steht auf, beißt noch mal abschließend ein Stückchen Apfel ab und sagt: »Ich geh schlafen.« Ohne meine Antwort abzuwarten, verlässt er die Küche und lässt mich erschüttert, aufgewühlt und grübelnd zurück.

fr, 06.02.

Wenn das hier eine Filmszene wäre, würde ich jetzt nach der Fernbedienung greifen und umschalten

Ich hätte es nie für möglich gehalten, aber ich habe *The Time of Our Singing* zu Ende gelesen, ehe ich mich am Freitag um halb drei auf den Weg zu Nuria Rabe mache. Dafür habe ich zwar weder die Klausur vorbereitet noch meine Hausarbeit vorangebracht, aber wenn man bedenkt, dass ich mein Studium innerlich ohnehin schon abgeschrieben habe, finde ich meine Leistung recht beachtlich. Na ja. Ich hab's nicht für die Uni getan. Ich hab's getan, weil ich einen Grund brauche, um Nuria regelmäßig zu treffen. Wenn ich ihr gleich beim ersten Mal sage, dass ich alles an den Nagel hängen will, warum sollte sie sich dann noch mal mit mir verabreden?

Ich habe Nuria am Donnerstag im Seminar gesehen, da konnten wir nur ein paar Sätze wechseln. Aber heute gehört sie mir allein.

Woah, ich bin ganz schön aufgedreht, schon den ganzen Tag. Als ich losgehen will, kommt Cosmo gerade von der Schule zurück. »Mann, was ist denn mit dir los?«

Noch ehe ich antworten kann, fällt es ihm wieder ein, und in seinem Gesicht macht sich ein unanständiges Grinsen breit. »Viel Spaß«, ruft er mir hinterher, während ich die Treppe runterhüpfe.

Ich bin gerade an der Ecke Otto-Suhr-Allee, als mein Handy klingelt. Bestimmt Cosmo, der mir noch ein paar Flachlegestrategien mit auf den Weg geben will, denke ich. Aber auf dem Display steht: ☺ *Nuria!!!* ☺

»Bist du schon unterwegs?«, fragt sie.

»Bin gerade losgegangen.«

»Oh, tut mir leid. Am besten drehst du gleich wieder um.«

Ich fühle mich, als hätte Frau Hergenrath ihren Putzeimer über mir ausgeleert. Schwankend vor Enttäuschung bleibe ich stehen.

»Bei mir ist die Heizung ausgefallen«, fährt Nuria fort. »Du kannst dir nicht vorstellen, wie kalt das hier ist. Können wir uns bei dir treffen?«

In mir gehen die Lichter wieder an. Noch ein bisschen flackernd allerdings, denn ich denke an den impertinenten Kohlgestank, der heute durch unser Treppenhaus zog, an mein ungeheiztes, spartanisches Zimmer mit nur einem Stuhl, an den Berg von schmutzigem Geschirr in der Küche und an meinen ebenso attraktiven wie unberechenbaren Mitbewohner.

»Natürlich«, sage ich, »kein Problem.«

Ich galoppiere nach Hause zurück, drehe in meinem Zimmer die Heizung bis zum Anschlag hoch, räume ein paar Papiere vom Schreibtisch, hole einen zweiten Stuhl aus der Küche und platze bei Cosmo rein. »Planänderung, Nuria kommt hierher, lass uns ungestört arbeiten, sonst schneid ich dir die Eier ab«, rattere ich und knalle seine Tür wieder hinter mir zu. Im gleichen Moment klingelt es, und ich atme tief durch, um die Verwandlung vom Terminator zum Chorknaben zu beschleunigen.

Bis Nuria oben angekommen ist, sind meine Augen wieder klar und glänzend wie Gebirgsseen, und ich strahle ihr mein schönstes Erzengellächeln entgegen. »Komm dich aufwärmen«, sage ich.

Ich bin kein Teamarbeiter. Nie gewesen. Am besten bin ich, wenn ich allein an meinem Schreibtisch sitze und meine zerfaserten, aber klugen Gedanken so lange hin und her schiebe, bis sie irgendwo eingerastet sind und niedergeschrieben werden können. So war es zumindest früher. In jüngster Zeit bleiben von dem kompletten letzten Satz eigentlich nur die Wörter »allein« und »zerfasert« übrig.

Und nun kommt hinzu, dass Nurias Anwesenheit bei mir völlig andere Gehirnregionen aktiviert als Richard Powers. Um ehrlich zu sein, sind es nicht mal wirklich Gehirnregionen, eher im Gegenteil. Kurz und gut, ich habe ein Problem. Was aber nicht so schlimm ist, weil Nuria offensichtlich unter denselben Beschwerden leidet. Kaum haben wir drei Sätze über *The Time of Our Singing* verloren, steht sie auf und inspiziert mein Bücherregal. Sie entdeckt die Poppy-Brite-Sammlung und tickt aus. »Wow, du hast ja sogar *Plastic Jesus*!«, schreit sie. »Du hast alle Bücher von ihr, was?« Aufgeregt zieht sie einige davon aus dem Regal und blättert darin. Ich lasse beiläufig ein paar Hintergrundinfos fallen (»Wusstest du, dass Poppy Brite mal als Stripperin gearbeitet hat?«), was mir ihre andächtigste Bewunderung sichert. Ich bin sehr zufrieden mit mir.

Vorübergehend wenden wir uns wieder unserem Arbeitsauftrag zu. Wir probieren es mit einer Art Brainstorming, erst mal zusammentragen, was uns bei der Lektüre aufgefallen ist – natürlich unter dem besonderen Aspekt des Themas Musik, die allerdings bei *The Time of Our Singing* ohnehin den größten Teil des Inhalts ausmacht. Gerade das, doziere ich, mache den Zugang zu unserem Thema so komplex, denn hier gehe es nicht schwerpunktmäßig ums Sammeln von Ideen, sondern vielmehr ums Selektieren. Nuria hängt an meinen Lippen, also mit ihren Blicken, meine ich, aber ich kann mir vorstellen, dass sich das über kurz oder lang noch physischer ausprägt.

Irgendetwas sägt schon länger unterbewusst an meinen Nerven, und jetzt bohrt es sich an die Oberfläche meiner Wahrnehmung. Aus Cosmos Zimmer höre ich Musik. Das allein ist nicht ungewöhnlich, ebenso wenig wie ihre beträchtliche Lautstärke. Tatsächlich verstörend ist jedoch, dass er immer und immer wieder denselben Track abspielt. Das muss jetzt das zehnte oder elfte Mal sein. Und es ist einer meiner Lieblingstitel von Muse, *Endlessly* – von dem Cosmo mal gesagt hat, er sei schnulzig. Wieso hört er ihn jetzt mit einer derartigen Beharrlichkeit, als ob er eine Doktorarbeit darüber schreiben müsse? Meine Konzentration ist weg.

There's part of me you'll never know
The only thing I'll never show
Hopelessly, I'll love you endlessly
Hopelessly, I'll give you everything
I won't give you up, I won't let you down
And I won't leave you falling.

Gerade beginnt es wieder von vorne. »Entschuldige«, sage ich zu Nuria, »ich muss mal eben … ich komm gleich wieder.«

Auf mein Klopfen erfolgt keine Reaktion. Um die Musik zu übertönen, müsste ich schon eine Kanonenkugel gegen Cosmos Zimmertür abfeuern. Also gehe ich nach kurzem Zögern einfach rein.

Cosmo sitzt zusammengekauert neben seiner Boombox auf dem Boden und schaukelt vor und zurück. Er sieht zu mir hoch mit Augen wie Saugnäpfe. Ich kenne diesen Blick. Er hat Angst. Eine Panikattacke.

Ich setze mich neben ihn, ziehe ihn an mich, streiche über seinen knochigen Rücken und gebe beruhigende Laute von mir. Er drückt sein Gesicht gegen mein Schlüsselbein und zittert. So was passiert ab und zu, in unregelmäßigen Abständen, und es braucht keinen erkennbaren Auslöser. Vielleicht hat er irgendwas gelesen oder gehört oder auch nur gedacht – jedenfalls hat er echte Todesangst, so schlimm, dass er sie nicht mal in Worte fassen kann.

»Darf ich die Musik ausmachen?«, brülle ich ihm ins Ohr. Ich interpretiere seine Bewegung als Nicken, taste nach der Boombox und finde den Aus-Schalter. *Hopelessly* ... Wuchtige Stille stülpt sich über uns.

Es gibt nur wenig, was ich in einer solchen Situation tun kann. Worte sind überflüssig. Angesichts eines solchen existenziellen Entsetzens werden sie zu sinnlosen Geräuschen. Ablenkung ist unmöglich, da könnte man ebenso gut einem angeschossenen Grizzlybären zur Beruhigung Bibelverse vorlesen. Die verbleibenden Optionen sind Körperkontakt, Geduld und das Ausströmen von Stärke und Zuversicht. Dann ist es nur noch eine Frage der Zeit, bis Cosmo sich wieder beruhigt. Ich lege das Kinn auf seinen Kopf, schließe die Augen und leere mein Gehirn von allen Gedanken, die nicht unmittelbar mit meiner jetzigen Aufgabe zu tun haben.

Nurias Stimme jagt mir einen solchen Schrecken ein, dass ich leise aufschreie, dabei hat sie nur gefragt: »Ist bei euch alles in Ordnung?« Klar ist bei uns alles in Ordnung, wir kauern uns mehrmals täglich eng umschlungen auf den Boden. Scheiße, ich hatte Nuria total vergessen – hätte nie gedacht, dass das möglich wäre. Mein eigenes Erschrecken hat auch bei Cosmo neue Ängste ausgelöst, er fängt wieder an zu zittern und macht Anstalten, mir unter den Pullover zu kriechen. Ich bin mal wieder in einer dieser Situationen, die mein Leben kennzeichnen.

»Tut mir leid«, sage ich (das sage ich dann meistens), »das ist, äh, eine Art Notfall.« Ich frage mich, wie viel Zeit inzwischen vergangen sein mag. »Ich, ähm, ich komm gleich wieder. Entschuldige.«

Nuria kommt zwei Schritte näher und geht vor uns in die Hocke. »Kann ich irgendwie helfen?«

Klar, wenn du ausgebildete Psychotherapeutin mit Schwerpunkt Borderline-Erkrankungen bist?

»Ähm. Ich glaub nicht«, sage ich vorsichtig. Ich meine, ich will sie nicht verletzen oder vor den Kopf stoßen oder so. Vielleicht denkt sie, Cosmo hat sich den Finger in der Schublade eingeklemmt, und sie könnte das mit einem Verbandskasten in Ordnung bringen. Sie versucht, einen Blick auf Cosmos Gesicht zu werfen, aber der befindet sich gerade auf einer Regression in den Mutterleib, mit mir als Leihmutter.

»Was ist denn passiert?«, fragt Nuria neugierig.

Ich fange an zu schwitzen. Sie ist wirklich hartnäckig. »Eigentlich gar nichts«, versuche ich zu erklären. »Cosmo hat manchmal so ... äh ... Angstzustände.« Ich finde es eigentlich illoyal, seine seelischen Befindlichkeiten mit Nuria zu diskutieren, aber ich weiß nicht, wie ich sie loswerden soll. »Ich komm gleich wieder rüber«, sage ich noch mal. Ist das denn nicht deutlich genug?

Nuria steht auf. »Na gut. Hast du was dagegen, wenn ich so lange in deinen Büchern stöbere?«

Ich mag es nicht besonders, wenn Fremde meine Bücher anfassen. Aber es ist besser, sie beschäftigt sich damit, als mich bei meiner Erlösermission zu stören.

Eine knappe halbe Stunde später kehre ich in mein Zimmer zurück. Ich habe Cosmo eine Valium eingeflößt, mich vergewissert, dass er wieder ansprechbar ist, ihm sechs- bis siebenmal gesagt, dass ich ihn nicht allein lasse – weder jetzt noch jemals in der Zukunft, in Ewigkeit, amen –, und ihm mehrfach bestätigt, dass ich jederzeit für ihn da bin. *I won't give you up, I won't let you down, and I won't leave you falling.* Dann habe ich ihn in sein Bett gepackt und die Decke rundherum festgesteckt. Hätte ich einen Schnuller zur Hand gehabt, so hätte ich auch davon Gebrauch gemacht.

Nurias Anblick versetzt mich übergangslos in den nächsten emotionalen Tumult. Sie hat sich die Schuhe ausgezogen, liegt bäuchlings auf meinem Bett und schmökert in *Plastic Jesus*. Als ich reinkomme, hebt sie den Kopf und schenkt mir ein so umwerfendes Lächeln, dass ich mich an der Türklinke festhalten muss. Rund fünf Liter Blut strömen in meiner Körpermitte zusammen. Mit der Folge, dass mein Gehirn den Betrieb einstellt, ich zu ihr rübergehe, mich neben das Bett hocke und meine Hand andachtsvoll von ihrem Hinterkopf über ihren Rücken runtergleiten lasse. Keine Ahnung, woher ich den Mut dazu nehme. Es ist wie ein Zwang.

»Geht's ihm besser?«, fragt Nuria.

Es dauert ein paar Sekunden, bis ich die Frage verstehe. »Ach so, ja. Ja. Ein bisschen. Ich hab ihn ins Bett gepackt, das ist immer das Beste.« Weil es so schön war, lasse ich meine Hand denselben Weg noch mal zurücklegen. Ihre Haare fühlen sich an wie Satin. Mir wird ein bisschen schwindelig. »Tut mir wirklich leid, dass du so lange warten musstest«, sage ich und bemerke, wie atemlos ich mich anhöre.

»Kein Problem«, sagt Nuria. Ihre Atmung scheint auch nicht ganz gleichmäßig zu sein. »Ich hab mich ja gut beschäftigt.«

Alles spricht dafür, also beuge ich mich zu ihr und küsse sie. Erst nur ganz behutsam. Aber da sie meinen Kuss erwidert und ihre Arme um mich legt, werde ich schnell zutraulicher. Sie zieht mich an sich ran. Ich inhaliere ihren Duft, mit dem sie mich schon so oft im Vorübergehen gepeinigt hat, nur ist es diesmal keine Qual, sondern das genaue Gegenteil. Ich tue genau das, was dieser Duft meinem limbischen System zu tun befiehlt. Das fühlt sich einfach heilig an.

Wir kommen hier jetzt nicht mehr raus. Ich kann unmöglich aufhören, und es deutet nichts darauf hin, dass Nuria das wünscht oder dass es ihr anders geht. Innerhalb von wenigen Minuten haben wir uns gegenseitig der störendsten Textilien entledigt, und ich taste ohne hinzusehen nach der Schachtel mit Kondomen in meinem Nachttisch, deren Mindesthaltbarkeitsdatum bestimmt schon lange überschritten ist. Das wird hier kein langes, romantisches Liebesspiel mit hingehauchten Küsschen und tiefen Blicken. Dafür bin ich viel zu ausgehungert. Außerdem habe ich mich noch nie in meinem Leben so begehrt gefühlt, das bringt mich nur noch mehr auf Touren. Also wird es ein scharfer, verschwitzter, keuchender Quickie. Prädikat: besonders wertvoll.

»Ich muss dich jetzt mal was fragen«, sagt Nuria, als sie wieder genügend Luft zum Sprechen hat. »Du darfst aber nicht sauer sein, ja?«

Statt einer Antwort küsse ich ihre Schläfe.

»Und zwar wegen dir und Cosmo«, fährt sie fort und verstummt dann.

»Wenn das die Frage war, hab ich sie nicht verstanden.«

»Die Frage ist: Seid ihr ein Paar oder so was?«

Ich fahre entsetzt hoch und schreie: »Was?! Nein!!«

Sie drückt mich sanft wieder runter. »Hey, ich hab doch gesagt: Nicht sauer sein. Hätte doch sein können, oder? Ich meine, ihr seid so ... nett zueinander. Ihr wohnt zusammen. Du liest Poppy Brite.«

Das ist ja wohl die abgefahrenste Argumentationskette, die ich je gehört habe. »War ich wirklich so schlecht?«, frage ich, und als sie mich bestürzt ansieht, füge ich hastig hinzu: »Also, pass auf: Cosmo und ich sind einfach nur Freunde. Wenn auch sehr gute Freunde, ja. Wir sind nett zueinander, weil wir uns gegenseitig aus der Scheiße ziehen. Wir wohnen zusammen, weil wir uns die Miete teilen. Und ich lese Poppy Brite, weil ... keine Ahnung. Eigentlich lese ich sie gar nicht so gern. Die Bücher gehören fast alle Cosmo. Tja – am besten fragst du ihn dasselbe auch noch mal, vielleicht hat er ja eine andere Sichtweise.«

Nach einer kurzen Pause fragt sie: »Hat er irgendeine Krankheit oder so?«

Diese Frage ist weniger abwegig, nach dem, was sie heute mitbekommen hat, aber ich stelle trotzdem fest, dass das hier schon wieder auf ein Gespräch über Cosmo hinausläuft. Kann das wahr sein? Ich hatte gerade Sex mit meiner Traumgöttin – und sie redet pausenlos über meinen Mitbewohner? Zum zweiten Mal an diesem Tag habe ich das intensive Gefühl von Karma. Und zwar von schlechtem Karma. Aber ich will nicht unhöflich sein – und außerdem bin ich wirklich total verliebt in Nuria –, deshalb entschließe ich mich, sachlich zu bleiben. »Ja. Cosmo ist Borderliner.«

Nuria guckt nachdenklich in die Luft und sieht mir dann in die Augen. »Ich hatte mal eine Freundin mit Borderline«, sagt sie, »die hat sich umgebracht.«

Vorsichtshalber schweige ich.

»Aber ich glaube, so, wie du dich um Cosmo kümmerst, wird er solche Gedanken kaum haben«, fährt sie fort.

Das versöhnt mich augenblicklich, auch wenn es leider nicht stimmt. »Ich versuche einfach, ihm keine Gelegenheit zu geben«, sage ich.

»Ist das nicht sehr anstrengend?«, will Nuria wissen.

Ich küsse eine Linie ihren Hals entlang. »Jetzt hab ich gerade frei und erhole mich«, murmele ich dabei.

Sie schließt die Augen und rollt sich auf mich.

*

Richard Powers und sein Roman haben haushoch verloren. Keiner von uns erwähnt ihn an diesem Tag noch mal. Stattdessen fallen wir irgendwann verhungernd in die Küche ein – wo Cosmo blass, ernst und still vor einer Kanne Tee am Tisch sitzt. Er steht auf, als Nuria reinkommt, gibt ihr die Hand und sagt: »Tut mir leid, dass ich dich eben nicht anständig begrüßen konnte.«

»Ach, das ist doch kein Problem … Was ist denn das für ein Tee?«, lenkt sie schnell ab.

Cosmo holt ihr eine Tasse aus dem Schrank.

Während ich unsere Vorräte checke und mir überlege, was wir essen könnten, springen die beiden kopfüber in eine intensive Unterhaltung. Cosmo wird zunehmend lebhafter und selbstbewusster, bis nichts mehr an das verängstigte Kind von vorhin erinnert. Mit seinen profunden Kenntnissen sämtlicher Poppy-Brite-Charaktere kann er bei Nuria aus dem Stand heraus massenhaft Punkte sammeln, und dann fangen sie auch noch an, gemeinsam von Yaoi-Mangas zu schwärmen. Ich weiß noch nicht mal, was Yaoi-Mangas sind, und je länger ich ihnen zuhöre, desto sicherer werde ich, dass ich darauf verzichten kann.

Eigentlich bin ich hier überflüssig. Wenn ich jetzt rausgehe – ob sie es bemerken? Und wenn ja, wann? In zehn Minuten? In einer Stunde? Oder erst morgen früh? Nur mein Hunger hält mich davon ab, denn wenn ich die Küche verlasse, entferne ich mich gleichzeitig von allem Essbaren. Demonstrativ schweigend setze ich einen großen Topf Nudeln auf und bereite eine Tomatensoße zu, aber meine Leidensperformance verpufft unbeachtet. Nuria und Cosmo nehmen mich erst wieder wahr, als ich das Essen auf den Tisch stelle. Ich hätte nicht gedacht, dass der Weg vom Liebhaber zum Küchenjungen so kurz ist.

»Ach, Johannes«, sagt Cosmo, »entschuldige – wir haben uns hier festgequatscht, statt dir zu helfen. Warum sagst du denn nichts?«

Ich erwidere sein unschuldiges Lächeln mit einem vernichtenden Blick oder dem, was ich dafür halte.

Nuria zieht betroffen den Kopf zwischen die Schultern. »Mein Gott, ja, das ist mir jetzt aber unangenehm«, sagt sie. Sie steht auf, umarmt und küsst mich.

Ich gebe mir Mühe, die beleidigte Leberwurst nicht allzu schnell durch ein geistesschwaches Strahlen zu ersetzen, aber das ist verdammt schwer, denn – wie gesagt, ich bin so dermaßen verliebt in sie.

»Sieht so aus, als hättet ihr den ganzen Nachmittag fleißig gearbeitet«, stichelt Cosmo.

»Es wäre vielleicht besser, wenn du die Klappe hältst«, empfehle ich ihm und schiebe Nuria wieder auf ihren Platz, ehe ich mich selbst hinsetze.

»Warum bist du denn so unfreundlich?«, spielt Cosmo den Gekränkten. »Ich freu mich doch bloß, dass ihr so gut vorangekommen seid!« Bei diesen Worten grinst er Nuria verschwörerisch zu, und sie erwidert das Grinsen. Ich lasse meine Gabel sinken und sehe die beiden nachdenklich an.

Noch während des Essens erhält Nuria einen Anruf, dass der Heizungsnotdienst auf dem Weg zu ihrer Wohnung sei. Sie bricht in aller Eile auf. Ich begleite sie zur Tür, wir tauschen ein paar letzte hastige Küsse. »Ich ruf dich morgen an«, sage ich.

Sie nickt und umarmt mich fest. »Achte diese Nacht auf deine Träume«, flüstert sie, »ich komm dich besuchen.«

Cosmo erwartet mich in der Küche mit einer soeben geöffneten Flasche Bier. »Respekt«, sagt er. »Und dann gleich beim ersten Treffen. Du wirst erwachsen, Johannes.«

»Woher weißt du –?«, frage ich.

Cosmo lacht. »Guck doch mal in den Spiegel. Hier steht: *Supergeiler Fick.*« Dabei bewegt er Daumen und Zeigefinger quer über seine Stirn.

Ich rolle die letzten Spaghetti um meine Gabel und stecke sie in den Mund, und noch während ich kaue, ziehe ich Nurias nur halb geleerten Teller zu mir rüber. »Du bist irgendwie ordinär«, sage ich. Es gefällt mir nicht, wie er über das mit Abstand überwältigendste Erlebnis meines ganzen Lebens redet.

»Ja? Findest du? Wie würdest du es denn bezeichnen, als spirituelle Vereinigung oder was?« Cosmos Tonfall wird gefährlich scharf.

Ich sehe eine rote Warnlampe blinken und versuche zu deeskalieren. »Na ja, so spirituell war es natürlich nicht«, sage ich, »aber, weißt du, ich bin wirklich … verliebt in sie. Das ist irgendwie eine andere Dimension.«

Cosmo lässt sich nicht beirren. Wenn er Konfrontation will, dann treibt er sogar den Dalai Lama zur Weißglut. »Was denn für eine andere Dimension? In wie vielen Dimensionen kann man denn ficken? Klär mich mal auf, großer Meister!«

Die richtige Antwort wäre: »Cosmo, du suchst Streit. Ich bin nicht bereit, mit dir auf dieser Basis zu reden. Lass uns weiterreden, wenn du dich wieder beruhigt hast.«

Meine Antwort dagegen lautet: »Ich hab nicht vom Ficken geredet – das ist dein Fachgebiet. Ich hab von Liebe geredet. Und davon hast du überhaupt keine Ahnung.«

Noch während ich spreche, wird mir heiß und kalt vor Entsetzen. Aber da ist es schon zu spät, ich muss den angefangenen Satz zu Ende bringen. Cosmo steht auf, drückt seine Zigarette in meinen Spaghetti aus und sagt: »Stimmt. Absolut keine Ahnung. Was soll das denn sein? Hat es irgendwas mit hemmungslosem Fressen zu tun?« Er greift sich seine Bierflasche. Minuten später fällt die Wohnungstür hinter ihm zu.

*

Ich wünschte, Nuria hätte mich tatsächlich in meinen Träumen besucht. Die ganze Nacht hab ich mich verzweifelt danach gesehnt, nach ihrem Duft, nach ihren weichen Händen, nach ihren seidigen Haaren, nach ihrem begeisterungsfähigen Körper. Stattdessen bin ich erst mal eine Stunde ziellos durch die Wohnung gewandert, dann habe ich mit Frida telefoniert, um mich abzulenken, und dann kamen Paule und Daniel vorbei und haben mich überredet, mit ihnen ins Beate Uwe zu gehen.

Sie mussten lange auf mich einreden. Ich wollte nicht, dass Cosmo zurückkommt und es ist niemand da. Das konnte ich ihnen aber nicht sagen, weil sie mich dann zu Recht für durchgeknallt erklärt hätten. Also präsentierte ich ihnen eine bunte Auswahl durchsichtiger Argumente, bis ich schließlich einsehen musste, dass ich mich lächerlich machte.

Obwohl die Musik mir ganz gut gefällt, bin ich nervös und zappelig. Ich habe mein Handy aus der Hosentasche genommen und halte es in der Hand, um sein Vibrieren zu spüren, falls ich einen Anruf bekomme. Es dauert zwei Stunden, bis Cosmos Name auf meinem Display leuchtet. Einige Zeit herrscht nur Stille in der Leitung. Dann stößt Cosmo hervor: »Du bist abgehauen.« Sein Ton schwankt zwischen grenzenloser Verzweiflung und bitterem Vorwurf.

»Ich bin nicht abgehauen, Cosmo«, brülle ich, denn die Geräuschkulisse im Club lässt kein normales Gespräch zu. Gleichzeitig versuche ich, mich durch die Menschenmassen in Richtung Ausgang zu drängen. »Ich bin mit Paule und Daniel unterwegs.«

»Du hast mir versprochen, dass du mich nicht allein lässt.«

Ich atme tief durch und sage: »Komisch, mir kam es so vor, als hättest du die Wohnung verlassen.«

Aber Cosmo ist nicht auf Streit aus, dafür ist er bereits zu verzweifelt. »Ich bin da und du nicht«, erklärt er mit glasklarer Logik, aber einem unkontrollierten Zittern in der Stimme. »Also hast du mich allein gelassen.«

Ich habe den Ausgang erreicht und stehe auf der Straße vor dem Club. Hier ist es ruhiger, nur ich bin es nicht. »Ich komm jetzt sofort nach Hause, okay?«, schlage ich vor. »Ich nehm ein Taxi. In einer Viertelstunde müsste ich bei dir sein. Ist das in Ordnung?« Ich will, dass er mir Sicherheit gibt: Ja, Johannes, das ist in Ordnung, so lange werde ich keinen Scheiß machen, ich lasse das Küchenmesser in der Schublade, die Rasierklingen in ihrem Versteck, alle Fenster geschlossen.

Aber dann wäre er ja nicht Cosmo. Er legt einfach auf.

Ich bin schon wieder dem Nervenzusammenbruch nahe, als ich die Wohnungstür aufschließe, und das nicht nur wegen der Taxirechnung. »Ich bin da«, brülle ich, nur für den Fall, dass gerade wieder irgendeine ominöse Frist abläuft. Hastig schüttele ich meine Schuhe ab und stürme in Cosmos Zimmer. Diesmal habe ich auf Anhieb die richtige Tür geöffnet, aber dafür fliegt ein faustgroßer Gegenstand wenige Millimeter an meinem Kopf vorbei. Am Aufprallgeräusch hinter mir erkenne ich, dass es kein leichter Gegenstand war.

Cosmo greift nach dem nächsten Wurfgeschoss, seinem randvollen Aschenbecher, und schleudert ihn mir entgegen. Ich weiche etwas zu spät aus, und er trifft mich an der Schulter – genau da, wo sich nach meinem Sturz von Noahs Couch ein gelbblauer Fleck gebildet hat. Ich sacke in die Knie, stöhne auf und sehe eine Spur stinkender Aschenreste auf meinem Pullover.

»Verräter! Lügner!«, schreit Cosmo und bewirft mich mit einer CD-Hülle. Ihm geht die Munition aus. Ich vergewissere mich kurz, dass er keinen weiteren gefährlichen Gegenstand in den Händen hält, dann mache ich zwei große Schritte auf ihn zu und nehme ihn in den Arm. Sofort wird er weich wie ein Drei-Minuten-Ei und fängt an zu weinen.

Ich lasse ihn erst mal die gröbsten Emotionen wegspülen. »Entschuldige«, schluchzt er dann. »Tut mir leid.«

Ich gebe keine Antwort und halte ihn nur fest, da löst er sich ein wenig von mir, um mir in die Augen sehen zu können – mit dem verheulten, ängstlichen Blick eines verirrten Dreijährigen –, und fragt: »Bist du sauer?«

Ich habe meine Freunde im Beate Uwe zurückgelassen, ich musste eine wahnwitzig teure Taxifahrt bezahlen, meine verletzte Schulter pocht, mein Sweatshirt ist ruiniert, und von den Beleidigungen, die Cosmo mir gerade eben und früher am Abend an den Kopf geworfen hat, wollen wir gar nicht erst reden. »Nein, natürlich nicht«, sage ich. »Tut mir leid, dass du dich allein gelassen gefühlt hast.«

Wenn das hier eine Filmszene wäre, würde ich jetzt nach der Fernbedienung greifen und umschalten. Ich hasse diese edelmütigen, alles verzeihenden Gutmenschen. Aber von außen sieht man ja nicht, dass der einzige Grund für mein rückgratloses Geschwafel mein blanker Egoismus ist. Ich will das hier hinter mich bringen. Ich hab keinen Bock auf Tränen, Streit, stundenlanges Trösten und latente Selbstmorddrohungen. Ich will jetzt in mein Bett gehen, mir keine Gedanken mehr um Cosmo machen und endlich von Nuria träumen. Und genau dieses Ziel erreiche ich in weniger als einer halben Stunde.

sa, 07.02.

Kann sein, dass ich einen Fehler mache

Ich kann immer noch nicht glauben, dass Nuria und ich jetzt zusammen sind. Beim Aufwachen bin ich mir fast sicher, dass ich das alles nur geträumt habe. So was passiert doch im wirklichen Leben gar nicht, schon gar nicht in meinem: dass man monatelang irgendeine unerreichbare, wunderschöne Fee anschmachtet, die einen nie auch nur eines Blickes würdigt, und dann plötzlich hat man sie im Bett liegen. Oder? Wenn ich das irgendjemandem erzähle, kassiere ich bestimmt ein mitleidiges Lächeln. *Der arme Kerl, die Einsamkeit hat ihn endgültig zerbrochen, jetzt schafft er sich eine Fantasiewelt.* Ich hab's noch keinem erzählt, weder Frida noch Paule oder Daniel. Obwohl ich die Gelegenheit dazu gehabt hätte. Aber, tja, um ehrlich zu sein: Ich bin mir nicht sicher, ob es stimmt.

Jetzt ist es noch zu früh, um sie anzurufen, schade, denn ich habe ein fast unstillbares Bedürfnis danach, ihre Stimme zu hören und mich noch mal zu vergewissern, dass sie a) wirklich existiert, b) tatsächlich gestern hier war und c) mit mir geschlafen hat. Während a) noch einigermaßen in den Bereich des Möglichen fällt, sind b) und c) zunehmend unwahrscheinlich. Dann erkenne ich, dass man das Ganze noch steigern kann: Wird sie d) sich daran erinnern, was gestern war, wird sie e) noch dazu stehen und kann sie sich f) eine Fortsetzung vorstellen?

Über diese ganzen Grübeleien hatte ich Cosmo total vergessen. Er fällt mir erst wieder ein, als wir im Flur mit so viel Wucht aufeinanderprallen, dass er rückwärts umkippt und auf seinem Hintern landet. Sofort spule ich eine endlose Reihe von Entschuldigungen ab, worin ich unschlagbar bin, und strecke meine Hand aus, um ihm aufzuhelfen. Wer so dürre ist wie Cosmo, kippt wahrscheinlich mehrmals täglich um – durch den Luftzug eines vorbeifahrenden Busses zum Beispiel oder wenn er von einem herabfallenden Lindenblatt gestreift wird.

Cosmo reibt sich mit schmerzverzerrtem Gesicht die Stelle, an der normalgewichtige Leute einen Arsch haben, und sagt: »Warum marschierst du hier durch wie ein Panzer?«

»Möglicherweise hab ich dich übersehen«, erwidere ich, »oder ich hab dich für eine von der Decke hängende Schnur gehalten.«

Während Cosmo Wasser in die Kaffeemaschine füllt, fragt er: »Bist du heute auch wieder mit Nuria verabredet?«

Da ist etwas in seiner Stimme, das die Härchen in meinem Nacken strammstehen lässt. Ich halte mitten in der Bewegung inne, mit der ich gerade zwei Teller auf den Tisch stellen wollte, und starre ihn an. Quer über seinen gesamten Körper leuchtet in signalroten Neonbuchstaben das Wort EIFERSUCHT. Und ich kann nicht glauben, dass ich das erst jetzt sehe. Dafür trifft mich die Erkenntnis allerdings mit voller Wucht.

Die Panikattacke! Er wusste ganz genau, dass ich auf seinen Hilfeschrei mit dem immer wieder abgespielten Muse-Song reagieren würde. Und mir wird jetzt auch klar, dass er den ganz bewusst ausgewählt hat: Es waren die Worte, die er von mir hören wollte. Die nächste hässliche Szene, sein abendliches Verschwinden, hatte dieselben Wurzeln. Er konnte den Gedanken nicht ertragen, dass Nuria und ich uns nähergekommen sind. Dass sie ihm was wegnehmen könnte. Er glaubt, er kann auf kein Atom meiner Aufmerksamkeit verzichten. Ich erinnere mich an die Geschichte von seiner kleinen Schwester, die er im Park ausgesetzt hat. Hat er mir die als Warnung erzählt? Obwohl es nicht kalt in der Küche ist, schüttelt es mich plötzlich.

»Was ist?«, fragt Cosmo. »Was starrst du mich so an?« Ich weiß nicht, was ich sagen soll. Ich bin erschüttert, weil ich gerade begreife, dass es mir praktisch unmöglich sein wird, eine Freundin zu haben … solange Cosmo mich für seinen Erlöser hält. Und das ist eine niederschmetternde Einsicht, denn – hatte ich das schon erwähnt? – ich bin wirklich unglaublich verliebt in Nuria. Schweigend setze ich mich auf meinen Stuhl und starre ins Leere, durch Cosmo hindurch, in meine einsame, kalte, freudlose und zölibatäre Zukunft.

Cosmo sieht seinen Einsatz gekommen. Er stellt sich hinter mich, legt die Arme um meinen Oberkörper, knuddelt und herzt mich. Natürlich weiß er längst, was ich gerade denke, und will mich jetzt davon überzeugen, dass es mir an nichts fehlen wird. »Was ist denn los«, gurrt er, »hab ich was Falsches gesagt? Du siehst aus, als hättest du 'n Gespenst gesehen!«

Ja, hab ich. Es heißt Cosmo und hat mich mit einem lebenslangen Fluch belegt. *Du sollst keine anderen Götter neben mir haben.* »Hör mal, Cosmo – jetzt lass mich doch mal los! –, kann es sein, dass du eifersüchtig bist?«

Cosmo reibt zärtlich seine Wange an meiner. »Eifersüchtig? Wie meinst du das?«

Keine Ahnung, wie viele verschiedene Bedeutungen dieses Wort hat – ich kenne nur eine. »Na, eifersüchtig«, beharre ich. »Auf Nuria. Hast du Angst, dass sie dir irgendwas wegnimmt?«

Er tut so, als sei ihm dieser Gedanke absolut fremd, aber ich weiß, wann ich ins Schwarze treffe. »Was für ein Quatsch«, schnaubt er. »Du spinnst ja! Ich freu mich total für dich, dass du sie gebohnert hast, Alter!« Er versucht, mich durch Liebesüberflutung außer Gefecht zu setzen, damit ich ihm nicht auf die Schliche komme. Wenn mich nicht alles täuscht, steckt er mir sogar gerade die Zunge ins Ohr. Ich bemühe mich verzweifelt, einen klaren Kopf zu bewahren.

»Nun sag doch mal, triffst du dich heute mit Nuria?«, wiederholt er schließlich seine Ausgangsfrage, ohne dafür seinen Dauerbeschuss zu unterbrechen.

»Ich weiß noch nicht«, antworte ich mühsam, weil ich ständig mein Gesicht von seinem wegdrehen muss, um nicht auf den Mund geküsst zu werden, »ich ruf sie gleich erst mal an.« Danach warte ich geduldig, bis er von mir ablässt, was einige Zeit dauert. Nachdem meine Gänsehaut abgeklungen ist, gehe ich Brötchen holen und bin dankbar für die paar Meter Fußweg bei vernichtender Kälte.

Meine Gedanken laufen Amok. Ich muss irgendeine Lösung finden – es kann nicht sein, dass Cosmo kaputt macht, was immer sich da zwischen mir und Nuria entwickeln wird. Ich meine, er hat mein Leben schon genug fragmentiert. Darüber will ich nicht weiter klagen, ich hab es schließlich zugelassen. Aber jetzt habe ich einen Punkt erreicht, an dem ich nicht länger stillhalten kann.

Nuria ist die Erfüllung eines Traums, ein Wunder, die Berührung eines vorbeifliegenden Engels. Was ich mit ihr erlebt habe, ist viel zu unfasslich, um es überhaupt erzählen zu können. Und ich werde es mir nicht wegnehmen lassen, nicht mal von Cosmo. Ich hab ihn verwöhnt. Er ist seit Jahren der Mittelpunkt meines Lebens. Potenzielle Freundinnen waren nie eine Gefahr für ihn; es kostete ihn nicht mehr als einen Sprung aus einem fahrenden Taxi oder eine Übernachtung im Schlosspark bei elf Grad unter null, um sie aus dem Weg zu räumen.

In den letzten Monaten konnte er sich dann vollkommen entspannen: Es gab keine Frau, die mir auch nur einen freundlichen Blick zugeworfen hätte. Während Cosmo unbekümmert alles gebumst hat, was nicht schnell genug wegkriechen konnte. Hätte ich auch nur annähernd die gleichen Besitzansprüche wie er, wären mir schon nach einer Woche die Selbstmordvarianten ausgegangen.

Ich wünschte, es ginge jetzt nicht um Nuria, sondern um irgendein nettes Durchschnittsmädchen, damit der mir bevorstehende Kampf keine solche Auf-Leben-und-Tod-Dimension hätte. Damit ich mich schon mal warmlaufen könnte, die Fronten abstecken, Cosmo seinen Platz zuweisen. Aber ohne diese unerträgliche Panik, die ich kriege, wenn ich mir vorstelle, dass er Nuria besiegt. Ich versuche, mich nicht reinzusteigern, und lege mir mehrere Gesprächseröffnungen zurecht.

»Du brauchst wirklich keine Angst zu haben, dass Nuria dir irgendwas wegnimmt«, ist die Variante, für die ich mich schließlich entscheide. Wir haben das Frühstück beendet, und Cosmo zündet sich seine Zigarette an. Ich weiß aus Erfahrung, dass man leichter mit ihm reden kann, wenn genügend Nikotin durch seinen Körper zirkuliert. »Ich bleibe dein Seelenbruder, egal was passiert«, füge ich hinzu.

Er beobachtet mich aufmerksam, ohne seine Emotionen zu zeigen. Ihm ist klar, dass das hier nur die Einleitung ist, und er fragt sich, wann der Haken kommt.

»Ich bin tierisch verliebt in Nuria«, sage ich.

Cosmo zeigt immer noch keine Reaktion, abgesehen von einem minimalen Flattern seiner Lider.

»Wirklich total extrem verliebt. So wie noch nie vorher. Du weißt ja selbst, wie toll ich sie schon die ganze Zeit finde. Aber ich hätte nie gedacht, dass ich jemals auch nur mit ihr reden würde.« Ich mache eine kleine Pause, in der Hoffnung, dass er irgendwas dazu sagt, aber den Gefallen tut er mir nicht.

Schweigend hält er meinen Blick fest.

»Cosmo, bitte mach mir das nicht kaputt«, sage ich leise. Ich weiß nicht, ob das richtig ist. Kann sein, dass ich einen Fehler mache. Aber irgendwas muss ich tun, also versuche ich, an sein Gewissen zu appellieren. Hoffentlich besitzt er so was.

Er zieht nachdenklich an seiner Zigarette und guckt aus dem Fenster. Immerhin sagt er nicht »Wieso sollte ich?« oder »Wie kommst du denn auf so eine Idee?«, wofür ich dankbar bin. Ich hab keine Lust auf Spielchen. Wir wissen beide, dass er kein selbstloses Unschuldslamm ist. Er sagt einfach gar nichts, sondern raucht nur und starrt nach draußen.

Ich hab mal gelesen, dass das eine sehr beliebte Strategie bei Verkäufern ist. Die meisten Menschen können die Stille nicht ertragen, und vor lauter Pein sagt der Verhandlungspartner schließlich irgendwas, das er nachher bereuen wird, nur um die Lücke zu füllen. Tja, ich weiß nicht genau, was Cosmo mir verkaufen will, aber: Es funktioniert. *Also schön, ich nehme den Staubsauger mitsamt dem ganzen Zubehör und zahle gleich in bar.* »Du bleibst der wichtigste Mensch in meinem Leben«, sage ich, worauf er sich mir wieder zuwendet und mir ein seltsames, beängstigendes Lächeln schenkt.

Irgendwann später wird mir auffallen, dass er nicht ein einziges Wort gesagt hat. Er hat sich meine Rede angehört und sich irgendwas dabei gedacht, aber was, das weiß ich nicht. Vielleicht so etwas wie *Der wird sich noch wundern* oder *Gott, ist der naiv.* Aber ich hab erst mal das Gefühl, eine unangenehme Pflicht erfüllt zu haben, und bin ein bisschen beruhigt.

Ich ziehe mich in mein Zimmer zurück, um endlich Nuria anzurufen, und übrigens: Ich bin deswegen ganz schön nervös, weil ich mir vorstelle, dass sie sagt: »Johannes? Welcher Johannes? Kenn ich Sie irgendwoher?« oder »Hör mal, Johannes, es war ganz nett mit dir gestern, aber bitte – ruf mich nicht mehr an.« Oder dass ihr Freund ans Telefon geht.

Tatsächlich ist sie mehr als erfreut, von mir zu hören, und fragt mich, ob ich zu ihr kommen möchte. Eine Frage, auf die es nur eine einzige Antwort gibt. Schließlich müssen wir weiter an unserem Referat arbeiten. »Ich geh jetzt zu Nuria«, sage ich bemüht unbefangen zu Cosmo, der an einem neuen Bild arbeitet.

Er lässt den Pinsel sinken und fragt: »Kann ich mitkommen?«

Ich stottere ein paar Wortfetzen und winde mich unter seinem sterbenstraurigen Blick.

»Na ja, ich würde wahrscheinlich eher stören«, sagt er langsam. Das ist zwar nicht besonders subtil, aber seine Wirkung verfehlt es trotzdem nicht. Ein schleichendes, tödliches Gift, das er in meine Vene injiziert hat und das sich den ganzen Tag in meinem Blutkreislauf ausbreiten und die Stimmung zwischen Nuria und mir versauen wird, bis ich vor lauter Angst und Sorge viel früher als geplant nach Hause zurückkehre, um zu sehen, welche Überraschung er sich diesmal für mich ausgedacht hat. Ich bin hin- und hergerissen. Einerseits habe ich es eilig, zu Nuria zu kommen. Sogar sehr eilig. Am liebsten würde ich mir schon mal die Hose ausziehen.

Andererseits glaube ich, dass es gut wäre, noch mal eindringlich mit Cosmo zu reden. Wie kann ich ihn davon überzeugen, dass ich das Recht auf ein eigenes Leben habe? Und dass ich trotzdem immer noch für ihn da bin? Wie kann ich ihm genügend Sicherheit und Vertrauen geben, dass er mich zu meiner Freundin gehen lässt, ohne gleich in auswegloseste Verzweiflung zu geraten?

Ich bin mir nicht sicher, ob das überhaupt möglich ist, und wenn, dann bestimmt nicht hier zwischen Tür und Angel und wo mir das Testosteron schon Tränen in die Augen treibt. Also drücke ich ihn nur ganz kurz an mich – kurz genug, dass er nicht seine Tentakel um meinen gesamten Körper schlingen kann – und gehe. Und fühle mich hundeelend.

Zum Glück gelingt es Nuria, mich abzulenken. »Das ging alles ein bisschen schnell gestern«, sagt sie, »wir hatten gar keine Zeit, uns richtig kennenzulernen.« Dann zeigt sie mir, was sie damit meint. Nachdem wir uns erheblich besser kennengelernt haben, nutze ich die Gelegenheit, mich ein wenig umzusehen, während sie im Bad verschwindet.

Alles wirkt wie aus einer anderen Zeit und erinnert mich an die Märchenbücher meiner Kindheit. Dazu tragen auch die schweren, gemusterten Stoffe bei, die sie überall drapiert hat – nicht nur als Vorhänge an den Fenstern, sondern auch als Wandbehänge, über dem Bett und sogar rund um die Tür. Ich stelle mir vor, wie sie in einem langen, durchsichtigen Gewand an ihrem Frisiertisch sitzt und sich träumerisch die schwarzen Haare bürstet, während sie ihr schönes Gesicht im Spiegel betrachtet und … an mich denkt.

Zum Arbeiten gehen wir rüber in das andere Zimmer, einen ebenso üppig dekorierten Raum mit kostbaren Teppichen auf dem glänzenden Dielenboden, einem riesigen Kristallleuchter und ihrem Schreibtisch aus Nussbaumwurzelholz, der sich unter einer enormen Last von Büchern biegt und den Eindruck vermittelt, dass Nuria eine ehrgeizige Studentin ist.

Zuerst fällt es mir schwer, von unserer letzten gemeinsamen Beschäftigung auf Textanalyse umzuschwenken. Aber dann merke ich, dass sie mich immer so unglaublich sexy ansieht, wenn ich etwas Geistreiches sage – so mit halb geöffneten, feucht glänzenden Lippen, weit aufgerissenen Augen und einem Ausdruck der Entrückung. Sie scheint zu den Frauen zu gehören, auf die intelligente Männer erotisierend wirken.

Das weckt meinen Ehrgeiz. Ich drehe voll auf. Es ist ja nicht so, als wäre ich beschränkt; ich war bloß in letzter Zeit ziemlich verpeilt. Aber ich kann immer noch in wenigen geschliffenen Sätzen einen ultrakomplexen Sachverhalt formulieren und ihm darüber hinaus meine persönliche Note aufdrücken. Ich bin immer noch Johannes Barsikow, das bescheidene Genie, der Experte für messerscharfe Analysen und brillante Schlussfolgerungen. Besonders wenn ich sehe, wie Nuria auf mich abfährt. Echt, das ist fast so geil wie Sex mit ihr. Eigentlich ist es beinahe dasselbe, so eine Art Brainfucking, falls es so was gibt.

Ohne vorherige Absprache hat sie die Rolle der Sekretärin übernommen und macht sich Notizen zu fast allem, was ich sage, und ich lasse meinen Gedankenströmen freien Lauf. So haben wir nach knapp anderthalb Stunden Arbeit eine ansehnliche Ausbeute an verwertbarem Material zusammengetragen. Wir lassen uns thailändisches Essen kommen, danach schlafen wir noch mal miteinander, und ich kann mich nicht erinnern, jemals zuvor derart befriedigt gewesen zu sein. Kein einziges Bedürfnis ist mehr offen. Wenn mich jetzt der Sensenmann holen käme, würde ich ihm bereitwillig folgen. Nurias Kopf liegt auf meiner Brust, ihre linke Hand zeichnet kleine Figuren auf meine nackte Haut, der Duft ihres Parfums umhüllt mich wie ein Seidentuch, und ich glaube, ich bin glücklich.

Paule und Marlene haben sich für heute Abend angekündigt, deshalb muss ich nach Hause. Ich frage Nuria, ob sie mitkommen will, aber sie erwartet ebenfalls Besuch von einer Freundin. Ich verspreche ihr, dass ich sie morgen nach der Kirche anrufen werde, und dann mache ich mich mit gemischten Gefühlen auf den Heimweg: Ich bin total euphorisch, weil es so ein ultrageiler Tag war, und bedrückt, weil ich Nuria jetzt ein paar Stunden nicht sehen werde.

Erst als ich die Bismarckstraße überquere, fällt mir Cosmo wieder ein. Ich habe tatsächlich kein einziges Mal an ihn gedacht, seit Nuria mir ihre Tür geöffnet hat; offenbar habe ich Abwehrkräfte gegen sein Gift entwickelt. Dafür schnürt sich mir jetzt sofort die Kehle zu. Nervös sehe ich auf meine Armbanduhr. Was immer er auch inzwischen getan haben mag, er konnte es ohne Eile zu Ende bringen.

Als ich unsere Wohnung betrete, weiß ich nicht, ob mein Herz vor Panik hämmert oder weil ich so schnell gelaufen bin. Aus Cosmos Zimmer dröhnt laute Musik, Drowning Pool. Er sitzt an seinem Schreibtisch und scheint zu lernen. Ich bin erleichtert und überrascht – ich hatte mit allem Möglichen gerechnet, aber damit nicht.

Als ich die Hand auf Cosmos knochige Schulter lege, zuckt er zusammen und fährt zu mir herum. »Scheiße! Kannst du nicht klopfen?«, schreit er mich an. Ich mache auf dem Absatz kehrt und gehe ins Wohnzimmer, um ein bisschen aufzuräumen, ehe unser Besuch kommt. Noch ehe ich damit fertig bin, verstummen Drowning Pool, und Cosmo kommt rein. »Du hast mich voll erschreckt, ich hab dich nicht gehört«, sagt er.

»Kein Wunder, die Musik war ja auch bis zum Anschlag aufgedreht.«

»Wie war's?«, will er wissen.

Ich sehe ihn kurz an, um seine Stimmung auszuloten. Fragt er aus Höflichkeit, aus Neugier oder aus Eifersucht? Welche möglichen falschen Antworten sollte ich ausklammern? Was er aussendet, sind Einsamkeit, Traurigkeit und Verlassenheit, aber kein Hass.

»Perfekt«, sage ich ehrlich. »Und was hast du so gemacht?«

Cosmo weicht meinem Blick aus und räumt seine Zeitschriften zusammen. »Eigentlich nichts. Bisschen für die Schule geübt. Wir schreiben Montag und Dienstag Klausuren.«

Ich fühle mich schuldig. Aber warum? Ich war doch nicht bei Nuria, um ihn zu quälen! »Wir haben auch an unserer Seminararbeit weitergemacht«, sage ich, »diesmal sehr erfolgreich.«

»Ja? Um was geht's denn da? Sexuelle Rauschzustände in der Lyrik des frühen Mittelalters oder was?«

*

Paule und Marlene bringen einen Kasten Krombacher, *Oldboy* auf DVD sowie Linus und Luisa mit, ein achtzehnjähriges Zwillingspärchen, Marlenes Cousin und Cousine. Ich brauche Cosmo nicht mal anzuschauen, um zu wissen, was passieren wird.

Während sich alle auf die Sitzgelegenheiten im Wohnzimmer verteilen, schütte ich Nachos in Schüsseln, schraube Dipsoßengläser auf und hole einen Flaschenöffner aus der Küche. Cosmo bombardiert die Zwillinge bereits mit toxischem Charme. Er ist wie ausgewechselt, als hätte er irgendeine Droge eingenommen, die ihm eine Musterpersönlichkeit verleiht. Die beiden blonden Engelchen wickelt er innerhalb weniger Minuten um den Finger.

Ich vermeide es, zu ihnen rüberzusehen, und konzentriere mich auf den Film. Der hat zwar ein paar scheußliche Szenen, aber verglichen mit dem, was sich da auf der Dreiercouch schräg hinter mir abspielen dürfte, gebe ich ihnen eindeutig den Vorzug. Erst als auf dem Bildschirm ein Tintenfisch lebendig verschlungen werden soll, muss ich meinen Blick abwenden.

Ich schiele rüber zu Cosmo und seinen neuen Spielgefährten. Linus' Kopf liegt in seinem Schoß, und er streichelt sein Haar, während er Luisa minutenlang auf den Mund küsst. In der Hoffnung, dass der Tintenfisch jetzt endlich im Verdauungstrakt verschwunden ist, richte ich mich schaudernd wieder zum Fernseher hin aus.

Alle außer mir wollen anschließend noch weggehen, also gehen wir. Und zwar ins Puro, wo klassische Discomusik gespielt wird und

Cosmo mit seinen Zwillingen umgehend auf die Tanzfläche stürzt, um eine seiner gefürchteten Performances abzuliefern. Der Club ist gut besucht, und das große Publikum scheint ihn regelrecht zu entfesseln.

Wäre ich nicht so unmittelbar betroffen, würde ich bestimmt auch mit vor Bewunderung offenem Mund am Rand der Tanzfläche stehen und beobachten, wie dieser gefährlich, aber unbestreitbar gut aussehende langhaarige Höllenfürst und zwei identische unschuldige blonde Kinder im Rhythmus der Musik allerhand obszöne Handlungen vornehmen. Obwohl in diesem Club der Reichen und Schönen mit Sicherheit kein Mangel an Denkwürdigkeiten herrscht, sind diese drei doch etwas Besonderes – weil sie so jung und makellos sind und wegen ihres grundlegenden Fehlens von Hemmungen.

Paule drückt mir bereits den zweiten Wodka-Red-Bull in die Hand. Er weiß genau, dass ich mich sonst den ganzen Abend an einer Cola festhalten würde, weil die 10 Euro Eintritt mein Budget schon gesprengt haben. Außerdem nimmt er zu Recht an, dass eine kräftige Dröhnung mich das hier eher ertragen lässt. Paule ist echt ein Kumpel.

Cosmo schiebt gerade seine Hände unter Linus' T-Shirt, der ihn dabei so hingebungsvoll anschaut, als werde er jeden Moment auf die blau leuchtende Tanzfläche fließen, während Luisa die beiden lasziv umkreist und ihre Hüfte an Cosmos reibt. Paules Getränkespende verschwindet in null Komma nichts in meinem Blutkreislauf.

so, 08.02.

Die haben ihn einfach weggeschmissen

Ich komme kurz vor zwölf aus der Kirche zurück, als Linus und Luisa sich soeben im Flur ihre Jacken anziehen. Ohne Cosmo wirken sie geradezu lächerlich brav. Sie begrüßen mich wohlerzogen und verabschieden sich im gleichen Atemzug, unschuldig lächelnd und ordentlich gekämmt. Es sind noch ein paar Nachos von gestern Abend in der Schüssel, die ich unbedingt vernichten muss. Da kommt Luzifer in die Küche geschlendert, holt eine angebrochene Wasserflasche aus dem Kühlschrank und leert sie in einem Zug.

»Hast du für mein Seelenheil gebetet?«, fragt er, erfolgreich einen Rülpser unterdrückend.

Ich mustere ihn nachdenklich. »Von was für einer Seele sprichst du?«

Er zieht in gespieltem Erstaunen die Augenbrauen hoch. »Oooh! Hab ich mir mal wieder alle deine Sympathien verscherzt? Ach, komm schon, Schnuffilein, sei nicht so streng zu mir!« Dabei tritt er auf mich zu und will mich berühren, aber ich mache einen Schritt zurück und weiche ihm aus. Einen Lidschlag lang zieht sich ein Riss durch seine spöttische Fassade, hinter dem ich heftigen Schmerz aufglühen sehe, und das erschreckt mich fast zu Tode, aber er fängt sich sofort wieder und verlässt mit einem achselzuckenden Danneben-nicht-Lächeln die Küche.

Die Musik aus Cosmos Zimmer ist so laut, dass ich Nuria am Telefon kaum verstehen kann. Sie muss zweimal wiederholen, dass sie gerade ihre Freundin zum Bahnhof fährt und auf dem Rückweg bei mir vorbeikommt. Sofort beschleunigt sich mein Puls.

Es klingelt an der Tür, und vor mir steht Frau Hergenrath. Sie ist mindestens zwanzig Zentimeter kleiner als ich, aber das hält sie nicht davon ab, mich so anzukeifen, dass ich mir fast in die Hose mache. »Das ist doch eine bodenlose Unverschämtheit! Am

Sonntagmittag! Es gibt doch so was wie Ruhezeiten, und die gelten auch für Sie! So eine Rücksichtslosigkeit!« Und so weiter. Ich versuche, irgendwo eine Entschuldigung anzubringen, dringe aber nicht durch. Irgendwann dreht sie ab; vielleicht ist ihr klar geworden, dass ich die Musik nicht leiser machen kann, wenn sie mich vollquatscht.

Ich klopfe gar nicht erst an Cosmos Tür, er würde es sowieso nicht hören. Wie kann man bei so einem Krach lernen? Diesmal versuche ich, mich ihm von der Seite zu nähern, damit er sich nicht wieder erschreckt. Pantomimisch deute ich das Herunterregeln eines Lautstärkeknopfes an. »Frau Hergenrath hat mich gerade zur Schnecke gemacht«, erkläre ich, nachdem verbale Kommunikation wieder möglich ist. »Sie sagt, ich bin unverschämt und rücksichtslos.«

»Echt 'ne Menschenkennerin«, grinst Cosmo.

Ich verpasse ihm einen Schlag in die Rippen, er tritt mir gegen das Schienbein, und da ich bei der sich anschließenden Keilerei nur wenig Widerstand leiste, schubst er mich irgendwann rücklings auf sein Bett und springt auf mich, der Illusion ergeben, dass ich unter seinem Fliegengewicht bewegungsunfähig sei. Tatsächlich ist meine Bettdecke schwerer.

»Warum bist du manchmal so ein arrogantes Arschloch?«, fragt er mich.

»Warum benimmst du dich manchmal wie ein verzogener Vierjähriger?«, frage ich zurück.

Auf beide Fragen erübrigt sich eine Antwort. Mein Seelenbruder! Es macht keinen Spaß, mit ihm zu streiten. So wie jetzt ist es viel, viel schöner.

»Gleich kommt Nuria vorbei«, sage ich.

Cosmo strahlt. »Cool! Lässt du mich auch mal ran?«

Ich schüttele ihn von mir runter. »Denk noch nicht mal dran, du magersüchtiger Scheißer!«

»Die fährt auf mich ab, das weißt du ganz genau.«

Mir ist klar, dass er mich nur ärgern will, aber er geht einen Schritt zu weit. »Hör auf«, sage ich scharf.

Und das tut er tatsächlich. Stattdessen fragt er: »Soll ich rübergehen? Zu Hergenraths? Mich entschuldigen? Damit sie nicht immer auf *dich* sauer sind.«

*

Als Nuria kommt, hat Cosmo sich wieder zum Lernen in sein Zimmer verzogen. Ich habe mich entschlossen, nicht sofort über meine Freundin herzufallen, sondern wir gehen erst mal ins Wohnzimmer, ich hole ihr was zu trinken und nehme sie in den Arm. Ich frage, wie der Abend mit ihrer Freundin war, danach will sie wissen, was wir so gemacht haben. Nach minimalem Zögern gebe ich ihr eine entschärfte Version der gestrigen Ereignisse. Nur die Basics. Keine Details. Obwohl ich heute früh noch die Absicht gehabt hatte, ihr alles zu erzählen und mich von ihr trösten zu lassen. Aber jetzt geht's mir wieder besser, und vielleicht komme ich alleine klar.

»Ist Cosmo denn zu Hause?«, fragt Nuria.

»Ja, in seinem Zimmer, wieso?«

Sie löst sich aus meiner Umarmung und wühlt in ihrem Brokatrucksack. »Ich hab ihm was mitgebracht.« Sie zieht eine von Hand beschriftete CD hervor. »Wo ist denn sein Zimmer?«

Ehe ich mich von meiner Bestürzung erholt habe, klopft sie bereits bei ihm an. Ich folge ihr mit Sicherheitsabstand. Ganz bestimmt werde ich sie nicht allein in das Zimmer dieses unkontrollierbaren Sex-Maniacs lassen!

Cosmo trägt wieder so ein ultrakurzes Shirt, noch dazu ein ärmelloses. Im Februar. Dieser Scheißkerl! Ich weiß genau, warum er das gemacht hat! Nuria gibt ihm die CD, er bedankt sich und schiebt sie direkt in seinen Player. Es dauert keine zwei Minuten, bis sie die Inschrift auf seinem Unterarm entdeckt.

»Wow«, sagt sie, »was hat dich denn da geritten?«

Cosmo guckt sie fragend an, folgt ihrem Blick zu seinem Arm und tut so, als sehe er die blutigen Buchstaben zum ersten Mal. Sie scheinen überhaupt nicht abzuheilen. Wahrscheinlich zieht er sie jeden Abend sorgfältig mit der Rasierklinge nach. »Oh, ach so«, sagt er nur. Seine Augen wandern zu mir rüber.

Ich schicke ihm einen tödlichen Blick aus dreifach gehärtetem Stahl, den er mit einem schüchtern-liebevollen Strahlen erwidert.

»Hast du das schon gesehen?«, fragt Nuria mich.

»Klar«, fauche ich. »Cosmo sorgt dafür, dass es jeder sieht.«

Wütend, unglücklich und hilflos trete ich den Rückzug ins Wohnzimmer an und hoffe vergebens, dass Nuria mir folgt. Sie bleibt bei Cosmo. Wahrscheinlich ziehen sie über mich her. Verdammt! Ich könnte sie alle beide erschlagen! Aber eigentlich bin ich selbst schuld. Ich hab mich wieder aus der Reserve locken lassen, statt souverän über den Dingen zu stehen und mich hinter einer Maske der Gleichgültigkeit zu verstecken. Ich werd's wohl nie lernen.

Als Nuria endlich wieder auftaucht, ist ihre Miene ernst. »Warum hast du so komisch reagiert? Das war ja nicht gerade nett. Ich glaube, Cosmo hat ein echtes Problem.«

Ich würde eher sagen, er *ist* das Problem. Dreimal tief durchgeatmet, dann sage ich: »Ja, ich weiß. Ich bin manchmal ein bisschen empfindlich, tut mir leid. Er kennt mich einfach zu gut – all meine wunden Punkte. Und es gibt für ihn kein größeres Vergnügen, als mich zu provozieren.«

»Aber so was ist doch keine Provokation«, sagt Nuria. »So was ist ein Hilfeschrei.«

Abends, als sie weg ist, gerate ich ins Grübeln. Nuria ist eine aufmerksame Beobachterin und hat ihre Schlüsse gezogen. Vielleicht hat sie recht? Bin ich nicht tatsächlich viel zu viel mit mir selbst beschäftigt, um mich ausreichend um Cosmo zu kümmern? Warum wird es immer schlimmer mit ihm in letzter Zeit? Ich kenne ihn seit sieben Jahren, und noch nie war er so mies drauf wie jetzt.

Ständig fühle ich mich von ihm attackiert und bloßgestellt, und ich bin die meiste Zeit damit beschäftigt, ihn abzuwehren – statt mal genauer hinzusehen, was er eigentlich will. Sicher, in den extremsten Notsituationen bin ich für ihn da. Aber warum muss er zu solchen Maßnahmen greifen? Warum muss er sich mit einem Küchenmesser bewaffnet in mein Bett legen, damit ich mich um ihn kümmere? Hätte ich nicht viel früher reagieren und ihm Kraft geben müssen? Warum schluckt er fünf oder sechs Valium, um sich zu beruhigen – hätte ich nicht mit ihm reden und seine Angst und Einsamkeit vertreiben können?

Stattdessen bin ich übermäßig empfindlich und fange an, eine regelrechte Phobie gegen seine Nähe zu entwickeln. Und je mehr ich ihm ausweiche, desto anhänglicher scheint er zu werden.

Während ich mit beschleunigtem Herzschlag und flatterndem Magen auf meinem Bett liege und gegen meine Widerstände ankämpfe, zu ihm rüberzugehen, klopft er an meine Tür, höchstwahrscheinlich telepathisch angelockt. Ich strecke meine Hand nach ihm aus und sage: »Komm mal her.« Etwas, das man Cosmo ganz bestimmt nicht zweimal sagen muss. Mit Schallgeschwindigkeit wirft er sich neben mich, und ich nehme ihn in den Arm. Ich kann spüren, wie gut ihm das tut.

»Es läuft nicht so toll mit uns in letzter Zeit, oder?«

Vielleicht hoffe ich, dass er sagt: »Doch, na klar, alles bestens«, aber das tut er nicht. Er sieht mich nur fragend an.

»Ich hab mal drüber nachgedacht, woran das liegt. Ich glaub, ich hab mich zu wenig um dich gekümmert.«

Cosmo kuschelt sich in meine Armbeuge und sagt: »Das stimmt nicht. Du bist bloß irgendwie so ... keine Ahnung, so reizbar. Zum Beispiel heute. Ich weiß überhaupt nicht, warum du so sauer auf mich geworden bist, als Nuria da war.«

Ich kriege ein schlechtes Gewissen. Unterstelle ich ihm die ganze Zeit böse Absichten, die er gar nicht hat? Ich tippe auf seinen Arm und sage: »Na, deswegen! Weil es mir megapeinlich ist!«

Cosmo starrt auf die Buchstaben und denkt eine Weile darüber nach. Dann sagt er: »Echt? Wieso denn? Ist doch eigentlich ein Kompliment!«

Meine Güte. Ich glaube, wir leben auf verschiedenen Planeten.

»Also, ich war natürlich total breit, als ich das gemacht hab«, führt Cosmo aus, »aber trotzdem bedeutet es doch, dass ich dich lieb habe.«

Ich seufze etwas zittrig und antworte: »Ich will aber nicht, dass du mich auf diese Weise lieb hast.«

Nach ein paar Sekunden Bedenkzeit sagt Cosmo: »Na gut, aber ich glaub, das kannst du mir nicht vorschreiben, auf welche Weise ich dich lieb habe, oder?«

Ich fürchte, er hat recht. Wieder entsteht eine Pause, dann sagt Cosmo: »Ich wünsche mir ja auch manchmal, dass du ... anders zu mir bist. Du bist so abweisend geworden. Heute bist du sogar vor mir zurückgewichen. Weißt du was? Das hat mir voll wehgetan.«

Ja, weiß ich. Und es tut mir leid. Das brauche ich nicht mit Worten zu sagen, ich übermittle es in unserer eigenen Sprache, und Cosmo legt den Kopf an meine Schulter: *Ist schon okay, ich hab's dir verziehen.*

»Erzählst du mir weiter? Von früher?«, frage ich. War klar, dass er bereitwillig zustimmen würde – schließlich hat er nicht oft die Gelegenheit, mit mir kuschelnd auf meinem Bett zu liegen, die wird er sich nicht entgehen lassen.

»Also, an die vierte Familie kann ich mich eigentlich kaum erinnern«, sagt er, »ich glaub, ich war nur drei Wochen bei denen. Soviel ich weiß, hatten sie noch ein anderes Pflegekind, aber ich weiß nicht mal mehr, ob das ein Junge oder ein Mädchen war. Bloß dass sie mich ziemlich früh morgens wieder zum Heim zurückgebracht haben. Das seh ich noch genau vor mir. Es war noch nicht mal richtig hell. Der Heimleiter kam raus und hat mich in Empfang genommen, und sie sind weggefahren, ohne noch mal mit reinzukommen.«

Ich nehme Cosmos Gesicht zwischen meine Hände. Die haben ihn einfach weggeschmissen. Er war ein Irrtum. »Und warum?«, frage ich mühsam.

Cosmo zuckt die Achseln. »Kann mich nicht erinnern.« Er guckt mich an mit seinem Erlöse-mich-Blick. Aber wie soll ich das machen? Ich kann ihn nur noch näher an mich ranziehen und ganz fest drücken, und ich gestehe, ich bin gleichermaßen überrascht wie erleichtert, dass er nicht versucht, mir die Hand in die Unterhose zu stecken oder so was.

»Was ist dann passiert?«, frage ich.

Cosmo schließt die Augen, als wolle er sich konzentrieren. »Danach bin ich ziemlich lange im Heim geblieben«, sagt er. »Fast ein Jahr, glaub ich. Ich war jedenfalls schon neun, als ich in die nächste Familie kam. Und was da genau schiefgelaufen ist, hab ich bis heute nicht kapiert. Die waren nämlich eigentlich ziemlich nett. Hatten schon ein paar Pflegekinder vor mir gehabt, aber zu meiner Zeit war ich alleine da. Das fand ich gut.« Er öffnet die Augen wieder. »Aber diesmal hat mich das Jugendamt zurückgeholt. Keine Ahnung wieso. Irgendwas soll angeblich mit meinem Vater nicht in Ordnung gewesen sein. Sie haben mir nie richtig gesagt, um was es ging. Dafür kam ich schon nach 'n paar Wochen wieder in eine andere Familie, allerdings eine mit vier weiteren Kindern, davon zwei leibliche. Das war 'n Unterschied wie Tag und Nacht. Da hab ich mich echt nicht wohlgefühlt. Ich hab dafür gesorgt, dass ich nach vier Monaten wieder zurückgegeben wurde.«

Zurückgegeben! Mann, wie sich das anhört. Ich habe die Vision von einem Kaufhaus, in dem man sich Kinder aus Regalen aussuchen kann – mit vollem Rückgaberecht natürlich. »Und wie hast du das gemacht?«

Cosmo grinst boshaft. »Hab sie beklaut«, erklärt er nicht ohne Stolz. »Du hättest dich gewundert, wie lange das gedauert hat, bis die das gemerkt haben. Dabei wollte ich das doch. Na ja, bei fünf Kindern verliert man wohl irgendwie den Überblick. Die haben das wirklich nicht geschnallt, bis sie mich irgendwann mit dem Portemonnaie in der Hand erwischt haben.« Sein Grinsen verschwindet. Offenbar hat er einen hohen Preis bezahlt, um sich aus dieser Familie freizukaufen.

Ausgerechnet in diesem Moment klingelt Cosmos Handy. Er sieht mich entschuldigend an, während er es aus seiner Hosentasche angelt. »Linus!« Seine Freude ist unübersehbar. Er lächelt, hört zu und gibt ein paar zustimmende Laute von sich. »Ja ... gut ... Ist Luisa auch da? – Gibst du sie mir mal?«

Nachdem er aufgelegt hat, vermeidet er es, mich anzusehen.

Normalerweise würde ich jetzt ein paar ätzende Sprüche fallen lassen, aber ich will mich ja bessern. Warum ist es direkt eine so schwierige Übung? »Wollt ihr euch noch mal treffen?«, frage ich schließlich. Das hört sich ziemlich neutral an, finde ich.

Cosmo weicht immer noch meinem Blick aus, aber er nickt. Sieht fast so aus, als hätte er Angst vor mir und meinen blöden Bemerkungen. Ich wollte wirklich nie, dass es so weit kommt.

»Hast du, ich meine, was ... äh ... bist du irgendwie, ehm, verknallt?« Heimatland, was ist so schwierig an dieser Frage? Ich höre mich an wie ein Erstklässler.

»Könnte sein«, meint Cosmo leise. Er kramt sein Pillendöschen hervor, holt ein Valium raus und schiebt es sich zwischen die Lippen.

»Und, ähm, in wen von beiden?«

»Mal sehen.«

Was heißt das denn? Dass er es noch nicht genau weiß? Dass er es sich noch überlegen will? Lustig ist das nicht, aber zumindest absurd – jedenfalls muss ich lachen. Cosmo lächelt schüchtern mit. Er schwingt die Beine aus meinem Bett und richtet sich auf.

»Hm, ja, tut mir leid – ich muss dann jetzt los«, sagt er mit schlechtem Gewissen.

Ich gebe zu, ich bin enttäuscht. Gerade hatte ich angefangen, Gefallen daran zu finden, mit Cosmo auf dem Bett zu liegen und mich von ihm in seine Kindheit entführen zu lassen. Und so schön warm war er auch an meiner Seite. Das hab ich nun davon.

Er wendet sich zu mir um und sieht jeden einzelnen meiner letzten vier Gedanken. Ohne Zögern wirft er sich noch mal über mich und überzieht mich mit Kinderküssen wie mit einer Schokoladenglasur. *Uff, Cosmo, lass gut sein, warum musst du immer übertreiben?*

»Tut mir leid, tut mir leid, sei nicht sauer, ja?«

Ich versuche, ihn zu beruhigen, hauptsächlich damit er endlich von mir ablässt. Aber als er gegangen ist, habe ich trotzdem so ein wundes Gefühl in mir drin.

mo, 09.02.

Ich würde so was gerne noch mal mit ihr machen

Nuria hat die Notizen abgetippt, die wir uns am Samstag gemacht hatten, und mir die Datei zugemailt, und ich sitze jetzt davor und arbeite noch ein paar Änderungen und Ergänzungen ein. Im Grunde haben wir genug Material; unsere Session war ja äußerst produktiv. Fast bedaure ich das. Ich würde so was gerne noch mal mit ihr machen. Als hätte sie es gespürt, ruft sie mich in diesem Augenblick an. Aber es geht ihr nicht um unsere gemeinsame Arbeit.

»Sag mal, diese Bilder in deinem und in Cosmos Zimmer, hat er die gemalt?«, will sie wissen. »Ich wollte ihn das gestern fragen, aber irgendwie sind wir vom Thema abgekommen.«

Weil ihr über mich gehetzt habt, denke ich, aber dann fällt mir ein, dass ich ja ein neuer Mensch werden will. »Ja, die sind alle von Cosmo.«

»Die sind toll, jedenfalls das, was ich davon sehen konnte«, sagt Nuria. »Ich würde sie gerne mal meinem Vater zeigen.« Da ich irritiert schweige, erklärt sie: »Er hat in Düsseldorf eine Galerie.«

Mir fällt fast der Hörer aus der Hand vor Aufregung. »Sag das noch mal!«

Nuria lacht. »He, was ist denn mit dir los?«

Ich erzähle ihr, dass ich schon seit Jahren mit Cosmos Bildern durch Berlin tingele und wie viele ich schon verkauft habe, und nun steigern wir uns gegenseitig in Euphorie. Nach zehn Minuten hab ich sie so weit. »Ich komm jetzt mal sofort bei euch vorbei.«

Cosmo ist noch nicht zu Hause, und ich werde auf keinen Fall ohne seine Zustimmung mit Nuria in sein Zimmer gehen, aber das sage ich ihr erst, als sie vor mir steht, und da wir nun ein bisschen Zeit zu überbrücken haben, müssen wir uns über deren Gestaltung Gedanken machen. Es scheint, dass wir ziemlich übereinstimmende Vorstellungen haben.

Leider wird meine Hochstimmung stark gedämpft, weil Cosmo nach Hause kommt, während wir noch im Bett sind, und obwohl wir uns beeilen, wie zivilisierte Menschen mein Zimmer zu verlassen, lässt er sich nichts vormachen. Seine Stimmung bewegt sich genau in diese gefährliche Region, die ich immer zu vermeiden versuche.

Er steht offensichtlich unter großem Druck, als Nuria und ich bei ihm anklopfen. »Na, seid ihr fertig?«, sagt er genervt, als hätten wir ihn vorsätzlich und bewusst beleidigt.

Nuria wirft mir einen erstaunten, Hilfe suchenden Blick zu. Na ja, woher soll sie wissen, was hier manchmal abgeht? Bisher hat sie Cosmo ja nur als echtes Sahnetörtchen kennengelernt.

»Eigentlich ist Nuria wegen dir hier«, fange ich an, doch noch ehe ich das näher erläutern kann, antwortet Cosmo: »Echt? Dann hat sie sich aber eben fett in der Tür geirrt.« Er wendet uns den Rücken zu und legt eine Combichrist-CD ein – so laut, dass eine weitere Unterhaltung unmöglich wird. Dann schleudert er seinen Rucksack mit unnötig viel Schwung auf den Schreibtisch, packt ein paar Schulsachen aus und schlägt ein Buch auf. Ich kenne niemanden sonst, der »Verpisst euch und geht weiter ficken« nur allein durch seine Rückansicht sagen kann. Nuria zieht an meinem Ärmel, um mich zum Gehen zu bewegen, aber ich schüttele den Kopf und drehe die Musik leiser. Cosmo dreht sich zu mir um.

»Nuria ist wegen deiner Bilder hier«, sage ich, »ihr Vater hat eine Galerie.«

Er wendet das Gesicht ab und schaut aus dem Fenster, zu dem er dann sagt: »Meine Bilder sind Bullshit.«

Jetzt schaltet sich Nuria ein. »Nein, sie sind toll! Ich bin mit Kunst großgeworden, Cosmo, ich kann ein gutes Bild erkennen, wenn ich eins sehe.«

Das klingt so überzeugt und selbstbewusst, dass sogar Cosmo aufhorcht und sich halb zu uns umdreht. Ich nehme mir vor, auch mal in diesem Ton mit ihm zu reden, ahne aber, dass ich das nicht schaffe.

»Könntest du mir mal zeigen, was du so gemalt hast?«, fährt Nuria fort. »Johannes hat mir erzählt, dass er schon eine Menge Bilder von dir verkauft hat. Ich hoffe bloß, ihr habt sie nicht verschleudert …« Sie bringt ein Lächeln zustande.

Überrascht sehe ich zu, wie Cosmo aufsteht und seine Zeichenmappe holt. Er legt sie auf sein Bett, klappt sie auf und sagt: »Hier. Kannst selber durchstöbern.«

Nuria nimmt jedes Bild einzeln heraus, hält es hoch, lässt es auf sich wirken. Sie macht einen professionellen Eindruck, ganz schön cool. Cosmo bemüht sich, den Unbeteiligten zu spielen, und setzt sich wieder an seinen Schreibtisch, aber ich weiß, dass er nicht arbeitet.

»Ziemlich krass.« Nuria legt die Bilder ordentlich wieder in die Zeichenmappe zurück, während Cosmo sich zu ihr herumdreht.

»Was soll das heißen?«, fragt er abwehrbereit.

»Dass die Bilder wirklich total außergewöhnlich sind«, erläutert Nuria. »Absolut originell. Ich meine, sie sind natürlich ziemlich deprimierend, aber dabei künstlerisch beinahe perfekt. Bei wem hast du gelernt?«

Cosmo kramt etwas zu hastig nach seinen Zigaretten. »Schule des Lebens«, murmelt er zynisch.

Nuria wirft einen Blick zurück auf seine Zeichenmappe, als könne sie sich kaum davon trennen. »Du meinst, du hattest nie Unterricht? Wie kann es denn sein, dass du so super mit Perspektive und allem zurechtkommst?«

Ich kann mir nicht verkneifen zu sagen: »Er ist ein Naturtalent.«

Cosmo zündet sich eine Zigarette an, und mir fällt auf, dass seine Hand zittert.

Nuria betrachtet lange und eingehend die großformatigen Ölbilder, die Cosmos Wände schmücken. Weitere sieben oder acht lehnen hinter der Tür an der Wand, und auch die inspiziert sie gründlich. »Mein Vater verkauft eine etwas andere Richtung«, sagt sie, »das hier findet er wahrscheinlich morbide. Aber ich würde ihm trotzdem gern ein paar Fotos schicken. Hast du was dagegen, wenn ich deine Bilder fotografiere?«

Cosmo wirkt erschrocken. Er selbst hat noch nie etwas mit dem Marketing zu tun gehabt, das habe ich für ihn übernommen. Wahrscheinlich ist er wie alle Künstler: lebensuntüchtig und ohne jegliche Distanz zu seinen Werken. Er guckt hilflos zu mir rüber.

»Mach ruhig, das geht in Ordnung«, entscheide ich und fühle mich wie ein Manager mit Schlips und Zigarre.

Mit derselben Geschäftsmäßigkeit geht Nuria ihre Digitalkamera holen und lehnt ein Bild nach dem anderen gegen die Tür, wo keine Lichtreflexe vom Fenster darauffallen. Sie macht mindestens zwanzig Aufnahmen. Am Schluss sagt sie: »So, und jetzt der Künstler!«

Und schon hält sie drauf und drückt ab, ehe Cosmo sich wehren kann.

»Und jetzt der Künstler und sein Agent!«

Ich setze mich dicht bei Cosmo auf seinen Schreibtisch, und während ich beruhigend auf ihn runterlächle, sieht er verwirrt zu mir hoch. Es blitzt wieder.

»Das reicht jetzt aber«, sagt Cosmo, komplett überfordert.

Ich werfe Nuria einen festen Blick zu und sage: »Ja, das reicht. Wir lassen dich jetzt in Ruhe arbeiten.«

Und Nuria fügt hinzu: »Danke für deine Geduld!« Wir ziehen uns zurück in mein Zimmer.

»Der arme Kerl«, sagt Nuria, »das ist er wohl nicht gewohnt, so im Mittelpunkt zu stehen?«

Ich lache so sehr, dass mir die Tränen kommen.

do, 12.02.

Ich will die Kontrolle behalten

Ich gebe mir echt Mühe, anders – liebevoller – mit Cosmo umzugehen, und stelle erstaunt fest, dass sich bereits erste Erfolge zeigen. Nämlich dass er mich nicht mehr pausenlos mit seiner Fummelei belästigt. Seit ich mich entschlossen habe, mehr Nähe zuzulassen, ist er viel entspannter geworden und muss sich seine Streicheleinheiten nicht mehr bei seinen gefürchteten Knutschattentaten besorgen.

Ich setze mich an den Laptop und versuche schriftlich zu analysieren, warum ich mich in den letzten Wochen (oder Monaten?) von ihm zurückgezogen habe.

- ▷ *Ich habe nach wie vor Probleme mit Nähe aller Art.*
- ▷ *Cosmo ist ein emotionaler Vampir, er saugt mich aus.*
- ▷ *Wenn Cosmo seinen Bumsbeziehungen nachgeht, macht mich das wütend, und ich will ihm meinen Ärger zeigen, indem ich ihn ignoriere und zurückweise.*
- ▷ *Ich bestrafe ihn für alles Mögliche mit Liebesentzug.*
- ▷ *Ich habe Angst vor Cosmo, weil er keine Grenzen kennt. Ich fürchte immer, er könnte meine Freundschaft mit Sex verwechseln.*
- ▷ *Ich hasse es, wenn er sich in der Öffentlichkeit wie ein Playboy-Bunny benimmt und mich blamiert.*
- ▷ *Ich will mich nicht ausliefern.*
- ▷ *Ich will die Kontrolle behalten.*

Diese Liste werde ich mir garantiert nicht an die Wand hängen, die bleibt nur auf meiner Festplatte. Und über den einen oder anderen Punkt werde ich mit Cosmo reden müssen, aber später. Im Moment läuft alles ganz gut, es gibt keinen Grund, ihn zu beunruhigen.

fr, 13.02.

Tag für Tag mühe ich mich mit mir selbst und meinen Neurosen ab

Eigentlich hatten wir für heute Abend nichts geplant. Aber dann kommt gegen sechs Nuria vorbei und bringt tiefgekühlten Flammkuchen und Wein mit. Ungefähr eine Stunde später, als wir zu dritt bei Kerzenschein in der Küche sitzen und ich überlege, ob ich mein Weinglas umkippen soll, damit Nuria und Cosmo endlich aufhören, über Lacuna Coil zu debattieren, klingelt es wieder. Die beiden kriegen es gar nicht mit. Ziemlich angepisst gehe ich, um die Tür zu öffnen, und bleibe im Flur stehen, bis Wer-auch-immer oben angekommen ist. Es sind Luisa und Linus, weshalb ich noch genervter bin, mich aber so zusammenreiße, wie ich es fast immer tue. In der Küche gibt es ein freudiges, feuchtes Geküsse.

Ja. Ich will ein anderer Mensch werden. Nein. Ich will kein Spießer sein. Nein. Ich will nicht eifersüchtig sein. Aber jetzt mal im Ernst: Ist das normal, mit einem Geschwisterpaar rumzuknutschen? Noch dazu mit einem von zweierlei Geschlechtern? Noch dazu mit Zwillingen, die aussehen wie Klone, nur dass die eine Brüste hat und der andere nicht?

Nuria scheint jedenfalls keinen Anstoß daran zu nehmen. Sie strahlt vor Begeisterung, und ehe ich »Sodom und Gomorrha« sagen kann, hat sie schon mit den beiden blonden Aufblaspuppen Freundschaft geschlossen. Weil wir nur vier Stühle in der Küche haben, muss Linus natürlich auf Cosmos Schoß sitzen, klar, wo sonst. Jetzt debattieren sie zu viert über Lacuna Coil, und ich beiße fast in die Tischkante.

Ich tanke etwas mehr Wein in etwas kürzerer Zeit ein als ratsam. Als Nuria irgendwann zu mir sagt: »Mann, was machst du denn für ein Gesicht? Bist du irgendwie sauer oder so?«, gelingt es mir, künstlich zu lachen und zu fragen: »Wer, ich? Wie kommst du denn darauf?«

Alle starren mich an, um rauszufinden, wie sie darauf kommt. Ich muss mein Grinsen so lange aufrechterhalten, was saumäßig anstrengend ist. Es fühlt sich an wie eine Halloween-Fratze.

Nach zehn Minuten macht Nuria mir unauffällig ein Zeichen, dass ich mit ihr rausgehen soll. Ich folge ihr gehorsam in mein Zimmer, wo sie mich umarmt und küsst. Wow! Und wie sie mich küsst! Aber ehe ich das Bewusstsein verliere, hält sie inne und fragt: »Was ist denn los mit dir? Du bist total schlecht drauf heute.«

Ich seufze tief und sage: »Meine Freundin ignoriert mich, und mein Seelenbruder leckt Hänsel und Gretel ab ... Was glaubst du, was los ist mit mir?«

»Ich ignoriere dich? Spinnst du? Du hast doch schließlich mit am Tisch gesessen, und wenn du gerne was sagen möchtest – niemand hindert dich! Ich höre dir sogar zu! Aber du kriegst ja den Mund nicht auf!«

»Ich hab keine Meinung zu Lacuna Coil!«, beklage ich mich.

»Komm mir bloß nicht auf diese Selbstmitleidstour, da kann ich überhaupt nicht drauf.«

Es tut weh, wenn einem so was gesagt wird – von der Frau, die man am liebsten anjaulen würde wie ein Wolf den Vollmond. Aber dann wird mir klar, dass sie recht hat, und es ist sogar irgendwie nett von ihr, dass sie sich die Mühe macht, mir den Kopf zu waschen. Sie hätte auch einfach gehen und meine Nummer aus ihrem Handy löschen können. Ich ziehe sie wieder an mich und sage in ihr Ohr: »Wenn du willst, zieh ich mir jetzt eine Pappnase an und erzähle Heinz-Erhardt-Witze. Für dich würde ich das tun.«

Cosmo ist mit seinen beiden Kuscheltieren ins Wohnzimmer umgezogen, weil es sich auf der Couch ja auch viel besser schmusen lässt. Nuria und ich tun es ihnen nach. Ich strenge mich wirklich an und rede mir ein, dass das alles völlig okay ist, dass Cosmo eben doppelt so viel Liebe verdient hat wie jeder andere und so. Ab und zu erwische ich mich trotzdem dabei, wie ich stirnrunzelnd zu den dreien rüberschiele. Dann fange ich sofort an, Nuria zu küssen, was mich am besten ablenkt.

Es klingelt schon wieder an der Tür, diesmal sind es Paule und Marlene. Jetzt wird es eng in unserem Wohnzimmer, was niemanden stört. Cosmo legt Nine Inch Nails auf, ich schaffe unsere Knabbervorräte heran, Paule versorgt alle mit Getränken. Die Stimmung steigt mit dem Alkoholpegel, was auch für die Lautstärke der Musik gilt. Ich fürchte ständig, dass Frau Hergenrath wieder klingelt und mich auf DIN A5 zusammenlegt, aber bei dem Lärm könnte ich die Türglocke sowieso nicht hören.

Befriedigt stelle ich fest, dass Nuria Cosmo mit immer größeren Augen beobachtet, der dreht nämlich mächtig auf. Trotz drangvoller Enge findet er noch Platz zum Tanzen, und das muss man ihm lassen, er kann sein Skelett wirklich effektvoll und sexy in Szene setzen; da könnte man sogar als überzeugter Katholik nekrophil werden. Dieser Tatsache absolut bewusst, pirscht er sich an mich heran und findet sichtlich Gefallen daran, mir den Text von *Closer* ins Ohr zu singen.

Help me
The only thing that works for me
Help me get away from myself
I wanna fuck you like an animal

Ich bleibe ganz gelassen, wobei ich über mich selbst staune. Ich lege sogar die Hände um Cosmos nackte Taille (plötzlich scheint er ein ganzes Sortiment an bauchfreien Schulmädchenshirts zu haben) und grinse ihn an. Und siehe da: Er zieht wieder ab zu Brüderchen und Schwesterchen, hochzufrieden und strahlend. Meine neue Methode funktioniert. Nurias Verblüffung über diesen Auftritt ist unübersehbar, und ich bin sicher, sie hat jetzt kapiert, dass Cosmo nicht das schüchterne arme Hascherl ist, für das sie ihn bisher gehalten hat.

»Das ist ja irgendwie echt süß«, ruft sie mir über die laute Musik hinweg ins Ohr. »Er liebt dich.«

Ja, das weiß ich, aber es ist eine ganz besondere, einzigartige Form von Liebe, die Liebe einer identischen Seele. Bloß kann man kaum jemandem erklären, was der Unterschied zwischen *eros* und *philia* ist. (Manches deutet darauf hin, dass Cosmo diesen Unterschied auch noch nicht ganz gepeilt hat.) Deshalb ist es mir lieber, das Thema zu vermeiden. Aber im Moment bin ich ziemlich gut in Alkohol getränkt und in einer unbeschwerten, sorgenfreien Stimmung, deshalb antworte ich: »Ja, ich ihn auch.«

Es ist das erste Mal, dass Nuria bei mir übernachtet. Ein bisschen abgeschwächt wird die Bedeutsamkeit dieser Tatsache dadurch, dass alle anderen ebenfalls bei uns übernachten. Paule und Marlene schieben die Wohnzimmersitzmöbel aneinander, und Cosmo ist schon vor einer ganzen Weile mit seiner Spielgruppe in seinem Zimmer verschwunden. Sieht so aus, als hätte ich keine Wahl.

Bisher hatte ich keine Schwierigkeiten mit Nurias Nähe. Dazu bin ich viel zu sehr in sie verliebt. Aber der Gedanke, dass sie die ganze Nacht in meinem schmalen Mönchsbett verbringen wird, macht mir zu schaffen, wie ich gestehen muss. Es weckt unerwünschte Erinnerungen und kommt mir vor wie das Überschreiten einer unsichtbaren Grenze. Gleichzeitig bin ich bemüht, Nuria das nicht spüren zu lassen, weil ich mir vorstelle, dass sie es als beleidigend empfinden würde. Obwohl es nichts mit ihr persönlich zu tun hat. Ich bin nur ein unflexibler, komplizierter Spinner mit einer widerlichen Vorgeschichte, das ist alles.

Ich habe ihr den Platz an der Wand zugewiesen, um mir den Fluchtweg offenzuhalten, außerdem wende ich ihr den Rücken zu. Sie kuschelt sich an mich, legt den Arm um meine Brust und macht, was man in so einer Situation eben macht, und ich liege da wie ein Stück abgesägtes Holz und starre mit weit aufgerissenen Augen zur Tür.

»Bist du so müde?«, fragt sie liebevoll. Da ich keine Antwort gebe, stützt sie den Kopf in die rechte Hand und leitet damit die Lass-uns-drüber-reden-Phase ein. »Du fühlst dich verspannt an«, teilt sie mir mit. »Und du verbreitest negative Schwingungen.«

»Nimm das bitte nicht persönlich«, erwidere ich, »mit dir hat das absolut nichts zu tun.«

»Sondern?«

In Gedanken gehe ich verschiedene Dialogmöglichkeiten durch. Keine besteht den Test. »Ich glaub, ich muss noch mal aufs Klo«, sage ich und trete die Flucht an. Ich schließe die Badezimmertür hinter mir ab und betrachte mich im Spiegel. Wir haben eine trübsinnige Soffitte darüber hängen, in deren Schein ich krank, verängstigt, alkoholisiert und depressiv aussehe.

Ich fühle mich so schlecht wegen Nuria, dass ich am liebsten kotzen würde. Vorsichtshalber öffne ich den Klodeckel, aber als ich mich darüberbeuge, lässt der Brechreiz nach, und ich komme mir lächerlich vor. Nur an meinem schlechten Gewissen hat das nichts geändert. Warum benehme ich mich so? Wie muss sie sich jetzt fühlen? Ich trinke einen großen Schluck Wasser aus meinem Zahnputzbecher und gehe zurück.

»Johannes«, sagt Nuria, »es wäre mir lieber, wenn du mir einfach sagst, was los ist. Ich könnte dann garantiert besser damit umgehen.«

Als Kind hab ich mir immer versucht vorzustellen, wie es in der Hölle aussieht. Zuerst waren da natürlich die ganzen Fantasien von Flammen und Menschen, die an Bratspießen darüber gedreht werden. Aber bald fand ich heraus, dass gegrillt zu werden bei Weitem nicht das Schlimmste ist, was einem passieren kann, und ich entwickelte andere Ideen. Zum Beispiel dass alle meine Klassenkameraden sowie meine Lehrer lachend und mit Anfeuerungsrufen einen großen Kreis um mich bilden, während mein Papa sich über mich hermacht. Tatsächlich hat allerdings nie jemand dabei zugeschaut. Und jetzt habe ich eine weitere Höllenvision: Meine angebetete Freundin übernachtet in meinem Bett, und ich kann ihr nicht erklären, warum ich das nicht ertrage.

Ich versuche es schließlich mit etwas, das der Wahrheit so nahe wie möglich kommt. »Tut mir leid, es ist bloß so eng für zwei.«

»Es ist dir zu eng mit mir in einem Bett?«

Da so etwas Gefährliches in ihrer Stimme mitschwingt, sage ich schnell: »Ähm, ja, mehr so im übertragenen Sinne, weißt du? Ich meine so eine Art psychische Enge. So was wie Klaustrophobie. Nicht wirklich zu eng. Du bist ja gar nicht so dick, haha.« Nicht zum ersten Mal ziehe ich eine operative Entfernung meiner Stimmbänder in Erwägung.

»Wäre es dir lieber, wenn ich nach Hause fahre?«, fragt Nuria. Sie hört sich an wie ein sibirischer Fahnenmast. Metallisch und so kalt, dass meine Zunge augenblicklich an ihr festfrieren würde, wenn ich sie jetzt küsse. Nicht dass ich mich das trauen würde.

»Nein«, sage ich schwach. »Ich möchte, dass du hierbleibst. Ich muss nur … es geht gleich vorbei, ehrlich. Gib mir ein paar Minuten.« In meinem Rücken spüre ich die Wellen von Ärger, Enttäuschung, Verletztheit und Liebe, die Nuria aussendet.

»Hast du so was öfter?«, fragt sie schließlich leise. Sie hat alle Empfindungen außer ihrer Liebe bekämpft. Ich bewundere sie unendlich dafür.

»Ja«, sage ich, »das heißt, eigentlich nicht – es schläft ja sonst nie jemand in meinem Bett. Außer Cosmo, manchmal.« Ach du Scheiße. Gnadenlos übers Ziel hinausgeschossen.

»Cosmo?« Ihre Stimme hat wieder einiges an Zärtlichkeit eingebüßt. »Cosmo schläft in deinem Bett? Und das macht dir aber nichts aus, ja?«

»Das ist nur ganz selten«, versuche ich zu erklären, »wenn er Albträume hat oder so, und dann … also, ja, doch, das macht mir natürlich auch was aus, ich meine, ich schlafe dann meistens überhaupt nicht.«

»Du meinst, ihr kommt dann nicht zum Schlafen«, sagt sie ätzend.

»Nein. Das meine ich nicht«, antworte ich. »Es hat was damit zu tun, dass ich andere grundsätzlich nicht so gut an mich ranlassen kann.«

»Das war mir bisher gar nicht aufgefallen«, sagt Nuria schnippisch.

Ich schließe erschöpft die Augen. Tag für Tag mühe ich mich mit mir selbst und meinen Neurosen ab. Ich versuche mit aller Kraft, dagegen anzugehen oder sie wenigstens so weit zu verbergen, dass meine Umwelt mich nicht für einen komplett abgedrehten Irren hält. Ich erbringe enorme Verdrängungs- und Tarnleistungen, für die ich nahezu meine gesamte Energie aufzehre. Und der Lohn dafür, wenn ich mal offen darüber rede, ist ein biestiges »Das war mir bisher gar nicht aufgefallen«. Ich fange an zu lachen oder zu schluchzen, keine Ahnung, es ist irgendwas dazwischen.

Nurias Hand auf meinem Rücken, genau zwischen den Schulterblättern, fühlt sich an wie ein Notstromaggregat. Ich höre sie sich hinter mir bewegen, dann legt sie beide Arme um meinen Oberkörper, und statt ihrer Hand drücken sich jetzt ihre Brüste gegen meinen Rücken, was sich ebenfalls anfühlt wie ein Notstromaggregat, nur wenn man an die falsche Stelle packt. Könnte durchaus sein, dass mir die Haare zu Berge stehen – aber nicht vor Entsetzen. Ich nehme ihre Hände, küsse sie und knabbere an ihren Fingern, und als ich es gar nicht mehr aushalte, drehe ich mich zu ihr rum und drücke sie mit meinem ganzen Gewicht auf die Matratze. Mein Bett hat jetzt genau die richtige Größe. Vielleicht, weil mein Papa nicht mehr mit darin liegt.

mi, 25.02.

Selbst wenn morgen alles zusammenbricht – diesen Moment kann mir niemand mehr nehmen

Nuria hat es sich zur Gewohnheit gemacht, jeden Abend mit etwas Essbarem bei uns aufzutauchen. Mal bringt sie was vom Griechen mit, mal Tiefkühlpizza, und gestern hatte sie sogar einen selbst gemachten Auflauf dabei. Sie macht sich Sorgen um unseren Ernährungszustand, sagt sie. Außerdem hab ich den Verdacht, dass sie es bei uns gemütlich findet. Auch wenn sie in einer voll durchgestylten, erstklassig sanierten, luxuriösen Altbauwohnung lebt und wir in einem erbärmlichen Loch.

Aber ich gebe zu: Wenn wir abends zu dritt um den Küchentisch sitzen, den sie mit einem barocken Kerzenleuchter und einer paisleygemusterten Decke aufgewertet hat, wenn wir gemeinsam essen, Wein trinken und quatschen, ist das einfach perfekt. Es ist Entspannung, Lachen, Zärtlichkeit – Nahrung für Körper und Seele. Und was das Beste ist: Cosmo isst jetzt deutlich mehr.

Zwischendurch gibt es nach wie vor Situationen, in denen die Eifersucht meine Pupillen zu senkrechten Schlitzen verformt, weil ich merke, dass Nuria und Cosmo so viel gemeinsam haben – viel mehr als Nuria und ich. Als Cosmo mir mit teuflischem Grübchenlächeln erzählt hat, dass Linus sie zunächst für seine Schwester gehalten hat, war ich nicht mehr weit von einem Amoklauf entfernt. Ich sehe zu, wie die beiden ihre schwarzen Köpfe zusammenstecken und wie sich ihre Hände berühren, während sie die neueste *Zillo*-Ausgabe durchblättern, und wie ihre Blicke immer genau an denselben Bildern einrasten, und wie ihre langen dunklen Wimpern fast identische Schatten auf ihre Wangen zaubern, und alles in mir schreit nach einer blutigen Gewalttat.

Aber die meiste Zeit bin ich einfach froh, dass Cosmo so selbstverständlich mit einbezogen wird, denn es erspart mir jede Menge kraftraubende, nervenzehrende Situationen. Wir sind so etwas wie eine Familie, auch wenn mir die konkrete Rollenverteilung nicht recht klar ist. Ich lehne mich satt, glücklich und leicht schwindlig vom Rotwein auf meinem Stuhl zurück, beobachte, wie Nuria Cosmo das Essen mit Stäbchen beizubringen versucht, höre beide kichern und spüre, wie mir Tränen der Dankbarkeit in die Augen steigen. Selbst wenn morgen alles zusammenbricht – diesen Moment kann mir niemand mehr nehmen.

Cosmo schaut von seinem Teller hoch, sieht mir direkt in die feuchten Augen und sendet mir ein Lächeln mit folgendem Anhang: *Ich freu mich so, dass du glücklich bist.* Dann müht er sich weiter ab, den Reis in seinen Mund zu befördern.

Nuria räumt die leeren Teller ab und holt eine Flasche Sekt aus dem Kühlschrank. Während sie drei Gläser füllt, erläutert sie: »Also, mein Vater ist ja ein viel beschäftigter Mann, aber jetzt hat er sich endlich mal die Fotos von Cosmos Bildern angesehen, die ich ihm gemailt hatte.« Dann hebt sie ihr Glas. Wir folgen ihrem Beispiel mit großen Augen. Grinsend kostet sie unsere Spannung aus, ehe sie sagt: »Er hat angebissen.«

Nachdem sich der Tumult unserer Begeisterung ein bisschen gelegt hat, erklärt sie uns, dass ihr Vater die Bilder zwar erwartungsgemäß »sehr düster und negativ« findet, aber zugegeben hat, dass sie eine »unwiderstehliche Power« haben. Weil sie so außergewöhnlich sind und er sich vorstellen kann, dass es eine Zielgruppe dafür gibt, ist er bereit, sie in Kommission zu nehmen. Sollte sich herausstellen, dass sie viel Interesse wecken, würde er auch selbst welche einkaufen.

»Seine Schwerpunkte sind der deutsche Impressionismus und Skulpturen regionaler Bildhauer«, erklärt Nuria. »Da passt du natürlich wirklich nicht so ganz rein. Aber er hat gesagt, in deinen Bildern steckt so viel Wut und Angst, das muss sich eigentlich verkaufen.«

Cosmo ist sehr ruhig geworden und hat so einen nach innen gekehrten Blick. Ich klinke mich in sein Gehirn ein und entziffere: *Ich weiß nicht, ob ich das will, dass fremde Leute meine Bilder anstarren und sich über meine Seele unterhalten.*

»Du bist ja weit weg«, antworte ich. »Es ist eine ganz anonyme Angelegenheit. Du kassierst nur die Schecks.«

Er nickt dankbar und nimmt einen großen Schluck Sekt.

»Hey«, sage ich, um ihn aufzumuntern. »Du wirst ein berühmter Künstler, Alter! Du wirst mit einem flatternden Schal die Rosenthaler Straße entlangflanieren und Gastvorlesungen an der UdK halten! Du wirst gegen 17 Uhr aufstehen und in Straßencafés frühstücken! Wunderschöne blutjunge Menschen werden dir nackt Modell stehen!«

Erst beim letzten Satz horcht er auf und legt den Kopf schräg. »Kann ich die dann vögeln?«

Na, endlich kommt er wieder zu sich. »Klar«, sage ich, »vorher, nachher und zwischendurch.«

Cosmo strahlt mich an, und Nuria kichert. Ich liebe sie. Beide.

do, 26.02.

Das ist nicht besonders nett von mir

Seit jenem Samstag, als ich dieses unangenehme Problem mit Nurias Gegenwart in meinem Bett hatte, hat sie nicht mehr bei mir übernachtet. Und ich muss gestehen, dass ich es ihr auch nicht angeboten habe. Das ist nicht besonders nett von mir. Ich meine, sie kommt jeden Abend, bringt Essen mit, für das sie kein Geld von uns annehmen will, hilft oft genug hinterher noch beim Abwasch – und dann lasse ich sie gähnend und mit schweren Lidern in ihr Auto steigen und nach Hause fahren, statt zu sagen: »Nuria, meine müde, schöne Göttin, bleib doch hier, ich halte dich die ganze Nacht in meinen Armen.« Stattdessen bin ich jeden Abend erleichtert, wenn ich mich in mein Bett kuscheln kann. Allein. Und in der Gewissheit, das auch zu bleiben (es sei denn, Cosmo hat irgendeine Krise).

Cosmo hat inzwischen so viel Vertrauen und Zuneigung zu Nuria entwickelt, dass er sie regelmäßig zum Opfer seiner Schmuseanschläge macht. Eine Entwicklung, die ich mit allergrößter Besorgnis beobachte, um es mal euphemistisch auszudrücken. Ich könnte auch sagen: Es pisst mich tierisch an. Gerade jetzt hat er sie nach einem wunderbaren Käse-Kartoffel-Auflauf auf seinen Schoß gezogen und nuckelt an ihrem Dekolleté herum. Seine linke Hand liegt auf ihrer Brust, und mit dem rechten Arm fasst er sie um die Taille.

Was soll ich machen? Einfach wegsehen und weiter den Tisch abräumen? Irgendetwas sagen, das meinem Unmut Ausdruck verleiht? Oder direkt ausrasten und ihm die Auflaufform auf dem Hinterkopf zertrümmern, auf die Gefahr hin, dass seine Zähne in Nurias Brustbein stecken bleiben? Ich weiß es wirklich nicht, ich bin überfordert und unglücklich.

»So, jetzt lass mal gut sein«, sagt Nuria liebenswürdig, aber energisch und befreit sich vorsichtig aus Cosmos Griff. Sie gleitet von seinem Schoß, kommt zu mir rüber und umarmt mich. »Schau doch mal, wie traurig Johannes aussieht. Ich will das nicht, und du bestimmt auch nicht.«

Das ist eine interessante Strategie, denn tatsächlich sagt Cosmo kleinlaut: »Nee, natürlich nicht!« und wirft mir sogar einen ansatzweise schuldbewussten Blick zu. Ich drücke Nuria fest und dankbar an mich und schließe die Augen, ehe ich meine Nase in ihrem duftenden schwarzen Haar vergrabe.

Heute Abend haben wir eine Menge zu tun, denn morgen werden die Bilder abgeholt, die Nurias Vater in Kommission nehmen will. Er hat anhand der Fotos eine Auswahl getroffen, und wir müssen nun alles zusammenstellen und transportfertig machen. Zum Glück haben wir unsere Kunstexpertin, die uns genau erklärt, wie das geht. Cosmo ist nervös. Er sagt es nicht, aber ich weiß, dass er sich Sorgen macht: ob Nurias Vater seine Bilder auch dann noch gut findet, wenn er sie vor sich sieht, ob sich jemals irgendein Kunde dafür interessieren wird, was die Leute darüber denken und so weiter. Ihm ist es gleichgültig, ob er etwas verkauft – aber er hat Angst, etwas so Persönliches aus der Hand zu geben.

fr, 27.02.

Zumindest scheint es etwas Weibliches zu sein

Cosmos Affäre mit Luisa und Linus will einfach kein Ende nehmen. Sie sind oft bei uns, und ich habe sie ein bisschen näher kennengelernt. Beide zusammen erreichen ungefähr den IQ eines Kanarienvogels, aber dabei sind sie auf eine verstörende Art rührend. Sie lieben Cosmo bedingungslos, sind ihm treu ergeben und schauen zu ihm auf wie zu einem Hohepriester. Jedes Wort aus seinem Mund ist ihnen spiritueller Nektar. Ich grübele oft darüber nach, was er mit ihnen macht, aber ich glaube, die Antwort darauf könnte mich meinen Seelenfrieden kosten.

Gerade kommen sie wieder die Treppe hoch. Wie immer hängen sie brav ihre Jacken an die Garderobe und stellen ihre Schuhe ordentlich paarweise darunter. Sie ziehen sich fast immer gleich an, was ich für Achtzehnjährige ziemlich abgedreht finde. Außerdem begrüßen sie mich stets sehr höflich. Ich werde jetzt eine Weile mit ihnen alleine sein, weil Cosmo noch bei einem Klassenkameraden ist, um für eine Matheprüfung zu lernen. Er hat mich angerufen und Bescheid gesagt, dass es eine halbe Stunde später wird. Ich bitte die Zwillinge ins Wohnzimmer und biete ihnen etwas zu trinken an.

»Cosmo ist so ehrgeizig«, sagt Luisa. »Ich finde es bewundernswert, dass er sein Abitur nachmacht. Und wie ernst er das alles nimmt.«

Da kann ich nicht widersprechen, auch wenn ich jederzeit damit rechne, dass er alles hinschmeißt – zum Beispiel weil er einen Pickel an seinem Kinn entdeckt hat oder weil seine Tintenpatrone leer ist.

»Er ist aber auch wirklich klug«, fügt Linus hinzu. »Er hätte von vornherein zum Gymnasium gehen sollen, finde ich.«

Ich unterdrücke ein Grinsen beim Gedanken an die Rechtschreibfehler in Cosmos letzter Deutschklausur (*Abschliessend weißt der Autor daraufhin, das nur Wenige der Soldaten ihre Ziele auf direcktem Weg ereichen*) und nicke ernsthaft.

Das einzig Positive, was ich über diese amoralische Dreierbeziehung sagen kann, ist, dass sie Cosmo eine gewisse Stabilität verleiht. Er hat seiner Narbenkollektion in letzter Zeit keine neuen Sammlerstücke hinzugefügt, er war nicht mehr am Alex, er hatte keine Panikattacken, und sein Valium-Konsum blieb konstant. Wenn er dafür unbedingt niedliche naive Zwillinge nageln muss – sei's drum.

Kurz vor Mitternacht bin ich mit Nuria auf dem Weg zum K17. Cosmo hat angekündigt, dass er wahrscheinlich auch dort sein wird. Deshalb scanne ich zunächst die Dancefloors, aber obwohl hier fast alle Anwesenden irgendwelche gemeinsamen Merkmale mit Cosmo aufweisen, kann ich ihn nicht finden. Also hole ich Nuria und mir etwas zu trinken, wir hören der Musik zu, tanzen, unterhalten uns und treffen ein paar Bekannte von Nuria. Zwischendurch mache ich mich noch drei-, viermal erfolglos auf die Suche nach Cosmo.

Gegen halb vier fahren wir nach Hause. Nuria setzt mich vor meiner Haustür ab. Wie gewöhnlich schäme ich mich dafür, sie nicht mit zu mir zu nehmen, obwohl es schon eine gewisse Selbstverständlichkeit hat. Und dass ich nicht bei ihr übernachten möchte – auch diese Option haben wir diskutiert, ihr Bett ist doppelt so breit wie meins –, hat den schlichten Grund, dass ich Cosmo nicht allein lassen will. Ich weiß, dass ich Nuria damit sehr viel Toleranz abverlange. Aber ich weiß auch, dass Cosmo durchdrehen würde, wenn ich nachts nicht zu Hause wäre. Vielleicht nicht gleich beim ersten Mal. Aber irgendwann.

Zynischerweise ist Cosmo überhaupt nicht da. Ich spüre das sofort, als ich die Wohnung betrete. Die Tür zu seinem Zimmer muss ich gar nicht öffnen, aber ich mache es trotzdem, und natürlich ist es leer. An diesem Punkt beginne ich, mir Sorgen zu machen.

Ich rekapituliere den zurückliegenden Abend. Als Nuria mich abgeholt hat, guckte er noch mit seinen blonden Jüngern *Hard Candy* auf DVD. Alle drei bildeten ein verschlungenes Durcheinander von langen Beinen, zerzausten Haaren, geschwollenen Lippen, entblößten Bauchnabeln und schlanken Armen, die in Chipstüten endeten. Aus dem Epizentrum dieses menschlichen Lasterhaufens erklang Cosmos Stimme, die uns mitteilte: »Wir gehen wahrscheinlich nachher auch ins K17. Bis später, ihr Süßen!«

Ich mache einen Rundgang durch die Wohnung zum Zweck der Spurensicherung, aber das bringt mir wenig Erkenntnisse. Also rufe ich ihn auf dem Handy an.

»Johannes? Warte mal kurz ...« Ich höre gedämpfte Hintergrundgeräusche, dann meldet er sich wieder, aus einem ruhigeren Raum. Die Euphorie in seiner Stimme bringt mein Telefon beinahe zum Glühen. »So, jetzt kann ich reden. Hey – du glaubst nicht, wen ich kennengelernt hab! So was Süßes hast du noch nie gesehen!«

Du meine Güte. Was ist es diesmal? Ein kongolesischer Stammesfürst? Die Bundesfamilienministerin? Ein australischer Haarnasenwombat? Man muss mit allem rechnen.

»Ich bin jetzt hier bei ihr im Hotel, und morgen früh fliegen wir nach London«, erklärt Cosmo.

Ich atme tief durch. Zumindest scheint es etwas Weibliches zu sein. Queen Elizabeth?

»Sie ist so ... ach, das kann man überhaupt nicht beschreiben! Johannes! Ich bin total high!«

Hoffentlich meint er das mehr im emotionalen Sinne. »Ja, könntest du denn mal ein bisschen konkreter werden?«, frage ich vorsichtig.

»Äh, ja, klar. Tabitha heißt sie. Sie hatte einen Gig im Magnet Club, und morgen Abend tritt sie im Slimelight auf!« Seine Stimme kippt fast vornüber vor Begeisterung.

»Ähm, Cosmo, willst du denn wirklich nach London fliegen? Ich meine ... wie kommst du denn wieder zurück? Hast du denn Geld dabei? Und Klamotten?« Ich weiß, ich höre mich an wie Mutti, aber das sind doch berechtigte Fragen, oder?

»Ach, Tabitha kann mir doch was leihen«, sagt Cosmo mit großzügiger Sorglosigkeit. »Hey, freust du dich nicht mit mir? Ich hab noch nie so 'ne coole Frau kennengelernt, echt. Die würde dir auch gefallen. Und Nuria auch. Hör mal, ich muss jetzt aufhören, okay? Ich meld mich wieder.«

Klick, das war's. Ich glotze blöde auf mein Handy und denke darüber nach, eine Liste aller Fragen zu schreiben, die unbeantwortet geblieben sind, aber es ist schon nach vier, und ich bin jetzt einfach zu müde dafür.

sa, 28.02.

An diesem Abend finde ich endlich den Mut, es ihr zu erzählen

Nuria sieht mich besorgt an. »Hör mal, das nimmt dich ja total mit«, sagt sie. »Du siehst richtig krank aus. Oder kriegst du eine Grippe?«

Ich schüttele ungeduldig den Kopf. »Wozu brauch ich 'ne Grippe? Ich hab doch Cosmo. Klar nimmt mich das mit! Er sitzt jetzt wahrscheinlich in einem Flugzeug nach London, und zwar ohne einen Cent und nur mit den Klamotten, in denen er das Haus verlassen hat, und möglicherweise taucht er nie wieder hier auf!«

»Jetzt übertreib doch nicht so«, sagt Nuria, aber es klingt nicht überzeugend. Ich sehe sie schweigend an, bis sie die Augen senkt.

Dann springe ich wieder von meinem Stuhl hoch und fange zum fünften Mal an, in ihrer Küche auf und ab zu laufen.

»Ich hab keine Ahnung, mit wem er zusammen ist, was er macht, wohin er geht – nichts. Und du weißt selbst, dass man auf Cosmo aufpassen muss wie auf einen Dreijährigen. Das kann nicht gut gehen. Das kann nur in einer Katastrophe enden.«

Nuria reibt sich den Nacken. »Ja, und nun? Willst du nach London fahren und ihn da suchen?«

Ich bleibe stehen und sehe sie nachdenklich an.

Vielleicht ist die Idee gar nicht so übel. Cosmo hat doch einen Namen genannt. Spontan flitze ich rüber in Nurias Wohnzimmer und setze mich an ihr MacBook. Ich gebe *Slimelight* bei Google ein und werde auf Anhieb fündig, sogar die Adresse des Clubs wird angezeigt. Nuria ist mir gefolgt und sieht mir über die Schulter.

»Johannes, du bist verrückt«, sagt sie energisch. »Komm bloß nicht auf die Idee, da hinzufahren. Du bist echt verrückt. Das kommt nicht infrage. Er ist volljährig! Du bist nicht sein Papi!«

Zum ersten Mal, seit ich Nuria kenne, empfinde ich so etwas wie Ärger ihr gegenüber. Ohne ihr eine Antwort zu geben, lasse ich mir das heutige Programm des Slimelight anzeigen. »Razor Cuts« hab ich noch nie gehört, aber zweifellos ist das Tabithas Band. Ich schaue mir ihre Seite auf Facebook an und finde sogar ein paar Fotos. Tabitha ist die Frontfrau, und ja – sie ist verdammt cool. Ich kann Cosmo verstehen. Jedenfalls ein bisschen. Irgendwie hab ich jetzt noch mehr Lust, nach London zu fahren.

»Also, mich musst du da rauslassen«, sagt Nuria gnadenlos. »Wenn du wirklich irrsinnig genug bist, um dein Baby aus London zurückzuholen, dann mach das allein.«

So hat sie noch nie mit mir geredet. Ich denke, ich kann sie nicht länger ignorieren, und außerdem muss ich diese miese Stimmung zwischen uns bereinigen. Ich stehe auf und nehme Nuria in die Arme. »Mecker-mecker, du kleine Ziege. Jetzt krieg dich mal wieder ein. Für dich würd ich das auch tun.«

Sie ist noch ein bisschen steif, aber ich spüre, wie ihr Zorn davontreibt.

»Soll ich dir was sagen?«, fahre ich fort. »Ich würde wirklich gern nach London fahren. Ich mach mir beschissene Sorgen. Aber ich hab überhaupt kein Geld, und außerdem hast du recht – Cosmo ist volljährig.«

Nuria legt den Kopf zurück, um mir ins Gesicht zu sehen, und lächelt. »Gut«, sagt sie. »Dann lenk ich dich jetzt mal ein bisschen ab.«

Mit diesem Vorschlag bin ich mehr als einverstanden. Dumm nur, dass ausgerechnet in einem wirklich sehr entscheidenden Moment mein Handy klingelt – und noch dümmer, dass ich rangehe. Noch während ich die Annehmen-Taste drücke, wird mir klar, was für einen Mist ich da baue, aber jetzt ist es zu spät.

»Wir fliegen gleich los«, sagt Cosmo, »wir haben schon eingecheckt. Uaaah, mein erster Flug! Ich glaub, ich mach mir gleich in die Hose! Ich wünschte, du wärst hier!«

»Ich hab mir die Band auf Facebook angesehen«, erzähle ich. »Tabitha sieht ja wirklich ultrageil aus.«

Cosmos Strahlen versengt mir fast das Ohr. »Sie ist ein absoluter Knaller«, bestätigt er. »Ich bin total weg.«

Mhm, so kann man es nennen. »Was ist eigentlich mit den Zwillingen?«, frage ich.

»Weiß ich nicht. Hab sie aus den Augen verloren«, sagt Cosmo desinteressiert. Mir stockt kurz der Atem, aber sofort meldet sich diese Stimme in mir, die immer sagt: *Er ist krank, er ist krank.*

»Cosmo, wann kommst du denn zurück?«, will ich wissen. »Du hast doch am Montag wieder Schule.«

Es entsteht eine kurze Pause, während der ich eine fremde Stimme im Hintergrund höre, dann sagt er: »Hey, unser Flug wird aufgerufen. Ich muss los. Wenn ich da bin, ruf ich dich wieder an, ja? Ich hab dich lieb.« Er wartet nicht auf eine Antwort, ehe er auflegt.

Stattdessen macht die abrupte Stille in meinem Handy mir klar, dass ich mich jetzt zu Nuria umdrehen muss, und ich gestehe, diese

Aussicht jagt mir Angst ein. Ich zögere es hinaus, indem ich unnötige Tasten drücke. Dann bringe ich das Unausweichliche hinter mich.

Nurias Augen flackern vor Wut.

»Entschuldige«, sage ich. »Ich hätte nicht rangehen sollen, stimmt's? Das war nicht nett von mir. Tut mir leid.«

Sie starrt mich nur an, als überlege sie, ob ich überhaupt eine Antwort wert sei. Ich bin kurz davor, irgendwas zu plappern, um diese scheußliche zornerfüllte Stille zu überbrücken, aber in letzter Sekunde kann ich mich bremsen. Also bleibe ich einfach nur sitzen, senke den Blick und warte auf den verbalen Todesstoß.

»Tabitha sieht ja wirklich ultrageil aus«, imitiert Nuria mich schließlich mit einer affigen Micky-Maus-Stimme.

Es dauert den ganzen Samstag, sie wieder einigermaßen zu besänftigen.

Cosmo ruft nicht mehr an. Ich schicke ihm sechs oder sieben SMS, die alle mehr oder weniger explizit die Frage enthalten, wann er wiederkommt. Zwei bekomme ich zurück. In der einen steht: *Flug war ok. Mein Englisch wird immer besser, kann schon alle wichtigen Körperteile und die gängigsten Drogen.* Die andere kommt sehr spät abends und lautet: *Supergeile Show! Wish you were here!*

Da ich Nuria jetzt wieder einigermaßen in die Spur gebracht habe, frage ich sie, ob ich bei ihr übernachten kann. Nicht um etwas bei ihr gutzumachen, sondern weil ich nur wenig Gefallen an dem Gedanken finde, allein in unserer Wohnung zu sein. Ohne Cosmo kommt sie mir kalt, schäbig und bedrohlich vor. Es ist nicht schlimm, dass Nuria meine Frage als zusätzliches Friedensangebot interpretiert. Hauptsache, sie ist einverstanden.

An diesem Abend finde ich endlich den Mut, es ihr zu erzählen. Die Sache mit meinem Vater und warum ich es nur so schwer ertragen kann, berührt zu werden. Es gibt nicht viele Menschen, die das wissen. Cosmo, mein Therapeut, Paule und Noah natürlich. Mit Nuria darüber zu reden ist entsetzlich, aber ich sehe ein, dass ich es nicht mehr aufschieben kann, und das hier ist eine gute Gelegenheit.

Sie hört zu und fragt nach. Ein bisschen viel vielleicht, aber das ist ihr Recht, und ich bemühe mich aufrichtig, ihre Fragen zu beantworten, auch wenn ich manchmal ins Stocken gerate und lange an der Formulierung herumtaste.

»Hattest du Angst, mit mir darüber zu sprechen?«, will sie wissen.

»Ja. Natürlich.«

»Wieso?«

»Na ja, weil … Ist das nicht offensichtlich? Weil … weil du vielleicht, keine Ahnung, jetzt nichts mehr mit mir zu tun haben willst?«

Nuria streichelt meine Haare. »Glaubst du das wirklich? Schätzt du mich so ein?«

Eigentlich kommt mir meine Befürchtung jetzt auch ein bisschen albern vor.

so, 01.03.

Ich will mal so sagen: Der Fantasie sind keine Grenzen gesetzt

Am Sonntag kommt überhaupt kein Lebenszeichen mehr von Cosmo. Keine einzige meiner neun SMS wird beantwortet. Ich gebe zu, ich stehe ziemlich neben mir. Was ist, wenn da irgendwas passiert ist? Er könnte wieder mit irgendwelchen Drogen experimentiert haben, die ihm nicht bekommen. Er könnte einen Selbstmordversuch unternommen haben, aus einem der fünfhundert Gründe, die ihm dafür geeignet scheinen. Er könnte von einem roten Doppeldeckerbus überrollt worden sein, weil er mit der für ihn typischen Sorglosigkeit irgendeine mehrspurige Schnellstraße überquert hat.

Er könnte sich so betrunken haben, dass er aus dem Fenster gefallen ist. Ich will mal so sagen: Der Fantasie sind keine Grenzen gesetzt.

Auf Nurias Geduld trifft das leider nicht zu. Wir haben den ersten großen schrecklichen Streit unserer Beziehung. Es endet damit, dass sie mich am frühen Abend rausschmeißt. Wahrscheinlich bin ich ein ziemlicher Loser, dass ich es so weit kommen lasse, anstatt vorher zu gehen und mein Gesicht zu wahren.

Ich schleiche wie ein geprügelter Hund nach Hause, und die Wohnung ist sogar noch kälter, schäbiger und bedrohlicher, als ich befürchtet hatte. Zuerst mache ich überall die Heizung an, dann setze ich mich mit einer Flasche Bier vor den Fernseher und leide. Dann rufe ich Nuria an und entschuldige mich vierundsechzigmal, und sie verzeiht mir, aber trotzdem bin ich jetzt hier allein, fuck.

Kaum ist mein Gespräch mit Nuria beendet, klingelt das Handy schon wieder.

»Ach, Johannes! Ein Glück, dass du endlich rangehst! Weißt du, wo Cosmo ist?«, fragt Linus völlig aufgelöst. »Er ist beim Razor-Cuts-Konzert plötzlich verschwunden!«

Bleibt mir denn nichts erspart? Muss ich jetzt auch noch die Leichen reanimieren, mit denen Cosmo seinen Weg pflastert? Da mir nicht sofort eine Antwort einfällt, muss ich mir noch anhören, dass sowohl Linus als auch Luisa seit Freitagabend im Zehn-Minuten-Takt auf Cosmos Handy anrufen oder SMS schicken, aber ohne Erfolg. Inzwischen bekommen sie nur noch diese »Der gewünschte Teilnehmer ist vorübergehend nicht erreichbar«-Meldung, genau wie ich.

In dieser Nacht habe ich viel Zeit zum Nachdenken, und bis ich endlich einschlafe, habe ich eine Mordswut auf Cosmo aufgebaut. Nicht nur, dass er Knall auf Fall abhaut, ohne über die Konsequenzen nachzudenken. Er lässt auch noch mit erschreckender Kälte diese armen verliebten Klone gegen die Wand laufen, und beinahe hätte Nuria mich seinetwegen abserviert. Zudem ist jetzt Monatsanfang, jede Menge Rechnungen werden fällig, und ich habe keinen Zugriff auf sein Konto.

Meine Aufgabe ist es, die Scherben aufzusammeln und zusammenzukleben, am besten so, dass er die Nahtstellen nicht mehr sieht, wenn er wiederkommt. *Falls* er wiederkommt. Ich soll den Zwillingen Auskunft erteilen und ihre seelischen Wunden verbinden, ich soll hier alles am Laufen halten, ihn in der Schule entschuldigen, seine E-Mails beantworten, die geliehenen DVDs zurückbringen, seine Klamotten waschen und wahrscheinlich noch sein Bett vorwärmen – für den Fall, dass er irgendwann spontan entscheidet, mal wieder darin zu schlafen (mit wem auch immer). Und wenn irgendetwas davon nicht zu seiner Zufriedenheit läuft, fragt er bestimmt erstaunt: Wieso hast du versagt, Johannes? Du machst doch immer alles perfekt!

sa, 07.03.

Gerade passiert irgendwas Schlimmes mit Cosmo

Eine Woche lang habe ich nichts von Cosmo gehört. Ich bin ein nervöser, überreizter Zombie, ich schlafe kaum noch, trinke zu viel Alkohol und kann mich nicht zu einer geregelten Nahrungsaufnahme überwinden. Und dann hab ich auch noch Semesterferien, was bedeutet, dass ich meinen Alltag eigentlich neu sortieren müsste – wozu ich aber nicht in der Lage bin. Ich fahre täglich zu Jens, allerdings nur für rund drei Stunden, denn mehr kann er nicht bezahlen. Den Rest des Tages muss ich irgendwie hinter mich bringen, was meist nicht gut ausgeht.

Ich bewundere Nuria. An ihrer Stelle wäre ich längst über alle Berge. Aber sie hält zu mir, obwohl ich mich benehme wie das Arschloch des Jahrhunderts. Klar, ab und zu tickt sie aus und schreit mich an oder lässt mich irgendwo stehen, aber das scheint mir noch viel zu milde. Ich versinke in einem widerlichen Sumpf von Schuldgefühlen, erstickender Dankbarkeit, Verlustangst und blindem, panischem Klammern. Die eine Hälfte meines Bewusstseins würde ihr am liebsten raten: *Hau endlich ab, such dir was Anständiges*, und die andere stürzt beim bloßen Gedanken daran in bodenlose Tiefe.

Nuria steht mit einem selbst gebackenen Kuchen und einer Flasche Sekt vor meiner Tür. Außerdem hat sie noch zwei Tickets für das In-Extremo-Konzert heute Abend mitgebracht. Ich schäme mich, weil ich es nicht verdient habe. Als Erstes mache ich den Sekt auf, und wir frühstücken den Kuchen dazu. Anschließend ist mir schlecht.

Ich will das Nuria gerade mitteilen, als noch ein anderes Gefühl hinzukommt – eins, das viel entsetzlicher ist als die leichte Übelkeit durch Alkohol am Morgen und eine unvernünftige Ernährung. Es ist ein Gefühl, als müsse ich irgendetwas auffangen oder festhalten, und ich weiß nicht was. Ich sitze mit weit aufgerissenen Augen am Tisch und lausche diesem Gefühl, unfähig, mich mitzuteilen. Es ist Cosmo. Gerade passiert irgendwas Schlimmes mit Cosmo.

Nuria redet so lange auf mich ein, bis ich aus meiner Lähmung herausfinde. Ich versuche, ihr zu erklären, was mit mir los ist, und sie scheint das nicht besonders abgedreht zu finden. Stattdessen versucht sie, mich zu beruhigen.

»Vielleicht meldet er sich ja dann gleich bei dir«, ermutigt sie mich, »oder er kommt zurück.«

Ich sehe sie nur zweifelnd an. Nach einer Woche? Warum sollte er jetzt plötzlich zurückkommen? In den letzten Tagen habe ich mich immer weiter von der Hoffnung verabschiedet, dass ich je wieder etwas von ihm höre oder sehe. Aber ich will ihr nicht widersprechen.

Das ungute Gefühl lässt mich den ganzen Tag nicht mehr los. Es ist unterschiedlich stark, verschwindet aber nie komplett. Ich reiße mich so sehr zusammen, dass es wehtut. Ironischerweise ist es ein wunderschöner Frühlingstag, sonnig und warm. Nuria lädt mich in ihr Auto und fährt mit mir nach Nikolskoe, von wo wir zur

Pfaueninsel übersetzen. Das ist alles total romantisch und schön, ich wünschte wirklich, ich könnte es genießen.

Eigens für das In-Extremo-Konzert reist am frühen Abend Alexandra an, Nurias beste Freundin aus Düsseldorf. Wir holen sie am Hauptbahnhof ab. Auch ohne sie zu kennen, hätte ich gleich gewusst, dass sie es ist: schwarze Klamotten, schwarze Haare, schrilles Make-up, gepiercte Nase. Wir sind uns auf Anhieb unsympathisch. Was immer Nuria an ihr findet: Es bleibt mir verborgen. Aber ich bin froh, dass ich mich jetzt ein bisschen in mich selbst zurückziehen und meinem düsteren Gefühl nachspüren kann.

so, 08.03.

Aber dafür hat er jetzt ein gebrochenes Herz

Da Alexandra bei Nuria übernachtet, setzt sie mich nach dem Konzert vor meiner Haustür ab. Ich weiß nicht, ob ich lieber allein oder bei meiner Freundin sein möchte – ich weiß überhaupt nicht, was ich möchte. Außerdem bin ich ziemlich bekifft. Als Alexandras einziger Vorzug hat sich erwiesen, dass sie eine Unmenge Gras dabeihatte, und natürlich hab ich mich nicht zurückgehalten, weil alles in mir ständig nach Betäubung schreit. Obendrüber hab ich noch ein paar Flaschen Bier verteilt. Kurz: Ich bin eine menschliche Erscheinungsform ohne nennenswertes Bewusstsein, und genau das war mein Ziel.

Aber als ich die Tür zu meiner Wohnung aufschließe, springt irgendein Motor in mir an. Ich weiß, noch bevor ich den Fuß über die Schwelle gesetzt habe, mit absoluter Sicherheit, dass Cosmo wieder da ist. Und ich weiß auch, dass er in der Küche ist, noch ehe ich das Licht unter dem Türspalt sehe. Ich stürme da rein wie ein Sondereinsatzkommando.

Cosmo sitzt am Tisch, Zigaretten, Feuerzeug und Aschenbecher in Reichweite, und hat sich ein Bier aus dem Kühlschrank geholt. Er sieht sehr, sehr krank und fertig aus. Seine Augenlider sind entzündlich rot, als hätte er geweint oder seit Tagen nicht mehr geschlafen, und darunter liegen dunkle Schatten. Wenn das überhaupt medizinisch und anatomisch möglich ist, hat er noch mehr abgenommen. Als er realisiert, dass ich es bin, der da beinahe die Tür aus den Angeln gesprengt hat, steht er auf und kommt auf mich zu.

Ich hole kurz aus und verpasse ihm einen solchen Schlag gegen die Schläfe, dass er durch die gesamte Küche schlittert und mit einem trockenen Krachen gegen den Kühlschrank prallt. Noch ehe er wieder aufrecht steht, lege ich noch mal ungebremst nach, und er geht zu Boden. Dort bleibt er zusammengekrümmt liegen, schützt den Kopf mit beiden Armen und wartet darauf, dass ich ihn trete. Was ich tatsächlich ein paar Sekunden lang erwäge, aber das würde mich nicht so richtig befriedigen. Deshalb gehe ich zu ihm runter, setze mich auf ihn, reiße seine Arme zur Seite und schlage ihm mehrfach gezielt ins Gesicht. Ich höre erst auf, als sein Blut auf den Boden tropft. Cosmo hat nicht den geringsten Widerstand geleistet und so gut wie keinen Laut von sich gegeben.

Jetzt sieht er aus wie das Promofoto irgendeines Stars der schwarzen Szene: so richtig krank, kaputt, mit wirrem Haar und diesen äußerst dekorativen Blutströmen in seinem Gesicht. Ein guter Fotograf hätte Stunden darauf verwendet, sein Modell so herrichten zu lassen. Ich hab das mit ein paar Faustschlägen geschafft. (Wie gesagt: Ich bin bekifft. Ich glaube, normalerweise bin ich nicht so.)

»Hallo, Johannes, schön, dich zu sehen«, ächzt Cosmo und versucht sogar zu lächeln, wenn auch mit bescheidenem Erfolg.

Mir ist, als würde ich in der U-Bahn aufwachen und feststellen, dass ich laut geschnarcht habe, mit anderen Worten: Ich habe ein ausgeprägtes Gefühl von Peinlichkeit. Hastig klettere ich von Cosmos spitzem Knochengerüst herunter und hoffe inständig, dass ich durch mein Gewicht nicht alles Mögliche daran zerbrochen habe. Ich stehe schwankend auf und halte ihm dann die Hand hin, um ihn ebenfalls auf die Beine zu ziehen.

Er nutzt die Gelegenheit, mir um den Hals zu fallen, sich mit der gewohnten penetranten Wucht an mich zu klammern und mich flächendeckend mit seinem Blut einzusauen. In meinem Inneren zerplatzen lauter harte Knoten zu Flüssigkeit. Ich drücke meinen blutenden Seelenbruder so fest an mich, dass erneut die Gefahr von Knochenbrüchen droht.

Cosmos heftige Affäre mit Tabitha ist beendet – weil Tabitha ihm heute Morgen mitgeteilt hat, dass sie seit drei Jahren mit ihrem Drummer zusammen ist und daran auch nichts ändern will. Ich frage Cosmo, um wie viel Uhr das war, und er guckt mich an, als hätte ich den Verstand verloren, aber dann sagt er: »So gegen halb zehn«, und ich nicke bloß.

Zurück ist er mit dem Zug gefahren, weil er keine Ahnung hatte, wie man einen Flug bucht und so weiter. Er war den ganzen Tag unterwegs, und auf der Fähre ist er seekrank geworden. Außerdem hat Tabitha ihm das Herz gebrochen, sagt er.

Ich frage mich insgeheim, warum er nicht über die Reling gesprungen ist – wirklich insgeheim, ich meine, ich spreche diesen etwas lieblosen Gedanken nicht aus –, woraufhin Cosmo sagt: »Ich wollte doch zu dir zurück. So schnell wie möglich.« Mein Zorn ist vollkommen weg. Cosmo fragt mit keinem Wort, warum ich ihn zur Begrüßung zusammengeschlagen habe.

Seine Woche mit der Band war ein gelebtes Roadmovie; er muss sich gefühlt haben wie im Psychopathenhimmel – ich meine, Razor Cuts, das sagt doch schon alles. Voller Ehrfurcht höre ich mir seine Storys über Drogen-, Sex- und andere Exzesse an. Na ja, vielleicht ist auch ein bisschen Neid dabei. Aber dafür hat er jetzt ein gebrochenes Herz. Manchmal hält er mitten im Satz inne und starrt ins Leere, und ich staune, wie viel Schmerz seine Augen spiegeln. Normalerweise bemüht er sich schon bei einem viel geringeren Leidensniveau, seinem Leben ein Ende zu setzen, oder sorgt zumindest dafür, dass es so aussieht.

»Hat Tabitha dir denn das Geld für die Rückreise gegeben?«, frage ich. Eine typische Johannes-Frage, wie ich zugeben muss, und genau das sagt mir auch Cosmos Blick.

»Natürlich nicht«, spuckt er.

Da er nicht weiterredet, kann ich nicht widerstehen zu fragen: »Aber wovon hast du denn die Fahrkarte bezahlt?«

»Das Geld hab ich mir besorgt, aber was soll das jetzt? Willst du mich noch mal verprügeln?«

Daraufhin frage ich nicht mehr, und wir gucken beide eine Weile in entgegengesetzte Richtungen.

»Linus hat nach dir gefragt«, sage ich dann, denn ein bisschen quälen möchte ich ihn schon noch. »Er war total am Ende. Ich würde mal sagen, er hat geheult, aber ganz sicher bin ich mir nicht.« Mit perverser Befriedigung sehe ich zu, wie Cosmo sich auf seinem Stuhl windet. Weil ich gerade so in Fahrt bin und Cosmo offensichtlich ziemlich wehrlos ist, frage ich: »Wieso hast du dich die ganze Zeit nicht gemeldet?«

»Mein Akku war leer.«

»Oh, na, das erklärt ja alles. Festnetz, E-Mail, hat man ja alles noch nie gehört.«

Cosmo sieht mich ängstlich an. »Ähm, ich … tut mir leid. Wirklich.«

Na, geht doch.

Plötzlich sind wir beide hundemüde, während draußen ein prachtvoller Sonnenaufgang die Amseln zum Schluchzen bringt.

»Ich schlaf heut Nacht bei dir«, sagt Cosmo, so wie ein Kind sagt: »Ich spring gleich vom Zehnmeterturm«, oder: »Ich ess jetzt den Kuchen auf, den wir Oma zum Geburtstag gebacken haben.«

»Meinetwegen«, sage ich zu unser beider Verblüffung. Also, eins ist klar: Alexandras Dope rühre ich nie wieder an. »Aber geh dich erst duschen. Und wasch dir das Blut ab.«

Cosmo verschwindet in einer Staubwolke wie eine Comicfigur und liegt bereits seifenduftend in meinem Bett, noch ehe ich bis zur Küchentür gekommen bin – vor lauter Angst, ich könnte es mir anders überlegen. Ich schicke eine SMS an Nuria, dann krieche ich zu meinem heimgekehrten Seelenbruder unter die Decke, und wider Erwarten muss ich keinerlei Unbehagen bekämpfen – so glücklich bin ich, dass er wieder da ist. Erstmals seit einer Woche schlafe ich wie ein Prinz, obwohl mich seine langen Haare an der Nase kitzeln.

»Ach du meine Güte«, ruft Nuria erschrocken, als sie Cosmo sieht, »haben sie dich aus England rausgeprügelt oder was?«

Wir tauschen einen Blick, und ich signalisiere Cosmo, dass er es ihr ruhig sagen kann, aber offensichtlich will er mich schonen. »Na ja, du weißt ja, wie das ist, backstage nach den Gigs ...«, sagt Cosmo, ganz der professionelle Rockmusiker. (Und ohne zu lügen.)

»Nö, weiß ich nicht«, erwidert Nuria nüchtern, »wird man da geschlagen?«

Ich will nicht, dass Cosmo in eine peinliche Lage gerät, wenn er ausnahmsweise mal versucht, taktvoll zu sein. »Das, ähm, das war mein Willkommensgeschenk«, erkläre ich. So, jetzt bin *ich* in einer peinlichen Lage, supi. Nuria sieht mich ungläubig an.

»Quatsch«, sagt sie. »So was würdest du doch niemals machen.«

Als weder Cosmo noch ich irgendwas erwidern, betrachtet sie mit einer Mischung aus Widerwillen und Faszination die Blutergüsse und Verletzungen in seinem Gesicht.

»Das war bloß, weil ich so tierisch wütend auf ihn war, weil er sich nicht gemeldet hatte ... und dann das Gras von Alexandra ... Also, nicht dass du denkst, ich würde zu Gewalttätigkeit neigen, das tu ich nämlich absolut nicht. Ich meine, ich verabscheue Gewalt. Ja. Irgendwie.«

Ich verstumme, weil beide mich mitleidig ansehen, werde rot und wende mich ab. Es entsteht eine peinliche Stille, dann sagt Cosmo betont heiter: »Na, jetzt weiß ich ja Bescheid – beim nächsten Mal rufe ich alle zwei Stunden an.«

Ich fasse ihn scharf ins Auge und sage: »Es gibt kein nächstes Mal«, und zwar in einem Ton, der nur so vibriert vor Gewalt.

mo, 09.03.

Ich schenke ihm ein teuflisches Grinsen

Es ist nicht so, dass Cosmo bereits über Tabitha hinweg wäre. Er erwähnt sie noch ziemlich oft und mit herzzerreißender Wehmut. Aber er reißt sich zu meiner totalen Verblüffung zusammen und versucht, sein Leben selbstständig auf die Reihe zu kriegen. Am Montagmorgen geht er zum Arzt, um ihm irgendwie eine rückwirkende Krankmeldung abzuquatschen, weil er sonst von der Schule fliegt.

Ich hätte nie gedacht, dass ein Arzt so was macht, aber er kriegt sie tatsächlich (wie alles, was er will). Allerdings ist das derselbe Arzt, der Cosmo mit Valium versorgt und ihm noch nie eine Therapie vorgeschlagen hat – was soll man da erwarten.

Ich sitze am Laptop und mache erste Recherchen für die Seminararbeit über digressive Erzählstrukturen, die ich während dieser Semesterferien schreiben muss. Cosmo platziert seinen mageren Nicht-Hintern auf meinem Schreibtisch.

»Hier, ich hab dir was aus London mitgebracht. Da gab's Sachen, Alter, unglaublich!«

Vorsichtig löse ich das Geschenkpapier und öffne die Schachtel. Darin liegt ein Paar Handschellen – mit einem schrill pinkfarbenen Plüschüberzug, dessen Farbe in den Augen brennt. Cosmo lacht, als er mein ungläubiges Gesicht sieht.

»Also, erstens stehst du doch anscheinend neuerdings auf die harte Tour«, bemerkt er nicht ohne Sarkasmus. »Und zweitens kannst du mich damit anketten, damit ich dir nicht mehr weglaufe.«

Ich nehme die Handschellen raus, lasse sie um Cosmos knochiges Gelenk klicken und befestige das andere Ende am Tischbein. Ich hab nicht mal nachgeschaut, ob ein Schlüssel dabei ist, aber das ist ja auch nicht mein Problem, oder?

»Du hast recht«, sage ich, »so geht's mir schon viel besser.« Zum Beispiel kann ich Cosmo so von Fleischmessern, Rasierklingen und sogar von Valium und Zigaretten fernhalten. Ich schenke ihm ein teuflisches Grinsen.

»Genial! Danke! Du ahnst nicht, wie viel Freude ich damit haben werde!« Dann gehe ich raus und lasse Cosmo an meinen Schreibtisch gefesselt zurück.

Er schreit mir verzweifelt hinterher: »Johannes! Wo gehst du denn hin? Mach mich los!«, aber ich gebe keine Antwort. In Wirklichkeit gehe ich nur kurz aufs Klo und werde ihn anschließend befreien, aber soll er ruhig ein bisschen schwitzen, das geschieht ihm recht.

mi, 11.03.

Cosmo und ich halten die Luft an vor Aufregung

Als Nuria heute Abend wie gewöhnlich mit köstlichem Essen zu uns kommt, hat sie so ein besonderes Lächeln auf dem Gesicht. Ich nehme an, dass sie uns etwas Erfreuliches mitzuteilen hat, aber sie lässt sich Zeit damit – genau gesagt bis Cosmo sich seine Verdauungszigarette anzündet und mit einem zufriedenen kleinen Laut den Kopf an ihre Schulter legt.

»Mein Vater hat mich heute Morgen angerufen«, sagt sie. Wir sehen sie beide mit gespannter Aufmerksamkeit an, und Cosmo setzt sich wieder aufrecht hin. »Er hat das erste Bild verkauft, und ein weiteres ist vorgemerkt«, verkündet sie.

Tja, der Mann ist ein Profi, und deshalb hat er nicht so knapp 100 Euro für ein Bild genommen wie ich, sondern 500. Als ich das höre, falle ich um ein Haar in Ohnmacht. 500!

»Scheint so, als hätten sich schon eine ganze Menge Leute nach deinen Bildern erkundigt«, berichtet Nuria weiter. »Mein Vater ist wirklich nicht sehr emotional oder so was, aber am Telefon klang er fast schon überschwänglich. Er sagt, für einen totalen Nobody – entschuldige, Cosmo, das hat *er* gesagt – ist das eine beachtliche Leistung. Und dann hat er noch was gesagt.«

Sie legt eine strategische Pause ein und trinkt einen Schluck Wein. Cosmo und ich halten die Luft an vor Aufregung.

»Und zwar, dass du in eine Ausstellung sollst.«

Jetzt wechseln wir fragende Blicke. Cosmo soll in eine Ausstellung? Wie jetzt?

»Was heißt das? Ich soll in die Alte Nationalgalerie gehen und mir angucken, wie man's richtig macht oder was?«, fragt Cosmo defensiv.

Nuria lacht. »Nee, das nicht. Du sollst deine Bilder ausstellen. Das heißt, du und noch zwei andere Künstler. Mein Vater hat eine Ausstellung organisiert mit drei Absolventen der Düsseldorfer Kunstakademie. Einer davon musste kurzfristig absagen, weil es in seinem Atelier gebrannt hat und der größte Teil seiner Bilder beschädigt ist. Dafür sollst du jetzt einspringen.«

Während ich vor Begeisterung kaum noch still sitzen kann, sagt Cosmo bloß: »Also, ich soll vom Unglück eines anderen profitieren?«

Nuria und ich sehen ihn mit derselben Verblüffung an.

»Na hör mal, das ist doch eine Riesenchance!«, sagt Nuria.

Und ich schiebe hinterher: »Du schadest ihm doch damit nicht!«

Cosmo denkt darüber nach und nimmt einen großen Schluck Wein. »Ich weiß nicht – wahrscheinlich blamier ich mich doch bloß. Ich kann ›Kunstakademie‹ noch nicht mal fehlerfrei schreiben!«

»Jetzt spiel hier nicht die Diva«, schimpfe ich. »Du willst ja bloß, dass wir dich stundenlang bauchpinseln!«

Cosmo lächelt, zieht sein Sweatshirt hoch und sagt: »Genau. Hol deinen Pinsel raus, Baby.«

Er macht einen Scherz daraus (einen Original-Cosmo-Scherz, nur echt mit dem Bockhuf), aber ich weiß, dass er die Bestätigung tatsächlich braucht: dass seine Bilder gut genug sind, dass die Leute sie sehen wollen, dass sie sie toll finden werden, dass sie eine Botschaft transportieren, dass er ein Riesentalent hat und so weiter. Da ich diesen Job schon seit vielen Jahren ausübe, fällt mir das nicht schwer, und Nuria nutzt ihre Erfahrungen als Galeristentochter und brilliert mit allerhand Fachvokabular und Insiderwissen, bis er am Ende das Gefühl haben muss, in einer Reihe mit Picasso, Kandinsky und Dalí zu stehen.

Er bleibt trotzdem zurückhaltend, und als Nuria ihm erklärt, dass er zur Vernissage nach Düsseldorf reisen und für die Besucher zur Verfügung stehen muss, zeigt er blanke Panik.

»Ich soll *was*? Nee. Nee, das mach ich nicht. Das kann ich nicht. Auf gar keinen Fall. Dann blasen wir die Sache eben ab.« Störrisch verschränkt er die Arme vor der Brust und vermeidet jeden Blickkontakt.

Nuria sieht mich ratsuchend an, aber ich nicke ihr beruhigend zu – keine Sorge, das krieg ich schon hin.

»Cosmo, wir sind doch dabei. Wir fahren natürlich mit. Wir stehen die ganze Zeit im Hintergrund rum, und wenn ein hysterischer Fan dir die Kleider vom Leib reißen will, greife ich sofort ein.«

»Klar, das sieht dir ähnlich – wenn's interessant wird, machst du den Spielverderber, aber vorher zwingst du mich, meine gesamten Eingeweide auf den Tisch zu legen!«

»Dann sag mir mal bitte, wofür du diese Bilder malst? Offensichtlich willst du doch damit irgendwas ausdrücken, oder?«, bohre ich nach.

»Na ja, schon. Ja.«

Ich warte ein paar Sekunden, bis er das verinnerlicht hat. Dann sage ich: »Okay, also gehört das Publikum zwingend dazu. Ich meine: Du drückst etwas aus, und jemand anderes soll es aufnehmen. So läuft das. Ohne Empfänger keine Botschaft.«

Er hebt die Augenbrauen und kriegt so einen nach innen gekehrten Gesichtsausdruck, als müsse er in sich reinhören. Dann seufzt er. »Scheißbesserwisser«, murmelt er.

Nuria räuspert sich. »Also, da ist noch was«, sagt sie mit einem vorsichtigen Schielen in Cosmos Richtung. »Das Ganze ist nämlich, na ja, sagen wir mal: eilig. Weil die Ausstellung am 27. März eröffnet werden soll. Die Einladungen werden noch diese Woche gedruckt, glaub ich.«

Cosmo schreit mit Panik in den Augen: »Das ist ja in zwei Wochen!«

Ich lege ihm beruhigend die Hand auf den Arm. »Bleib mal ganz elastisch. Du brauchst doch gar nichts zu machen, es wird alles für dich organisiert. Du musst bloß bis zur Eröffnung dreißig Kilo zunehmen, deine Narben weglasern lassen, die Piercinglöcher auffüllen, dir einen seriösen Haarschnitt zulegen, ein Kunststudium abschließen, einen Rhetorikkurs absolvieren und von den Drogen runterkommen.«

Nuria versucht, ihr Lachen zu unterdrücken, Cosmo dagegen war selten weiter von einem Lachen entfernt. Ein Außenstehender würde seinen Blick vermutlich als hasserfüllt bezeichnen.

»Du bist so ein extremes Arschloch«, schleudert er mir inbrünstig entgegen.

»Ach ja«, sage ich, »und dann brauchst du noch ein paar Kleidungsstücke, die dich auch tatsächlich *bedecken*.«

Er steht auf und verlässt türenknallend die Küche.

Gut, ich gebe zu: Das war nicht nett von mir. Aber ich weiß, was ich tue, und ich kenne Cosmo. Ohne meine Arschtritte hätte er sich zwei Wochen lang in seine Panik reingesteigert, und wir hätten ihn gefesselt und geknebelt nach Düsseldorf transportieren müssen. Stattdessen redet er jetzt ein paar Stunden nicht mehr mit mir, sondern verbarrikadiert sich in seinem Zimmer, hört Wednesday 13, dass die Fensterscheiben klirren, und fühlt sich unverstanden und schlecht behandelt. Aber spätestens morgen kommt er angekrochen, da bin ich sicher. Und dann kann man vernünftig mit ihm reden.

do, 12.03.

Und Cosmos Augen leuchten auch schon voller Vorfreude auf kuschelige Nächte mit mir

Ich bin vielleicht doch ein bisschen zu weit gegangen. Als ich Cosmo morgens aus der Dusche kommen sehe, hat er sich seine Narben nämlich nicht weglasern lassen, sondern im Gegenteil ein paar neue hinzugefügt. Er spurtet ganz schnell um die Ecke, als er mich sieht, aber ich hab's trotzdem gesehen, und ich kann eine frische Brandwunde von einer alten unterscheiden. Weil ich mir allzu intensiv vorstelle, wie es sich anfühlt, sich eine glühende Zigarette mehrfach in die Leistengegend zu drücken, vergeht mir der Appetit aufs Frühstück.

Damit sind wir schon zwei. Wir sitzen schweigsam am Küchentisch und führen stumme Dialoge mit den ungewollten Brötchen auf unseren Tellern. Schließlich bin ich es, der den ersten Schritt macht.

»Tut mir leid wegen gestern Abend«, sage ich. »Es sollte eigentlich nur ein Witz sein, aber … ist mir nicht so ganz gelungen, glaub ich.«

Cosmo kann die Augen nicht von seinem Brötchen lassen. Es ist nicht auszuschließen, dass er dessen Eignung für eine sexuelle Beziehung erwägt, aber ich fürchte, er ist einfach bloß deprimiert.

»Ich wollte dir nur ein bisschen Mut machen«, füge ich albernerweise hinzu, was Cosmo ein freudloses Schnauben entlockt. Danach sage ich lieber nichts mehr.

Nach ein paar Minuten höre ich Cosmos leise Stimme: »Du hast keine allzu hohe Meinung von mir, was?«

Überrascht und erschrocken sehe ich ihn an. »Wieso?«

Er hebt halbwegs die Schultern, als fehle es ihm an Energie, und sagt: »Na, du hast doch alles aufgezählt, was dir an mir nicht passt. Und das war eine ganze Menge.«

»Cosmo! Das war ein *Witz*!«, wiederhole ich. »Zwar ein total misslungener, aber – du kannst doch nicht glauben, dass ich das ernst gemeint habe! Ich bitte dich!«

Da er mich nur zweifelnd von schräg unten ansieht und keine Antwort gibt, muss ich mich wohl noch weiter aus dem Fenster lehnen. »Ich sag dir jetzt mal, was ich wirklich über dich denke. Also. Du bist extrem talentiert, du hast so viel Charme, dass es an Körperverletzung grenzt, du bist klug, du bist sehr gefühlvoll und du siehst gut aus. Na ja. Das bisschen, was von dir noch übrig ist. Ich meine, du könntest dein gutes Aussehen natürlich potenzieren, wenn du es einfach auf mehr Quadratzentimeter verteilen würdest.«

Cosmo grinst, wenn auch mit gesenktem Blick.

»Das war jetzt kein Witz, okay?«, erkläre ich schnell.

*

Als Cosmo am Nachmittag von der Schule zurückkommt, schleppt er einen Stapel dicker Bücher mit sich: lauter Standardwerke über Kunst, die er aus seiner Schulbibliothek entliehen hat. Damit zieht er sich in sein Zimmer zurück und versucht wahrscheinlich, so eine Art Highspeed-Studium zu absolvieren. Er ist also bereit, sich mit der bevorstehenden Aufgabe auseinanderzusetzen, und er ist von ganz allein auf diese Idee gekommen, statt wie gewöhnlich erst mal diverse Selbstverstümmelungen vorzunehmen und anschließend mich um Hilfe anzuflehen. Ich bin stolz auf ihn.

Nuria bringt einen kurzen Text mit, den sie für die Einladung zur Vernissage entworfen hat. Zwei, drei Sätze über Cosmo selbst, und dann noch etwas über seine Bilder. »Bedrohliche Schattenwelten«, »verborgenes Grauen«, »visualisierte Albträume«, »schlaflose Nächte, die von keinem Morgen beendet werden« und so weiter. Sie macht das wirklich toll, es klingt gleichzeitig fachmännisch und fantasievoll. Ich bin auch stolz auf sie.

Beim Essen spricht sie den Text mit Cosmo durch, lässt sich von ihm noch ein paar Basics geben und erstellt dann eine von ihm abgesegnete Endversion. Wir müssen dabei mehrfach ermutigend auf ihn einwirken, denn nach seiner Vorstellung sollte der Text ungefähr so lauten: »Cosmo Gentz, vierundzwanzig Jahre, gebürtiger Berliner, ist ein geisteskranker Hochstapler, der seine Machwerke unter dem Einfluss verschiedenster Drogen hastig dahinschmiert und sie dann möglichst schnell wieder vergisst – was Sie auch tun sollten.«

Ich kann mir vorstellen, dass eine solche Charakterisierung ihn zum Shootingstar der jungen Kunstszene hochkatapultieren würde, aber für den Augenblick (und für die einigermaßen seriöse Ausstellung, die Nurias Vater geplant hat) ziehe ich die etwas konventionellere Version meiner wortgewandten Freundin vor.

Anschließend zieht sie eine Mappe mit Fotos aus ihrer Tasche, das sind die Bilder, die ihr Vater für die Ausstellung vorgesehen hat. Cosmo soll diese Auswahl bestätigen oder Änderungen vorschlagen. Erwartungsgemäß wirft er nur ein paar scheue Blicke darauf und sagt: »Ist okay so.«

Nuria packt die Fotos wieder ein und erzählt: »Mein Vater meinte, es wäre leichter, wenn du deinen Bildern Namen gibst. Dann hätte er einfach eine Liste der Titel gemailt.«

Cosmo legt den Kopf schräg. »Namen? Na gut. Nuria, Johannes, Tabitha, Luisa, Linus ...«

Ich versetze ihm einen Rippenstoß. »Nenn deine hastig hingeschmierten Machwerke gefälligst nicht nach meiner Freundin, Alter!«

Mir liegt daran, die Gespräche über Cosmos Bilder immer wieder aufzulockern, denn es ist offensichtlich, dass sie ihn belasten.

Sobald wir das Thema anschneiden, sieht er aus wie ein verschrecktes Kind. Ich weiß nicht genau, was er befürchtet, aber es muss etwas mit unerfüllbaren Anforderungen zu tun haben. Sein Selbstbewusstsein in diesem Bereich ist völlig unterentwickelt. Ich würde es gern ein bisschen aufpumpen, ehe die Ausstellung eröffnet wird, damit er das Ganze genießen und als das sehen kann, was es ist: ein grandioses Abenteuer, eine unbezahlbare Chance, ein Experiment ohne großes Risiko.

Wir planen den Ablauf. Nuria fährt uns nach Düsseldorf, und sie wird dafür sorgen, dass wir bei ihren Eltern übernachten können – in ihrem früheren Kinderzimmer. Sie selbst wird bei Alexandra schlafen. Einerseits finde ich den Gedanken, in ihrem Jungmädchenbett zu liegen, total geil, aber warum ich es mit Cosmo und nicht mit ihr teilen darf, kann ich nicht nachvollziehen.

»Ich seh Alexandra so selten«, erklärt sie vorwurfsvoll, »das wirst du mir doch gönnen, oder?«

Und Cosmos Augen leuchten auch schon voller Vorfreude auf kuschelige Nächte mit mir.

»Du nimmst dir eine Luftmatratze mit und schläfst am anderen Ende des Zimmers«, fauche ich ihn an, aber er lacht nur und schiebt mir seine Knochenfinger unter den Pullover, so als Vorgeschmack.

mo, 16.03.

Es ist purer Sex

Cosmo wird mit jedem Tag ruhiger. Mit ruhig meine ich nicht gelassen, cool und in sich ruhend, sondern verschlossen, schweigsam und ängstlich – leider. Er hat sogar das Wochenende zu Hause verbracht, was für ihn ungewöhnlich ist. Die einzige Ablenkung, die er sich gönnt, sind die L-Twins. Er konsumiert sie wie eine zerstörerische, aber unverzichtbare Droge. Liebe spielt dabei keine Rolle, jedenfalls glaube ich das. Es ist purer Sex.

Wegen der gewaltigen Mengen, in denen er diese Droge bereits seit mindestens zehn Jahren zu sich nimmt, braucht er zunehmend stärkere Reize, deshalb muss es jetzt wohl die doppelte Dosis sein, mit dem besonderen Kick der optischen Austauschbarkeit und der zwei Geschlechter. Mann. Er stellt meine katholische Konservativität echt auf eine harte Probe. Ich frage mich die ganze Zeit, was als Nächstes kommt, aber da reicht meine Fantasie einfach nicht aus.

Ansonsten verbringt Cosmo viel Zeit in seinem Zimmer, hört The Crüxshadows oder Suicide Commando, liest seine Kunstbücher und – malt. Ja, er arbeitet sogar an zwei Bildern gleichzeitig. Die Situation scheint so eine Art Kreativitätsschub bei ihm auszulösen. Eins der Bilder zeigt einen weiblichen Engel, der sich über einen Leichnam beugt, und ich müsste mich sehr täuschen, wenn dieser Engel nicht Nurias Gesichtszüge trägt.

Cosmo ist total empfindlich, knallt noch häufiger die Türen als sonst, raucht fast zwei Päckchen Zigaretten täglich und macht mehrfach unsachgemäßen Gebrauch von seinen Rasierklingen. Und ich bin jetzt ganz sicher, dass er diese verfluchte Inschrift auf seinem Unterarm vorsätzlich am Abheilen hindert. Die Buchstaben sind immer noch genauso roh und blutig wie am ersten Tag – nach sechs Wochen! Keine Ahnung, was genau er dafür tut, aber es verursacht mir Brechreiz.

Am erträglichsten ist es abends, wenn Nuria bei uns ist. Im Schoß unserer kleinen, schrägen Familie scheint Cosmo sich ein bisschen zu entspannen. Manchmal habe ich das Gefühl, dass er Nuria als eine Art Mutterersatz betrachtet, allerdings – wie könnte es bei ihm anders sein – mit deutlich inzestuösen Tendenzen. Da er im Moment so labil ist, traue ich mich nicht, ihm allzu strenge Grenzen zu setzen, mit anderen Worten: Er knutscht, lutscht und saugt an meiner Freundin herum, dass es eine Pracht ist, und ich sehe zähneknirschend zu.

Nuria geht zwar gelassener damit um und macht ihm auch unmissverständlich klar, wenn es ihr zu viel wird, aber das ist für meinen Geschmack immer erst sehr spät. Ich weiß gar nicht – hab ich Cosmo irgendwann mal versprochen, alles mit ihm zu teilen? Möglich wär's. Dann nimmt er das jetzt wohl wörtlich.

Ich entwickle eine Gegenstrategie, indem ich Nuria so heftig wie möglich selbst in Beschlag nehme, damit Cosmo nicht rankommt. Aber der Schuss geht nach hinten los, weil er das lediglich als Aufforderung versteht, uns beim Schmusen zu helfen, und zwar von allen Seiten. Keine Kreatur der Tiefsee hat so viele lange, schlingfähige Arme wie Cosmo, wenn ihn das Kuschelbedürfnis packt, und man müsste sie schon abhacken, um ihn loszuwerden, aber dann wachsen vermutlich neue nach.

Wenn ich es mal schaffe, mit Nuria allein zu sein, frage ich sie, was sie davon hält. Offensichtlich habe ich da keine Unterstützung zu erwarten, denn sie sagt: »Nun stell dich doch nicht so an, das ist doch niedlich, oder nicht?« (Nein. Ist es nicht.) »Er macht sich eben Sorgen wegen der Ausstellung, deshalb ist er so anlehnungsbedürftig.« (Du meinst: aufdringlich und impertinent.) »Sei doch mal ein bisschen verständnisvoller.« (Toll! Leg dich doch gleich nackt in sein Bett!)

Also schneide ich das Thema nicht mehr an, aber ich leide unter Schlafstörungen und Albträumen, in denen sich die beiden laut stöhnend neben mir in meinem eigenen Bett wälzen. Bloß: Das interessiert kein Schwein.

Nuria versorgt Cosmo mit Informationen über Vernissagen, um ihm die Angst vor dem Unbekannten zu nehmen. Sie erstattet Bericht über jede einzelne Ausstellungseröffnung, an der teilgenommen zu haben sie sich erinnern kann, und beschreibt detailliert, was dort passierte und vor allem: was die Künstler dort getan haben. »Meistens stehen sie nur dekorativ im Raum herum und lassen sich feiern«, erklärt sie. »Ein paar Leute von der Presse kommen und stellen ihnen alberne Fragen, und natürlich sind immer auch ein paar neunmalkluge Besucher da, die irgendwas wissen wollen. Zum Beispiel ›Woher beziehen Sie Ihre Anregungen‹ oder so. Am besten gibst du ihnen einfach unverbindliche, nichtssagende Auskünfte.«

Cosmo starrt sie angstvoll an. »Das kann ich nicht«, behauptet er.

Ich fürchte, er hat recht. Höchstwahrscheinlich wird er jede noch so banale Frage mit ausführlichen Berichten über seine jüngste Selbstverstümmelung beantworten. Oder mit einem Exkurs über seine bevorzugten Sexpraktiken mit Zwillingen. Oder mit detaillierten Schilderungen von Gewaltexzessen unter Drogeneinfluss. Cosmo hat überhaupt keine Ahnung von konventionellen Hemmschwellen und gesellschaftlich geeigneten Gesprächsthemen. Entweder sagt er gar nichts, oder er zieht sich direkt splitternackt aus – im übertragenen Sinne. Möglicherweise auch im wörtlichen, es würde mich nicht überraschen.

Ich denke darüber nach, ob wir ihn als taubstumm deklarieren sollen und ich mich zu seinem Sprecher mache. Aber erstens hat diese Vorstellung für mich keinen übermäßigen Reiz, und zweitens wäre es unfair: Er soll schließlich seine Chance kriegen, bekannt zu werden. Und wenn die Leute seine Bilder lieben, müssen sie ihn eben so nehmen, wie er ist. Vielleicht versetzt er sie ja auch in Begeisterung, wer weiß? Unkonventionell ist er auf jeden Fall – und so was zieht doch immer, oder? Ich wünschte, ich könnte da ein bisschen mehr Zuversicht entwickeln. Aber um ehrlich zu sein: Ich fürchte mich schrecklich vor einer peinlichen Blamage.

»Doch, das kannst du«, sagt Nuria mit wesentlich größerem Optimismus, als ich ihn empfinde. »Du brauchst doch einfach nur was über deine Bilder zu sagen. Wie sie entstehen, woran du beim Malen denkst, was dich inspiriert und so weiter. Erzähl ihnen, welche Musik du hörst, wenn du arbeitest. Oder welches Buch du zuletzt gelesen hast und wie es dich beeinflusst hat, dieses oder jenes Bild anzufangen. Das ist doch kein Problem!«

mi, 18.03.

Mir steigt ein brenzliger Geruch in die Nase

Ich bemühe mich so sehr, dass ich jeden Morgen beim Blick in den Spiegel nach meinem Heiligenschein Ausschau halte. Ich tanze pausenlos um Cosmo herum, lese ihm jeden Wunsch von den Augen ab, erdulde seine Launen und Beschimpfungen ohne die geringste Klage, berate ihn, wie er sich verhalten könnte, wenn wann was passiert, diskutiere mit ihm verschiedene zeitgenössische Kunstrichtungen und winde mich nicht ein einziges Mal aus seinen daumenschraubenartigen Umklammerungen heraus – ja, ich nehme ihn sogar mehrmals unaufgefordert und freiwillig in die Arme, auch wenn ich mir anschließend regelmäßig verstohlen den Schweiß von der Stirn wische.

Cosmo zickt herum wie eine Primadonna. Ich falle abends halb ohnmächtig vor Erschöpfung ins Bett und zähle die Stunden, bis wir diese verfluchte Vernissage hinter uns haben.

Heute Abend ist Nuria mit ihrer Freundin Mona zu uns gekommen, die ich bereits im K17 kennengelernt hatte. Sie ist mir um einiges sympathischer als Alexandra, obwohl sie kein Gras dabeihat. Luisa und Linus sind ebenfalls bei uns, deshalb wird die von Nuria mitgebrachte Gemüsepastete nicht für alle reichen. Nuria schlägt vor, sie einzufrieren und stattdessen gemeinsam zum Italiener zu gehen. Ich kann spüren, dass Cosmo diese Idee nicht gefällt, aber er beugt sich der Mehrheit.

So was geht bei ihm meistens nicht gut.

Kaum haben wir unsere Pizzen verdrückt, kündigt er an, dass er die komplette Rechnung übernehmen wird. Damit ist niemand einverstanden, schließlich ist seine finanzielle Situation bekannt. Um ehrlich zu sein, ich weiß überhaupt nicht, wie er das machen will – ich glaube nicht, dass er so viel Bargeld bei sich hat, und sein Konto ist so weit überzogen, dass seine EC-Karte wahrscheinlich mit einem dumpfen Knall im Lesegerät explodieren würde.

Aber ich halte mich raus. Das Einzige, was ich sage, ist das, was alle anderen in der Runde ebenfalls sagen: »Lass mal, Cosmo, jeder zahlt für sich, das ist doch viel besser.«

Offenbar empfindet Cosmo das als unverzeihlichen Affront. Vielleicht fühlt er sich zurückgestoßen, oder er glaubt, dass wir auf ihn herabsehen, weil er wenig Geld hat, oder dass wir ihm nicht zutrauen, unsere Rechnungen zu bezahlen – was weiß ich. Es wäre müßig, seine wirren Gedankengänge nachvollziehen zu wollen.

Jedenfalls wird er sauer. Er steht ohne ein weiteres Wort auf, geht zur Theke und verlangt dort die Rechnung, und irgendwie bezahlt er sie auch. (Ob er in letzter Zeit mal wieder am Alex war?) Dann kehrt er an den Tisch zurück und fängt an, uns nacheinander zu beleidigen oder zu provozieren.

Er beginnt bei Mona, die ihm offensichtlich schon den ganzen Abend auf den Zeiger gegangen ist. Keine Ahnung wieso, vielleicht ist sie ihm zu normal. Jedenfalls erzählt er ihr – uns allen eigentlich, aber hauptsächlich an sie gewandt – in genüsslicher Detailfreudigkeit, womit er, Linus und Luisa sich kurz vor unserem Aufbruch in die Pizzeria so die Zeit vertrieben haben. Dann fragt er, ob sie nicht auch Freude an so was hätte; eine zweite Frau würde die Runde schließlich perfekt ergänzen.

Sogar die Zwillinge sind peinlich berührt. Ich meine, dass sie es machen, heißt noch lange nicht, dass sie es auch in aller Öffentlichkeit breitgetreten haben möchten. Nachdem Mona so dunkelrot geworden ist, dass ich schon einen Gehirnschlag befürchte, und keinen Laut mehr hervorbringt, fällt Cosmos Blick auf Nuria. »Du hast ja dein Einverständnis praktisch schon gegeben«, sagt er.

Alle starren sie an und fragen sich: Wie ist das gemeint? Erst dann wird mir klar, dass Cosmo genau das bezweckt hat, und ich greife ein.

»Da überschätzt du dich aber ein bisschen«, sage ich frostig, »du solltest Freundlichkeit nicht mit bedingungsloser Hingabe verwechseln. So weit reicht dein Charme nun auch wieder nicht.«

Langsam dreht Cosmo den Kopf in meine Richtung und guckt mich an wie eine Schlange. »Ich fürchte, das kannst du nicht beurteilen«, zischt er, »du bist ja in vieler Hinsicht ziemlich ahnungslos, wenn ich das mal so sagen darf.«

Ich bin zwar das Kaninchen, aber ich halte dem Blick stand. »Da könntest du recht haben. Aber eins steht fest: Ich weiß, zu wem ich gehöre, und muss mich nicht durch halb Berlin ficken, um es rauszufinden. Und es wäre mir sehr lieb, wenn du Nuria aus deiner Bewerberliste streichen würdest, sie hat sich nämlich auch schon entschieden.«

Mir steigt ein brenzliger Geruch in die Nase. Entweder weil hier die Luft brennt oder weil Cosmo vergessen hat, die Tür zur Hölle hinter sich zu schließen. Ich wünschte, er würde das jetzt nachholen – von innen.

Zu unser aller Überraschung entschärft der unbedarfte kleine Linus, den ich eigentlich für eine Art außerirdische Zuckerwatte gehalten hatte, die Lage. Er macht irgendwas mit seiner Hand unter dem Tisch, was ich nicht so genau wissen will, glüht Cosmo dabei hingebungsvoll an und sagt: »Sollen wir nicht noch irgendwo was trinken gehen?«

Offenbar hat er genau den richtigen Knopf gedrückt, denn Cosmo erwidert das Glühen augenblicklich und nickt. »Gute Idee«, sagt er und schiebt bereits seinen Stuhl zurück. Minuten später verschwindet er mit den Twin Peaks durch die Eingangstür, den einen links, die andere rechts im Arm.

mi, 25.03.

Er gibt keine Antwort und guckt nur notleidend

Wenn wir diese Vernissage nicht bald hinter uns bringen, werde ich unwiderruflich wahnsinnig. Es ist jeden Tag schlimmer geworden, und meine Nerven liegen genauso blank wie Cosmos. Der Bonus, den ich ihm in den vergangenen Wochen gegeben habe, bewegt sich ungefähr auf dem Niveau der Staatsverschuldung von Äthiopien. Er kann das alles nur wiedergutmachen, wenn er für den Rest seines Lebens die Klappe hält und mir täglich die Schuhe putzt.

Morgen Mittag fahren wir los. Alles ist vorbereitet und hundert Mal durchgesprochen. Wir haben unsere Reisetaschen gepackt, Cosmo hat sich in der Schule abgemeldet, Nuria hat ihr Auto durch die Waschstraße gefahren und vollgetankt. Beim Abendessen haben wir – wie jeden Abend – alle Eventualitäten durchgekaut, als würden wir Vokabeln üben.

»Was sag ich denn, wenn mich jemand fragt, warum ich am Anfang nur mit Tusche gezeichnet habe?« – »Und wenn sie wissen wollen, wer meine Vorbilder sind?« – »Soll ich erzählen, dass ich früher mal Comics abgezeichnet hab, oder lieber nicht?«

Dazwischen streut Cosmo immer wieder seine überspannten kleinen Ausraster ein. Zum Beispiel schreit er mich plötzlich an, weil ich ohne zu fragen sein Weinglas nachgefüllt habe: »Was soll das, bist du verrückt? Willst du mich besoffen machen?« Oder er springt hektisch vom Stuhl hoch und wühlt in seinen Hosentaschen herum. »Scheiße! Scheiße! Wo ist mein Feuerzeug? Wer von euch hat mein Feuerzeug weggetan?« Dabei liegt es für jedermann sichtbar auf dem Tisch.

Nuria lacht meistens darüber, aber als Cosmo das Küchenfenster schließt und sich dabei den Finger einklemmt, vergeht auch ihr der Humor. Das Erschreckende ist nämlich, dass Cosmo ganz beiläufig versucht, seine Hand vom Fenster wegzuziehen, wobei er uns weiterhin unbeeindruckt und ohne jegliches Anzeichen von Schmerzen erzählt, dass sein Kunstlehrer ihm einen kleinen Rosenquarz als Glücksbringer geschenkt hat. Was Nuria und ich mit stummem Grauen sehen, nämlich dass sein Zeigefinger zwischen Fenster und Rahmen klemmt, merkt er nicht. Er zieht und zieht nur und sagt schließlich wütend: »Was starrt ihr mich denn so an?«

Mir stecken vor Entsetzen die Worte in der Kehle fest, aber Nuria haucht angestrengt: »Dein Finger …«

Daraufhin wirft er einen Blick zu seiner Hand, und jetzt wird er papierweiß und fummelt hektisch am Fenstergriff herum. Ich springe auf und komme ihm zu Hilfe, und nachdem er befreit ist, saugt Cosmo an seinem dunkelrot angelaufenen Finger herum und tobt: »Das gibt's doch nicht, ihr guckt einfach zu und wartet, bis mir der Finger abfällt, oder was?«

Eine saftige Ohrfeige wäre jetzt vermutlich das Richtige, stattdessen verarzte ich ihn mit kühlender Salbe und einem Verband. Dass wir so ein Aufhebens um ihn machen, scheint den Schmerz in sein Bewusstsein zu bringen, und er hat jetzt Tränen in den Augen stehen. Aber in erster Linie ist er sauer auf uns – einfach so aus Prinzip, weil ja irgendjemand schuld sein muss.

Ich bin darauf vorbereitet, und trotzdem muss ich ganz tief durchatmen, als sich ungefähr zwei Stunden später die Tür zu meinem Zimmer öffnet und Cosmo mit seinem Kissen auf der Schwelle steht.

»Ich kann nicht einschlafen«, wispert er.

»Kannst du nicht wenigstens bis morgen warten«, sage ich genervt, »da kann ich dir doch sowieso nicht mehr entkommen!«

Er gibt keine Antwort und guckt nur notleidend. Wortlos rücke ich näher an die Wand und hebe einen Zipfel meiner Bettdecke, und ebenso wortlos gleitet er darunter und hakt sein unangenehm kaltes Gerippe um meine Extremitäten.

»Mein Finger tut weh. Und ich hab total Angst«, beklagt er sich flüsternd, als könne er irgendjemanden aufwecken.

»Und außerdem bist du eiskalt«, sage ich mit normaler Lautstärke, »hast du am offenen Fenster Kniebeugen gemacht oder was?«

Cosmo schiebt seinen Kopf in meine Achselhöhle. »Ich hab vor deiner Tür gestanden«, gesteht er. »Hab mich nicht reingetraut.«

Da an Schlaf im Moment nicht mehr zu denken ist und um ihm etwas von seiner Anspannung zu nehmen, sage ich: »Komm, erzähl mir mal von dieser letzten Familie, bei der du untergebracht warst. Die dir nichts zu essen gegeben haben.«

Er zögert einen Moment, vielleicht um seine Gedanken von der bevorstehenden Vernissage in die Vergangenheit umzuleiten. »Da kam ich hin, als ich elf war«, berichtet er dann. »Meine Geschwister waren neun und acht. Auch Pflegekinder. Wir wurden alle drei fast gleichzeitig aufgenommen. Ich nehme mal an, das war 'ne gezielte Aktion. Die müssen irgendwo gelesen haben, wie viel Geld man dafür kriegt.«

Ein bisschen hat Cosmo mir davon schon mal erzählt, aber ich bin neugierig auf die Details. »Und dann haben sie euch echt hungern lassen?«

»Nicht nur das«, sagt Cosmo. »Alles war rationiert. Essen, Klamotten, Freizeit, Spielsachen – alles. Die haben uns wie Nutzvieh gehalten. Morgens sind wir nüchtern zur Schule gegangen, mittags gab's irgendeinen billigen Schweinefraß – immer zu wenig zum Sattwerden –, und dann mussten wir im Haushalt helfen oder uns selbst beschäftigen. Wir durften uns nicht mit anderen Kindern treffen, damit wir nichts weitererzählen, und an Vereine oder so was war natürlich überhaupt nicht zu denken.«

Ich krampfe die Finger um mein Kopfkissen. »Aber das Jugendamt ...«, wende ich hilflos ein.

Cosmo schnaubt. »Das Jugendamt! Klar, die kamen regelmäßig vorbei. Aber es gab ja nichts zu beanstanden. Wir hatten zwar nur ein einziges Kinderzimmer, aber es steht ja nirgends geschrieben, dass jedes Kind ein eigenes haben muss. Da standen ein paar Spielsachen drin, so Sperrmüllzeugs, das muss genügen. Wir waren dünn, ja, aber Kinder in dem Alter sind oft dünn. Und wir waren so eingeschüchtert, dass wir uns nicht getraut haben, irgendwas zu sagen. Weißt du, als Kind bist du dir auch nicht sicher, ob da wirklich irgendwas falsch läuft. Du denkst immer: Na ja, vielleicht haben die Erwachsenen ja recht, und ich bin nur einfach unverschämt und viel zu anspruchsvoll.«

»Du meinst, du hattest Angst, wenn du dich beschwerst, kriegst du vom Jugendamt auch noch Druck«, sage ich.

Cosmo nickt. »Wenn du ohne Eltern großwirst, lernst du, dankbar zu sein«, sagt er. »Und du lernst, dass es keinen Sinn hat, dich zu beschweren.«

Wir schweigen beide. Ich kann jetzt besser verstehen, warum Cosmo sich selbst so lieblos behandelt. Er hat nicht gelernt, auf sich zu achten, Ansprüche zu stellen oder etwas zu fordern. Oder besser gesagt: Es wurde ihm ausgetrieben. Heute ist es ihm egal, ob sein Kleiderschrank zusammenkracht oder ob er unter Wolldecken schlafen muss. Er ist zufrieden, dass er überhaupt ein Dach über dem Kopf hat. Alles Übrige ist für ihn Luxus.

Aber eins kann ich noch nicht nachvollziehen: »Also, wenn man mich hätte hungern lassen, würde ich heute alles fressen, was nicht weglaufen kann«, erkläre ich.

»Machst du doch auch«, erwidert Cosmo, so taktvoll wie eine Hydraulikramme.

Nachdem ich mich von der Kränkung erholt habe, frage ich: »Und wieso tust *du* es nicht?«

Er überlegt ein bisschen. »Ich wollte die besiegen. Ich wollte nicht, dass die Macht über mich haben. Also hab ich beschlossen, dass ich kein Essen brauche – dann konnten die mich damit auch nicht unter Druck setzen.«

»Du bist dann aber doch da abgehauen, oder?«

»Ja, allerdings leider erst nach über drei Jahren«, sagt Cosmo. »Kurz nach meinem vierzehnten Geburtstag hab ich mich in den Zug gesetzt und bin nach Berlin reingefahren. Schwarz natürlich.«

Cosmo grinst schwach. »Ich bin eigentlich sofort am Alexanderplatz gelandet, ohne Umwege. Da hab ich jede Menge Leute getroffen, die genauso drauf waren wie ich. Und die haben mir dann Tipps gegeben, wie man auf der Straße überlebt.«

Zum Beispiel, indem man auf den Strich geht, denke ich, und wieder bereue ich es, denn Cosmo rammt mir sofort strafend sein spitzes Knie in die Hüfte. »Es gibt sehr viele Möglichkeiten, sich Geld zu besorgen«, erklärt er nachdrücklich.

Ja, kann schon sein – aber ich bin mir sicher, dass keine davon erfolgreicher war.

»Das war doch bestimmt ein Überlebenskampf, oder?«, frage ich.

Cosmo zuckt die Schultern. »Geht so. Überleben war mir ja gar nicht besonders wichtig. Jedenfalls hatte ich meistens genug Geld für das, was ich so brauchte. Fast ein Jahr hab ich das durchgezogen«, fährt er fort, »dann haben sie mich beim Klauen im Kaufhof geschnappt, und ich bin in einer Wohngruppe gelandet. Aber die war erträglich. Na ja, und nachdem du dann noch aufgekreuzt bist ... Ich wusste sofort, dass du mal mein Erlöser wirst.« Er grinst mich an mit einer verblüffenden Mischung aus Dreistigkeit und Unsicherheit. »Gerade jetzt könnte ich zum Beispiel ein bisschen Erlösung vertragen«, erklärt er und versucht, meine Hände irgendwohin zu stecken, wo ich sie unter gar keinen Umständen haben will.

Ich wehre ihn energisch ab und knurre drohend: »Nimm die Flossen weg! Schlaf jetzt!«

Und wie immer gehorcht er mit einem tiefen, leidenden Seufzer, der das ganze Elend einer ungeliebten, zurückgestoßenen, missverstandenen reinen Seele kommuniziert.

do, 26.03.

Es liegt auf der Hand, dass Nuria mir einen durchdringenden Blick zuwirft

Seit drei Stunden höre ich ununterbrochen Corvus Corax, Subway to Sally und In Extremo. Ich sehe an mir runter, ob mir womöglich schon ein Lederwams und eine Streitaxt gewachsen sind. Aber ansonsten ist so eine lange Autofahrt etwas ganz Angenehmes. Auch wenn ich hinten sitzen muss, weil Cosmo gleich als Erstes verkündet hat, dass er ganz schlimm unter Reiseübelkeit leidet. Das ist wieder typisch, dass er mich mit so einer eingebildeten Babykrankheit ausbootet, nur damit er vorne neben Nuria thronen, sie befummeln und seine bevorzugten CDs reinlegen kann. (Und dass ich es zulasse.) Aber ich bin äußerst wachsam und hab ihm schon mindestens fünf Kopfnüsse verpasst.

Komisch, jetzt im Auto scheint er entspannter zu sein als während der gesamten letzten zwei Wochen. »Ich liebe Autofahren«, behauptet er, als habe er damit jahrzehntelange Erfahrung. »Das ist für mich wie gutes Dope.« Und er holt zu einer irrwitzigen Theorie aus, bei der die Vibrationen der Karosserie, die Kontinuität der vorbeiziehenden Fahrbahnmarkierung, das Machtgefühl der Geschwindigkeit und andere Faktoren zur Untermauerung der Ausgangsprämisse dienen. Nach wie vor glaube ich, es ist in erster Linie der uneingeschränkte Zugriff auf Nurias Oberschenkel, der ihn kickt.

Bei unserer ersten Kaffee- und Pinkelpause sorgt Cosmo für Stimmung, als er fünf Tüten Zucker in seinen Cappuccino schüttet und zu Nuria sagt: »Ich bin schon seit sechs Uhr wach. Und ich musste tierisch dringend aufs Klo, aber ich wollte Johannes nicht wach machen, deshalb hab ich vierzig Minuten lang eingehalten. Das war bestimmt nicht gut, jetzt muss ich nämlich andauernd.«

Nuria interessiert sich vermutlich nur am Rande für Cosmos Blasenfunktion, aber diesen scheinbar harmlosen kleinen Nebensatz hat sie in Fettdruck wahrgenommen. »Wieso wird Johannes denn wach, wenn du aufs Klo gehst?«, fragt sie argwöhnisch.

Während ich mich an meinem Kaffee verschlucke und einen fürchterlichen Hustenanfall kriege, den keiner von beiden auch nur bemerkt, sagt Cosmo: »Na ja, der hatte seine ganzen Arme und Beine und alles so um mich rumgelegt.« Dabei hatte *er* alles Mögliche um *mich* rumgelegt.

Es liegt auf der Hand, dass Nuria mir einen durchdringenden Blick zuwirft. Mir stehen die Tränen in den Augen vor Husten, aber ich kann wohl kein Mitleid erwarten. Eher im Gegenteil. Cosmo rührt unbeteiligt in seiner Tasse herum, als seien wir zwei Fremde, die zufällig an seinem Tisch sitzen. Er lehnt sich zurück, zündet sich eine Zigarette an und lässt seine Blicke schweifen, ob irgendwo jemand Hübsches zu sehen ist, dessen Aufmerksamkeit er auf sich lenken kann.

Es dauert lange, bis ich mich von meinem Erstickungsanfall erholt habe, und Nuria sagt kein Wort. Muss sie auch nicht, ich kann ja sehen, was sie denkt. Entweder spart sie sich den Todesstoß für später auf, wenn sie mit mir alleine ist, oder sie beschließt gerade, mich hier an der Raststätte zurückzulassen und mir irgendwann die Handvoll Sachen, die ich in ihrer Wohnung habe, per Post zu schicken.

Aber als wir zum Auto zurückgehen – wobei Cosmo besitzergreifend den Arm um sie legt und seine Hand dann zu ihrem Hintern runterwandern lässt –, hindert sie mich nicht daran, wieder meinen Platz auf der Rückbank einzunehmen. Das ist ein Etappensieg.

Cosmo rekelt sich behaglich auf dem wesentlich bequemeren Beifahrersitz, legt die nächste Subway-to-Sally-CD ein und lächelt Nuria an, wobei er eine Strähne ihres Haars um seinen verletzten Finger wickelt. Ich warte auf meinen Moment, geduldig wie eine Trichternetzspinne. Und der ist gekommen, als Cosmo die Hände hinter dem Kopf verschränkt. Augenblicklich ist sein linkes Handgelenk mit diesen schrillpinkplüschigen Handschellen an die

Kopfstütze geschnallt – und das war's mit dem Befummeln meiner Freundin. Da kann er jetzt jammern, flehen und betteln, so viel er will: Bis Düsseldorf bleibt er angekettet.

Ich fange Nurias Blick im Rückspiegel ein und sehe zu meiner Erleichterung, dass sie grinst. Mit einem Kopfschütteln zwar, aber ich glaube, sie ist nicht mehr sauer. Das wäre ja auch nicht fair, immerhin hab ich gerade ihre Ehre gerettet.

Mit Cosmo bin ich noch nicht fertig. Ohne auf sein wehleidiges Protestgejammer zu achten, packe ich eine Handvoll seiner Manga-Fransen und ziehe seinen Kopf wenig gefühlvoll nach hinten. »Und das schwör ich dir«, zische ich in sein Ohr, »heute Nacht fessel ich dich ans Heizungsrohr!«

Er verstummt, und für Sekunden genieße ich den Triumph, bis ich sein verzücktes Grinsen bemerke. »Wow«, sagt er bewundernd, mit einem lustvollen Vibrieren in der Stimme und laut genug, dass Nuria es auch bestimmt gut hören kann, »du bist mir ja ein ganz Versauter!«

Da ich ihn seiner bevorzugten Ablenkung beraubt habe und er sogar beim Rauchen auf meine Hilfe angewiesen ist, sinkt seine Laune messbar. Seine Ängste kehren zurück. Zum zweihundertdritten Mal fragt er Nuria: »Wie ist dein Vater denn eigentlich so?«, denn der Gedanke, bei wildfremden Leuten zu übernachten, ist für ihn kaum weniger erschreckend als die Vernissage an sich.

Und zum ebensovielten Male sagt Nuria mit geradezu mütterlicher Geduld: »Er ist total in Ordnung, Cosmo. Zuerst denkst du vielleicht, er wäre steif oder so. Aber das ist bloß der äußere Eindruck. Er ist einfach korrekt, weißt du, und legt Wert auf ein paar Grundregeln. Damit wirst du keine Probleme haben.«

Da bin ich mir nicht so sicher – was ist, wenn Cosmo Nurias Papa als Erstes voller Begeisterung erzählt, dass ich ihm versprochen habe, ihn in der kommenden Nacht in Handschellen zu legen, und dann seiner Tochter am Hintern rumgrapscht? Ich bin mir nicht mehr sicher, ob das Ganze hier eine gute Idee ist.

Nach einer Stunde behauptet Cosmo, schon wieder dringend aufs Klo zu müssen. Das ist garantiert gelogen, aber ich muss ihn widerstrebend aus den Handschellen befreien. Zuerst behaupte ich, ich hätte den Schlüssel nicht mitgenommen, und koste seine explodierende Panik aus, bis mein Mitleid überwiegt. Während ich das Schloss öffne, lege ich alles verfügbare Drohpotenzial in meine Stimme und sage: »Lass deine widerlichen, sittenlosen Finger von Nuria, oder ich hau dir mit dem Hammer drauf, verstanden?« Er stellt eine verletzte, unschuldige, eingeschüchterte Miene zur Schau, die mich nicht beeindruckt.

Kurz vor dem Kamener Kreuz wird der Verkehr unüberschaubar dicht, und wir stecken in einem Stau fest. Nuria flucht vor sich hin, weil wir nicht daran gedacht haben, dass wir diesen neuralgischen Punkt genau zur Rushhour passieren würden. Mir ist das egal, schließlich haben wir keine Eile. Obwohl es nach fünf Stunden Fahrt ganz angenehm wäre, mal wieder jene Haltung einzunehmen, für die der Homo erectus bekannt geworden ist.

Cosmo nutzt die Gelegenheit, die übrigen Autofahrer zu belästigen, die ihm ja weitgehend wehrlos ausgeliefert sind. Entweder grinst er sie lüstern an, oder er streckt ihnen die Zunge raus und zeigt obszöne Gesten.

Als wir in die Höhrather Straße einbiegen, wird es schon dämmerig. Cosmo hat seit gut vierzig Minuten kein Wort mehr gesagt. Er klammert sich am Sitz fest und starrt geradeaus, als sitze er auf dem elektrischen Stuhl. Jetzt hab ich wieder Mitleid mit ihm, und ich lege ihm die Hand auf die Schulter und drücke sie ein bisschen.

Nurias Vater lebt in einer ruhigen Wohnstraße mit blühenden Vorgärten. Wir werden von seiner zweiten Frau Esther begrüßt, und ich stelle sofort fest: Mein Fall ist die nicht. Mit einem künstlichen Lächeln schließt sie Nuria in die Arme und küsst die Luft neben ihren Ohren, und als sie Cosmo mit künstlichem Enthusiasmus die Hand schüttelt, blitzen ihre künstlichen Zähne. »Gereon muss jeden Moment hier sein«, teilt sie uns mit. »Ihr wollt euch sicher erst mal ein bisschen frisch machen. Ich zeige euch, wo ihr euer Gepäck hinbringen könnt.«

Was »frisch machen« genau bedeutet, hab ich noch nie verstanden – heißt es, dass man duscht oder sich die Zähne putzt oder ein bisschen Haarlack über die Frisur sprüht? Eigentlich gehört nichts davon zu meinen primären Bedürfnissen. Esther führt uns in Nurias ehemaliges Zimmer; gleich daneben liegt ein großes, luxuriöses Bad, in dem Cosmo wortlos verschwindet. Dann zieht sie sich taktvoll zurück (womit sie einen Punkt gutmacht), und so können Nuria und ich ein paar Augenblicke allein genießen.

Ich ziehe meine Freundin an mich und hole nach, was ich während der ganzen Autofahrt tun wollte, aber aus technischen Gründen nicht tun konnte – da ich ja hinten sitzen musste.

Irgendwann fällt mir auf, dass Cosmo immer noch im Bad ist, und ich schnelle hoch, als hätte ich einen Elektroschock bekommen. »Scheiße«, keuche ich, »was macht Cosmo so lange da drin?« Es müssen mindestens zwanzig Minuten vergangen sein! Ich hämmere gegen die Türe. Nach endlosen Sekunden kommt ein schwaches »Moment!« zurück. Zitternd vor Ungeduld und Sorge warte ich, bis ich das Drehen des Schlüssels höre, und stoße dann die Tür so heftig auf, dass sie gegen einen kleinen Stopper im Fliesenboden prallt.

Cosmo ist unnatürlich blass, besser gesagt: grau, und sein Gesicht ist von einem dünnen Schweißfilm überzogen. Aber er lebt und steht selbstständig aufrecht, wenn auch leicht schwankend. Er sieht schuldbewusst aus. Vielleicht hat er gerade zum Druckausgleich drei Liter Blut in die Düsseldorfer Kanalisation eingeleitet. Was immer er in den letzten Minuten gemacht hat, es war mit Sicherheit nichts, was ich ausprobieren möchte.

»Ist alles in Ordnung?«, frage ich.

»Hm, ja«, sagt er und schüttelt den Kopf. Eine klare Aussage.

»Dann komm jetzt raus«, ordne ich an.

Er folgt mir mit unsicheren Schritten in Nurias Zimmer. Aber sobald er das Kingsize-Bett entdeckt, das bereits frisch für uns bezogen ist, leuchtet sein Gesicht wieder auf. Er lässt sich mit ausgestreckten Armen und Beinen rücklings daraufplumpsen und jubiliert: »Guck mal! Unser Kuschelnest! Kommt doch mal alle beide her!«

Gereon Rabe ist so eine Art britischer Gentleman. Er ist einige Zentimeter größer als Cosmo und ich, schlank, hält sich sehr aufrecht und hat akkurat geschnittenes graues Haar. Ein bisschen erinnert er mich an den Cäsar aus *Asterix*. Sein Händedruck ist energisch, und zunächst schüchtert er mich etwas ein. Insbesondere weil ich fürchte, dass Cosmo Angst vor ihm haben könnte.

Aber beim gemeinsamen Abendessen betont er, wie sehr ihn Cosmos Bilder beeindruckt haben, und würdigt sie mit seinem Sachverstand auf eine Weise, wie das noch kein anderer getan hat. Cosmo lauscht ihm stumm, überwältigt und ehrfürchtig. Dann beginnt Gereon Rabe, ihn auszuquetschen wie einen Teebeutel, und Cosmo erteilt ihm bereitwillig jede gewünschte Auskunft. Er blüht auf. Seine Gesichtsfarbe wird gesünder, seine Bewegungen werden lebendiger, seine Stimme wird lauter, und er nimmt sogar drei oder vier Gabeln Essen zu sich. Gleichzeitig findet Nurias Vater immer mehr Gefallen an ihm, und schließlich nehmen die beiden uns Statisten überhaupt nicht mehr wahr.

Nach dem Dessert bringt Esther eine neue Flasche Wein und schlägt das allgemeine Du vor. Ich werfe einen kurzen Blick zu Nurias Vater rüber, weil ich mir nicht sicher bin, ob er diese Verbrüderung auch wünscht, aber er lässt sich keinen Widerwillen anmerken, also stoßen wir reihum an, und ich habe einen entscheidenden Schritt auf dem Weg zum Schwiegersohn getan.

Ich hatte da so meine Befürchtungen, aber ich hab sie niemandem mitgeteilt, denn es geht ja seit Wochen nur um Cosmos Befindlichkeiten, und die haben bekanntlich absoluten Vorrang. Dass ich die Eltern (oder so ähnlich) meiner Freundin kennenlernen sollte, hat mich schon verängstigt. Ich meine, ich kann mich ziemlich gut benehmen und gelte allgemein als verbindlich, freundlich, nett und so weiter, aber trotzdem … da ist immer ein Restrisiko.

Na ja, Fakt ist, dass ich hier nur als Cosmos Bewährungshelfer, geistlicher Beistand, Personal Coach oder was auch immer wahrgenommen werde – wenn überhaupt –, und es scheint niemanden zu interessieren, dass ich der Typ bin, der mit der Tochter des Hauses schläft. Vielleicht sollte ich Cosmo dafür sogar dankbar sein.

»Morgen früh fahren wir beide schon mal zur Galerie«, kündigt Gereon an, ehe wir uns für die Nacht zurückziehen. Mit »wir beide« meint er sich und Cosmo. »Du willst ja sicher sehen, wie deine Bilder präsentiert werden. Wir haben bis gerade eben daran gearbeitet. Falls du noch Änderungen haben willst ... na ja, notfalls lässt sich da noch was machen.«

Aber Cosmo schüttelt nur den Kopf: »Du bist der Profi. Ich vertrau dir da hundertprozentig.« Sülz, schleim. Zu mir sagt er so was nie.

Nuria bricht auf, um zu Alexandra zu fahren. Im dunklen Vorgarten zögere ich den Abschied so lange wie möglich hinaus. Ich wünschte, ich könnte jetzt mit ihr in ihr riesengroßes Jungmädchenbett steigen und jede Menge versaute Sachen machen, aber sie lässt sich nicht umstimmen. Lustlos schleppe ich mich in ihr früheres Zimmer, wo Cosmo bereits mit geputzten Zähnen unter dem Federbett liegt und mir entgegenschmachtet.

»Quatsch mich bloß nicht an«, warne ich ihn gleich als Erstes, »ich bin mies drauf.«

Nichts könnte ihn weniger interessieren. Immerhin hat er sich tagelang auf diesen Augenblick gefreut. Er dockt seine Endungen überall an mir an, wo ich sie nicht schnell genug wegschlagen kann, und plappert mir dann bis weit nach Mitternacht die Ohren voll, aufgeputscht von vier Gläsern teurem Wein und Gereons unmissverständlicher Wertschätzung.

fr, 27.03.

Mir egal, wie peinlich das ist und was die alle über uns denken

»Na? Wie war die Nacht?«, fragt Nuria grinsend, als ich in ihr Auto steige. »Hattest du ein paar fesselnde Erlebnisse?«

Hinten sitzt Alexandra im Wagen, und die hat ebenfalls so ein zweideutiges Grinsen im Gesicht. Wir fahren zum Café Balthasar auf der Bolkerstraße, wo es ein vernünftiges Frühstück gibt. Anschließend lasse ich mir die Altstadt zeigen, und dann fahren wir zur Galerie.

Außer Cosmo und Gereon sind auch die anderen beiden Künstler da, jene Absolventen der Kunstakademie, die ebenfalls ihrer Vernissage entgegenzittern. Der eine macht merkwürdige Skulpturen aus Stofffetzen, der andere Collagen und Zeichnungen. Also, ich bin natürlich überhaupt nicht voreingenommen … aber Cosmos Bilder gefallen mir mit Abstand am besten.

Gereon hat versucht, allen drei Künstlern optimal gerecht zu werden – durch Platzierung und Ausleuchtung ihrer Werke –, aber trotzdem werden die Blicke schon beim Eintreten in die Galerie von Cosmos großformatigem Ölbild angezogen, auf dem ein männlicher Rückenakt, von blutroten Striemen überzogen, in einem Gewirr von Ästen platziert ist, als sitze er hoch oben auf einem Baum. Er klammert sich an einen Zweig, der offensichtlich nicht stark genug ist, um ihm Halt zu geben, und obwohl man sein Gesicht nicht sehen kann, nimmt man an, dass er nach unten starrt und überlegt, ob er springen soll. Es ist eins dieser Bilder, die eine perfekt ausgewogene Mischung von Grauen und Faszination im Betrachter wecken.

Cosmo stürzt sich auf uns wie eine Schmeißfliege. Total überdreht schwirrt er um uns herum. Ich mache mir Sorgen um ihn – wenn er so weitermacht, wird er die Ausstellungseröffnung gar nicht erleben. Aber wie kriege ich ihn ein bisschen zur Ruhe? Ich ziehe ihn beiseite und raune ihm ins Ohr: »Cosmo, hast du dein Valium vergessen?«

Er kichert und hält keine Sekunde lang still. »Glaubst du, dann würde ich hier so gelassen rumstehen?«

Ich versuche es erneut. »Hör mal, du bist ein bisschen sehr zappelig. Vielleicht nimmst du jetzt einfach noch eine.«

Er sieht mich mit großen Augen an, als sei ich ein Schamane mit Jaguarfell und Knochenhalskette. »Ja? Meinst du?« Er kramt sein Pillendöschen aus der Hosentasche. Obwohl es mein eigener Vorschlag war, beobachte ich widerwillig, wie er sich die kleine hellblaue Tablette zwischen die Lippen schiebt. Ich hasse es, ihm bei der Selbstzerstörung zuzusehen.

»Weißt du, was mir jetzt helfen würde?«, sagt er, nachdem er geschluckt hat. »Sex. Ich brauch unbedingt was zu ficken.« Und er lässt seinen flackernden Blick durch den Raum schweifen, als komme jeder einzelne Anwesende potenziell dafür in Betracht und er müsse nur seine Auswahl treffen (Mehrfachnennungen möglich).

»Da kann ich dir leider nicht behilflich sein«, erkläre ich schnell, bevor sein hungriges Auge auf mir landet, »aber ich schlage vor, wenn du hier so weit fertig bist, machen wir einen schönen Ausflug oder einen langen Spaziergang oder so was in der Art.«

Er macht nicht den Eindruck, als sei das für ihn eine ernst zu nehmende Alternative, widerspricht aber nicht. Ich lasse ihn noch ein bisschen durch die Räume zucken und halte kurz Rücksprache mit Nuria.

»Wir müssen Cosmo irgendwie runterkriegen«, teile ich ihr mit. »Er dreht völlig frei. Ich hab Angst, dass er umkippt. Können wir irgendwas Ruhiges, Spießiges, Langweiliges mit ihm unternehmen?«

Sie lächelt mich beruhigend an, als sei ich derjenige mit dem Adrenalinüberschuss.

Nach Abstimmung mit Gereon zerren wir Cosmo mehr oder weniger gewaltsam aus der Galerie heraus. Er hat unzählige Einwände, zum Beispiel dass ein Irrer kommen und seine Bilder aufschlitzen oder mit Säure bespritzen könnte. Seine anderen Argumente sind genauso krank. Wir ignorieren sie und schleppen ihn mit entschlossenen Gesichtern ins Auto wie abgebrühte Großstadtcops.

Während der kurzen Fahrt nach Kaiserswerth nutzt er die Gelegenheit, Alexandra anzubaggern, die aber vollkommen immun gegen seinen psychopathischen Charme ist und ihn bloß schweigend und etwas hochnäsig ansieht. Daraufhin wird er still und melancholisch. Vielleicht setzt jetzt die Wirkung der Tablette ein.

Der Spaziergang am Rheinufer hat auf Cosmo einen unmittelbar beruhigenden Effekt, oder zumindest lenkt er seine Spannung ein bisschen um. Er versucht, seine Kiesel öfter auf der Wasseroberfläche hüpfen zu lassen als Nuria, und weil ihm das nicht gelingt, kriegt er einen Trotzanfall und droht damit, ins Wasser zu gehen. Ich biete ihm an, stattdessen Nuria reinzuwerfen, was ihm noch besser gefällt, und so packe ich ihre Füße und er ihre Arme, und wir schwenken sie dicht am Ufer ein paarmal hin und her, wobei sie kreischt und zappelt.

Wir machen einen Rundgang durch die winzige Altstadt, und ich entferne mich kurz von der Truppe, um in die Suitbertus-Basilika zu springen, mir die Gebeine des gleichnamigen Heiligen anzusehen und eine Kerze für Cosmo anzuzünden, verbunden mit einem dringlichen Gebet, dass er das alles ohne Schaden überstehen möge. Um ehrlich zu sein: Ich habe ein ungutes Gefühl, aber ich versuche, es zu unterdrücken.

Plötzlich steht Cosmo neben mir, ich hab ihn nicht kommen hören. Er sieht mich von der Seite an, mit diesem wirklich umwerfenden Lächeln für besondere Gelegenheiten. Darin liegt alles, was uns verbindet, die pure Liebe – *philia,* nicht diese pathologische, verwirrte Sexbesessenheit, die Cosmo sonst meist umtreibt –, und in der sakralen Atmosphäre dieser Kirche wirkt das auf mich wie eine mehrfach überdosierte Aufbauspritze. Es gibt mir genug Kraft und Energie, um ihn durch alle Gefahren zu bringen, um ihn über alle Hindernisse zu tragen, um ihm den Weg freizukämpfen, um ihn ... zu erlösen. Ich lege den Arm um seine ausgemergelten Schultern und schiebe ihn sanft neben mir her zum Ausgang, zurück ins Sonnenlicht.

Rund zwei Stunden vor Beginn der Ausstellungseröffnung fährt Cosmo sein System wieder hoch. Er ist ein hin und her peitschendes unisoliertes Starkstromkabel, und man tut gut daran, einen großen Bogen um ihn zu machen. Ich kann das leider nicht, denn ich habe ja die Aufgabe, ihn möglichst unbeschadet durch diesen Tag zu bringen, und das beinhaltet gelegentliche Stromschläge.

Nuria und Alexandra haben allerdings die Flucht ergriffen. Sie sind zu Alexandra nach Hause gefahren, während Cosmo und ich einander bei Gereon und Esther zermürben. Wir sind in Nurias Zimmer – unserem Gästezimmer –, und ich habe Cosmo gezwungen, sich zum Ausruhen aufs Bett zu legen. Dort zuckt er herum wie ein gestrandeter Aal.

»Ich muss mich jetzt umziehen«, winselt er.

»Wir haben noch anderthalb Stunden Zeit«, sage ich.

»Ja! Eben! Anderthalb Stunden! Ich brauche meine Ruhe zum Umziehen!«, japst Cosmo. »Ich will noch mal unter die Dusche!«

Das werde ich auf keinen Fall zulassen. Wenn er sich jetzt allein im Bad einschließen will, muss er mich vorher k. o. schlagen.

»Du bist sauber genug«, bestimme ich. »Es reicht, wenn du deine Klamotten wechselst. Eine Sache von zwei, drei Minuten. Jetzt lieg still und entspann dich!«

Das tut er, genau 0,2 Sekunden lang, dann springt er auf. »Ich muss mal«, sagt er und flitzt ins Bad. Ich flitze hinterher, ehe er die Tür schließen kann.

»Was soll das?«, faucht er wütend. »Seit wann guckst du anderen Jungs beim Pinkeln zu?«

Ungerührt verschränke ich die Arme vor der Brust und lehne mich an die Wand. »Ich geh nur auf Nummer sicher«, sage ich.

Seine Augen flackern wie Kerzen im Durchzug. Er weiß nicht, wie er reagieren soll, ob wütend, aggressiv, resigniert. Sein Kehlkopf bewegt sich, seine Kiefermuskulatur ebenfalls. Alles an ihm bewegt sich, ständig, unkoordiniert. Schließlich kehrt er in Nurias Zimmer zurück, ohne die Toilette benutzt zu haben, und setzt sich auf die Bettkante.

»Nimm noch ein Valium«, sage ich und hoffe, dass ich ihn damit nicht umbringe.

»So kenn ich dich ja gar nicht«, antwortet er, aber die Provokation verpufft auf halbem Wege, und er gräbt seine Pillendose aus. »Soll ich zwei nehmen?«, fragt er mit unsicherem Kinderblick schräg von unten.

Ich kaue an meinem Daumennagel herum. Dann nicke ich. Aber sicher bin ich wirklich nicht.

»Ich zieh mich jetzt um«, erklärt Cosmo entschieden, schielt dabei aber zu mir rüber, ob ich Einwände habe.

»Meinetwegen«, gebe ich nach. Es wird ihn ablenken.

Er holt ein T-Shirt aus seiner Reisetasche, das er an meiner Geschmackskontrolle vorbeigeschmuggelt hat: maßgeschneidert für eine Barbie-Puppe und mit dem Aufdruck »Ähnlichkeiten mit lebenden Personen sind rein zufällig«. Unter ständigen verstohlenen Seitenblicken (Wann sagt er endlich was?) quetscht er sein Gerippe in das Puppenhemdchen und sieht hinterher nackter aus als vorher. Das Ding hat nicht mal richtige Ärmel, nur so eine Andeutung davon. Mit einem schuldbewussten, verschämten und trotzdem triumphierenden Grinsen baut er sich vor mir auf.

»Cosmo«, sage ich. Ich muss mich räuspern und setze noch mal an. »Cosmo – das ist ein Spielzeug-Shirt. Für Puppen. Für Barbies. Verstehst du? Du *kannst* das nicht anziehen.«

Er spielt beinahe überzeugend das Naivchen: »Ich *hab* es doch schon an!«

Seufzend lasse ich mich auf das Bett sinken. »Hör mal«, sage ich, »wir gehen zu einer Vernissage, nicht zur Nürnberger Spielzeugmesse. Bitte zieh dir was Anständiges an. Ich meine – es ist wirklich witzig, Cosmo, aber … das ist nicht für *Menschen* gedacht.«

Natürlich setzt er sich durch. Und die Hose, die er danach anzieht – mit allen möglichen Strippen, Schnallen, Reißverschlüssen und Ösen –, sitzt so tief auf seinen spitz hervorstehenden Hüftknochen, dass ich am liebsten die ganze Zeit mit einer Hand den Hosenbund festhalten würde. Im Großen und Ganzen hat er maximal zwanzig Quadratzentimeter Haut bedeckt, der Rest ist ein Geschenk an die Öffentlichkeit – mitsamt allen Schnitten, Brandlöchern, Narben und Piercings.

»Es wäre weniger provokativ, wenn du ganz nackt rumlaufen würdest«, seufze ich resigniert, und er sagt: »Deswegen mach ich das ja nicht.«

Meine schwache Hoffnung, dass er wenigstens den gut lesbaren, weil sorgsam gepflegten Namenszug auf seinem linken Unterarm verhüllen würde, begrabe ich ebenfalls. Cosmo hat sich selbst zum schrillsten und herausforderndsten seiner Kunstwerke gestylt.

Ich habe noch eine letzte Chance: Gereon. Wenn der sein Veto einlegt – und das muss er einfach tun, ich meine, er ist doch ein Mann mit Grundsätzen, mit Charakter, mit einem verfeinerten Geschmack, mit Bildung, Anstand und Manieren, verflucht noch mal! –, dann wird Cosmo keinen Widerspruch wagen. Aber als wir ins Wohnzimmer kommen, sagt Gereon heiter: »Na, du hast ja Mut zum Risiko!«, und anstelle von Cosmo steht eine Tausend-Watt-Stadionleuchte neben mir. Gereon lächelt mich anerkennend an, als hätte *ich* dafür gesorgt, dass mein geistesgestörter Freund sich hier dermaßen schamlos zur Schau stellt. Ich senke verwirrt und desillusioniert den Blick.

Wir sind gut eine halbe Stunde vor der offiziellen Eröffnung in der Galerie, aber schon nach zehn Minuten kommen die ersten Besucher, und der Strom reißt nicht ab. Um sieben Uhr ist die Galerie so voll, dass ich Atemnot kriege. Ich klebe unablässig an Cosmos Seite, worum er mich ausdrücklich gebeten hat (angefleht, genau genommen). Mir egal, wie peinlich das ist und was die alle über uns denken. Ich kenn ja hier niemanden. Trotzdem kann ich seine Anspannung spüren. Er ist total verkrampft.

Das kriegt niemand mit, denn Cosmo ist ein begnadeter Schauspieler – wer ihn nicht sehr gut kennt, hält ihn für locker, gut gelaunt, souverän und äußerst charmant. Wenn er angesprochen wird, gibt er eine adäquate Antwort, meistens sogar eine witzige. Diese heißen Strahlen schierer Panik, die ihn umgeben, spüre nur ich. Und ich konzentriere mich darauf, sie mit kühlenden, sanften, beruhigenden Schwingungen zu lindern.

Gereon hält die Eröffnungsansprache. Reihum stellt er die drei jungen Künstler und ihre Werke vor, zuletzt Cosmo, und er verschweigt nicht, dass der kurzfristig für einen anderen eingesprungen ist – aber er erklärt gleichzeitig, dass dies wohl einer der erfreulichsten Notfälle seiner Laufbahn gewesen sei, dass er hier voller Stolz ein ganz und gar außergewöhnliches Talent präsentiere, dass Cosmo nicht nur künstlerisch, sondern auch menschlich absolut einzigartig sei und dass ihm ohne jeden Zweifel eine steile Karriere bevorstehe. Erst werde ich rot, dann habe ich Tränen in den Augen.

Im Anschluss an die Rede schwärmt die Presse aus. Ich bin erstaunt, wie viele Journalisten hier angetreten sind. Passiert in Düsseldorf so wenig, dass sie sich auf jede Vernissage stürzen müssen? Oder haben die Events in Gereons Galerie grundsätzlich so einen hohen Stellenwert?

Ich beobachte, dass die meisten Pressevertreter zuerst die beiden Kunstakademieabsolventen befragen und sich erst zum Schluss an Cosmo rantrauen. Was ich verstehen kann, denn so wie er hier rumrennt, stellt er eine potenzielle Gefahr für die Gesundheit dar, und nicht nur für seine eigene. Aber dann können sie sich gar nicht mehr von ihm trennen, denn eins ist klar: Seine Auskünfte haben mit Sicherheit den höchsten Unterhaltungswert, den sie je einem bildenden Künstler entlockt haben.

In gewissenhafter Erfüllung all meiner Befürchtungen erzählt Cosmo ihnen die peinlichsten, krankhaftesten, unaussprechlichsten Details seines gesamten Lebens. Und er versäumt nicht, mich in alles mit einzubeziehen, mit Sprüchen wie »Ohne meinen Seelenbruder Johannes wäre ich wahrscheinlich neulich in London versackt, aber dafür hab ich dann bei meiner Rückkehr auch kräftig Prügel bezogen« oder, auf seinen zerschundenen Arm angesprochen, »Ja, das ist sozusagen mein Tagebuch – da markiere ich die wichtigsten Stationen meines Lebens«.

Ich würde am liebsten meinen Körper verlassen oder mich wenigstens im Klo einschließen, aber die einzige kleine Erleichterung, die ich mir verschaffen kann, ist, gelegentlich kurz zu Nuria rüberzugehen und mir bei ihr eine Handvoll Liebe und Kraft zu holen.

»Ich kann nicht mehr«, stöhne ich ihr ins Ohr, »er ist so unendlich peinlich! Bitte, können wir ihn nicht knebeln?«

Nuria streicht mir über den Rücken. »Halt noch ein bisschen durch. Er braucht dich doch jetzt so sehr.«

Ja, sicher. Aber ich bin doch nicht aus Stahl! Verzweifelt schleppe ich mich zu ihm zurück, denn ich höre seine Alarmglocken schon wieder durch den ganzen Raum schrillen.

»Geh nicht weg«, flüstert er flehentlich. »Ich schaff das nicht ohne dich.« Ich produziere ein beruhigendes Lächeln und sage: »Keine Sorge. Bin neben dir.«

Vielleicht ist es besser, wenn ich gar nicht mehr hinhöre, was er redet. Stattdessen sehe ich mir die Leute an. Die meisten Besucher sind weiblich, über fünfzig, tragen weit geschnittene, sichtbar teure Kleidungsstücke mit asymmetrischen Säumen und faustgroße Designerschmuckstücke an langen Lederbändern um den Hals. Auch von denen kommen ein paar zu Cosmo rüber und sülzen ihn voll. »Ihre Bilder sind ja wirklich sehr düster, aber man muss einfach immer wieder hinsehen!«

Die Männer sind weniger homogen. Einige scheinen frühere Kommilitonen oder sonstige Freunde der beiden anderen ausstellenden Künstler zu sein, Möchtegern-Bohemiens in ungebügelten Hemden mit geöffnetem obersten Knopf und schlecht sitzenden, ausgebeulten Jacketts. Andere sind vielleicht die Ehemänner der asymmetrischen Säume und so unscheinbar, dass ich nicht ein einziges hervorstechendes Merkmal beschreiben könnte, und außerdem sehen sie so aus, als würden sie lieber zu Hause vor dem Fernseher sitzen, als sich diese kaputte Pseudokunst anzugucken.

Mit weitem Abstand die schönste Frau im Raum ist natürlich Nuria, und ich suche ihren Blick. Ach, dieses Lächeln! Zum Niederknien! Warum kann ich jetzt nicht mit ihr abhauen und sie am Rheinufer vögeln? Warum muss ich neben dieser gepiercten Düster-Barbie stehen und mir Sätze anhören wie »Sex ist für mich die größte Inspirationsquelle – Sex hilft mir, mich immer wieder neu zu erfinden«?

Einer der Journalisten, Anfang dreißig und offenbar ebenfalls ein Sympathisant der dunklen Szene, aber mit ersten Symptomen von Establishment, hat besonderen Gefallen an Cosmo und seinen nervenzerfetzenden Statements gefunden. Er kann nicht genug davon kriegen. Die beiden sind so vertieft, dass ich es wohl riskieren kann, noch mal meine Gefechtsposition zu verlassen, um mir eine weitere Dosis Nuria zu besorgen.

Ich lasse mich wirklich nur ganz kurz von ihr bemitleiden, aber als ich mich umdrehe, ist Cosmo verschwunden. Und der Journalist ebenfalls. Verwirrt wandere ich durch die Räume, ohne Erfolg. Das gibt's doch nicht! Und dann sind sie auf einmal beide wieder da. Ich klebe mich erneut an Cosmos Seite und nutze eine Gesprächslücke, um ihn leise zu fragen: »Wo wart ihr gerade?«, worauf er mich auffallend unschuldig anschaut und sagt: »Pullern!«

Ich fasse erst ihn, dann den Schreiberling scharf ins Auge und versuche zu ergründen, ob sie sich gerade gegenseitig neu erfunden haben.

*

Ich bin erleichtert, als die Galerie sich zu leeren beginnt. Am Ende sind nur noch Gereon und Esther, die beiden Akademieabsolventen mit ihren Freundinnen, Nuria, Alexandra, Cosmo – und der Journalist übrig. Cosmo spricht ihn inzwischen mit »Sebastian« an und hat ihm wahrscheinlich längst mehr anvertraut, als normale Verrückte in einer fünfjährigen Psychoanalyse von sich preisgeben würden.

In geschäftlicher Hinsicht war der Abend ein großer Erfolg. Drei von Cosmos Bildern sind verkauft, zwei weitere vorgemerkt. Außerdem hat eine der Stoffskulpturen einen Abnehmer gefunden, und für die Collagen gibt es ebenfalls zwei Vormerkungen. Bei dieser Bilanz kann niemand bestreiten, dass Cosmo der Star ist, am wenigsten er selbst. Vor vier Stunden war er noch ein zitterndes, jämmerliches Bündel Komplexe, jetzt verkündet er großkotzig: »Wisst ihr, am Ende setzt sich das Wahre, das Starke, das Authentische immer durch.«

Gereon lädt uns alle in die Düsseldorfer Altstadt ein. Wir landen in der Altbier-Brauerei Uerige, und Cosmo lässt sich voller Begeisterung auf die Erforschung einer für ihn neuen alkoholischen Spezialität ein. Mit seinem Geschmackstest und dem in Echtzeit aktualisierten Befindlichkeitsbulletin unterhält er nicht nur uns, sondern auch die Nachbartische.

Ich klammere mich an Nuria fest und beobachte ihn besorgt. Obwohl die ungeheure Anspannung der letzten Stunden allmählich von ihm abfällt, kommt er kein bisschen zur Ruhe. Eher im Gegenteil – er ist noch überdrehter als vorher. Und irgendwie hab ich das Gefühl, dass Sebastian ihn zusätzlich aufputscht, aber ich kann es nicht richtig belegen. Ich betuschele das mit Nuria.

»Dieser Journalist – macht der irgendwas, dass Cosmo sich so aufführt?«

Nuria guckt ganz woandershin wie ein professionelles Lästermaul und tuschelt zurück: »Er bewundert ihn. Ein dankbares Publikum. Meinst du das?«

Ich zucke die Achseln. Bin mir nicht sicher. Dann gehen die beiden schon wieder gemeinsam zum Klo. Das ist doch kein Zufall mehr! Am liebsten würde ich hinterherschleichen, aber Nuria lässt mich nicht los. »Lass das«, zischt sie mich an. »Übertreib's nicht.«

Ich starre auf die Tür, hinter der sie verschwunden sind. »Glaubst du, sie poppen?«

Sie schüttelt den Kopf. »Nein, glaub ich nicht.«

Aber was machen sie sonst?

Alexandra, die mein ratloses Gesicht bemerkt, lehnt sich über Nuria hinweg zu mir rüber und sagt lässig-überlegen: »Sie pudern sich die Nase.«

Ich starre sie weiterhin ratlos an, worauf sie ungeduldig die Brauen zusammenzieht. »Ko-ka-in, Alter.«

Das fühlt sich an wie ein Schlag in die Magengrube. Nein! Nein! Bitte nicht so was! Ich habe nicht die leiseste Ahnung, ob Cosmo jemals Kokain geschnupft hat (im Zweifelsfall hat er), aber ich erinnere mich nur zu gut an sein Crystal-Experiment und dessen Folgen. Falls das hier ähnliche Auswirkungen hat, steuern wir gerade in eine Katastrophe.

Als Cosmo zurückkommt – kindischerweise ein paar Augenblicke vor Sebastian –, durchbohre ich ihn mit einem wilden Blick, und er guckt schnell woandershin. Er hat also ein schlechtes Gewissen. Das dürfte Alexandras Theorie untermauern. Sobald er seinen Platz neben mir wieder eingenommen hat, ziehe ich ihn an den Haaren näher zu mir heran und fauche in sein Ohr: »Falls du da gerade irgendwas eingeatmet hast, hier schon mal zum Mitschreiben: Ich lass dich verrecken. Ich schmeiß dich aus dem fahrenden Auto, wenn du durchdrehst. Ich lass dich in irgendeiner bepissten Ecke liegen und vergess dich für immer.«

Cosmo schluckt, dann fängt er sich wieder. Er senkt züchtig seine schönen langen Wimpern und sagt mit verlegenem Lächeln: »Ach nein, nicht jetzt, Johannes. Hier sind doch viel zu viele Leute.«

Hätte ich ihm wirklich das vorgeschlagen, was er damit allen in der Runde suggeriert hat, dann hätte er sich bereits seine Püppchenkleider vom Leib gerissen, läge nackt mitten auf dem Tisch und würde dafür sorgen, dass auch wirklich jeder hinsieht, aber das wissen sie ja nicht – und sein Ziel, mich zum Schweigen zu bringen und gleichzeitig zu blamieren, hat er erreicht. Nuria drückt mitfühlend meine Hand. Ich hab den schlimmen Verdacht, dass sie ein Kichern unterdrückt.

Cosmos Exaltiertheit nimmt eine neue Qualität an, so eine Mischung aus Größenwahn und Ich-liebe-euch-alle. Er scheint sich für den Allergrößten zu halten und ist über sich selbst fast zu Tränen gerührt, dass er sich in seiner allumfassenden Güte mit uns abgibt. Wie gewöhnlich garniert er diese Attitüde reichlich mit seinem naiven Kindchencharme, weshalb niemand so richtig angewidert zu sein scheint. Jeder andere würde mit derartigen Sprüchen eine blutige Nase riskieren, aber Cosmos Bonus scheint unbegrenzt zu sein. Ich bin der Einzige am Tisch, der mit einem ausgeprägten Brechreiz zu kämpfen hat.

Cosmo hält sich beim Trinken nicht im Mindesten zurück, aber komischerweise scheint er nicht betrunken zu werden. Ich kenne die Symptome bei ihm – sie bleiben aus. Ich teile diese Beobachtung mit Nuria, die das wiederum mit Alexandra bespricht, und die Rückmeldung lautet, es sei normal, dass man unter Koks mehr Alkohol verträgt. Na fein. Inzwischen zucke ich jedes Mal zusammen, wenn Cosmo sich eine Zigarette anzündet, weil ich befürchte, dass er mich wieder mit seinem Aschenbecher verwechseln könnte.

Unsere Runde reduziert sich allmählich. Zuerst verabschiedet sich der eine Künstler mit seiner Freundin, kurz darauf der andere. Dann muss auch Sebastian (endlich) los, worüber ich sehr erleichtert bin. Zumindest so lange, bis er sagt: »Aber vorher muss ich noch mal für kleine Jungs« – und es ist ja wohl keine Frage, welcher andere kleine Junge spontan genau dasselbe Bedürfnis hat. Irgendwie bin ich mir sicher, dass Cosmo sich mit dieser dritten Nase jetzt den Rest geben wird.

Auf dem Rückweg zum Haus unserer Gastgeber sitzt Cosmo mit mir im Fond und lässt seiner Anlehnungsbedürftigkeit freien Lauf. Wenn das überhaupt möglich ist, drängt er sich noch mehr auf als sonst. Es könnte natürlich auch sein, dass ich genervter bin als sonst.

Ich bin wütend auf ihn wegen der unzähligen kleinen und größeren Blamagen, die er mir im Laufe des Abends bereitet hat, vor allem aber, weil er mit Drogen rumexperimentiert, obwohl er genau weiß, was dabei rauskommt – die Sache mit Pixi ist schließlich noch nicht lange her. Und ich fühle mich total ausgelaugt und erschöpft, am Ende meiner Kräfte. Cosmo hat mich bis weit über meine Grenzen hinaus belastet, jetzt möchte ich nichts anderes mehr als schlafen und ausruhen. Aber ich hab so meine Zweifel, dass ich dazu kommen werde.

Als ich gähnend und mit vor Müdigkeit tränenden Augen aus dem Bad in unser Gästezimmer komme, steht Cosmo am Fenster und plappert sofort los: »Das schmeckt richtig geil, dieses Altbier, was? Warum heißt das eigentlich so? Ist das irgendwie älter als normales Bier? Also, gab's das schon vor dem Pils? Oder braucht das irgendwie länger, bis es fertig reift ist oder so was?« Und so weiter.

Ich gebe keine Antwort, sondern ziehe mich aus und krieche mit letzter Kraft ins Bett. Cosmo quatscht ohne Atempause weiter. Ich weiß nicht, was er redet, weil ich sofort einschlafe.

sa, 28.03.

Dann ist alles still, sogar die Kettensägenmusik ist verstummt

Keine Ahnung, wie lange ich geschlafen habe, jedenfalls steht Cosmo vollständig angezogen vor mir und rüttelt mich durch.

»Johannes! Johannes! Jetzt schlaf doch nicht, du Schnarchtasse!« Er macht ein paar Versuche, mich zu kitzeln. Ich wehre ihn kraftlos ab und murmele etwas, das ich selbst nicht verstehe.

»Ach, Mann!«, nölt Cosmo. »Du bist so dermaßen lahmarschig! Komm, jetzt steh auf, ich muss dir was zeigen.«

Ich drehe mich zur Wand und stöhne: »Lass mich in Ruhe! Ich will es nicht sehen!«

Cosmo kichert. »Nicht was du denkst. Ich will dir erst mal was anderes zeigen.«

Was immer ich auch tue, ich werde ihn jetzt nicht los. Mit einem bodenlosen Seufzer und halb geschlossenen Augen richte ich mich im Bett auf.

»Eine Überraschung!«, verheißt Cosmo schwungvoll. »Was ganz, ganz Tolles! Komm! Zieh dir was an!«

Was? Auch noch anziehen? Der spinnt ja. Ich sehe auf den Wecker und zetere: »Es ist fast vier Uhr! Was soll das, Cosmo? Ich bin total müde! Bastel dir ein Hamsterrad und lass mich pennen!«

Er wirft mir meine Hose ins Gesicht. »Jetzt sei nicht so senil, Mensch. Schlafen kannst du, wenn du tot bist.«

Fünf Minuten später folge ich ihm vollständig angezogen nach draußen. Nicht weil er mich mit seinen Ankündigungen neugierig gemacht hätte, auch nicht weil ich ihm eine Freude machen will – sondern bloß weil ich es für besser halte, ihn im Auge zu behalten. Ich trau ihm nicht bis zur nächsten Bordsteinkante.

Die Höhrather Straße liegt in genau jenem Tiefschlaf, nach dem ich mich verzweifelt sehne. Sogar Cosmo dreht seine Lautstärke ein bisschen runter. Er öffnet das Tor zu Gereons Garage und steuert zielstrebig auf den schicken, glänzenden, schwarzen BMW zu, der darin übernachtet. Und zwar, um genau zu sein, auf die Fahrertür. Die er mit der Fernbedienung eines Schlüssels bereits geöffnet hat, noch ehe ich »Hä?« sagen kann.

Mit einem behaglichen Stöhnen gleitet er auf den ledernen Fahrersitz. Ich bleibe verwirrt vor der Kühlerhaube stehen, worauf er mich ungeduldig auf den Beifahrersitz winkt. Automatisch gehorche ich und steige ein. Cosmo schiebt den Zündschlüssel ins Schloss, startet den Wagen und schaltet die Scheinwerfer ein. Ich bin noch zu verschlafen, um schnell genug zu reagieren. Erst als wir auf die nächtliche Straße rollen, finde ich die Sprache wieder.

»Cosmo!«, schreie ich hysterisch. »Was machst du da? Du kannst überhaupt nicht Auto fahren!«

Er zieht überlegen die Mundwinkel hoch. »Das siehst du doch, mein kleines Dummchen.«

»Das gehört dir nicht! Du klaust hier gerade ein Auto, du Idiot!«

Cosmo schnalzt mit der Zunge, als wolle er ein durchgehendes Pferd beruhigen. »Ich leihe es mir nur aus. Gereon hat nichts dagegen. Er vertraut mir. Mehr als du, scheint mir.«

»Hast du ihn gefragt?«, erkundige ich mich, wobei sich meine Stimme überschlägt.

»Das brauch ich nicht«, erklärt Cosmo überzeugt, »dafür muss ich ihn nicht aufwecken. Bis zum Frühstück steht sein Wagen ja wieder unversehrt in der Garage. Ich will nur mal sehen, wie schnell der ist.«

Ich stoße einen echten Angstschrei aus und umklammere den Türgriff, obwohl wir derzeit noch mit einer ziemlich überschaubaren Geschwindigkeit dahinrollen. Und wenn ich ehrlich sein soll, fährt Cosmo gar nicht so schlecht. Beim Anfahren hat es ein bisschen geruckelt, und für meinen Geschmack zieht er den Motor sehr hoch, bevor er in den nächsten Gang schaltet, aber sonst deutet nicht viel darauf hin, dass er noch nie im Leben eine Fahrstunde hatte. Außerdem sitzt er total glücklich hinter diesem Lenkrad. Ich habe nur selten einen solchen Frieden auf seinem Gesicht gesehen.

Wir überqueren die Brücke zwischen Wersten und Eller.

»Wo hast du denn fahren gelernt?«, frage ich. Es könnte sein, dass ich das hier bloß träume. Hoffentlich. Cosmo lächelt mich an, was mich umgehend wieder in Panik versetzt.

»Guck nach vorne«, japse ich, und das tut er auch, wenngleich mit Verzögerung.

»Piss dir nicht ins Hemd«, sagt er fröhlich. »Ich bin schon öfter gefahren. Und auf der Herfahrt hab ich noch mal meine Kenntnisse aufgefrischt und Nuria genau beobachtet.«

Ich seufze und starre verkrampft nach vorne. Dann fällt mir etwas ein, was mein Adrenalin sofort wieder zum Überkochen bringt: »Hör mal, du bist doch total bedröhnt! In diesem Zustand können noch nicht mal Leute *mit* Führerschein fahren!«

Cosmo wechselt die Fahrspur, ohne zu blinken oder in den Rückspiegel zu sehen.

»Ich kann alles«, belehrt er mich nachsichtig.

Wir schweigen ein paar Minuten, während Cosmo den Wagen durch das frühmorgendliche, dunkle Düsseldorf steuert.

»Was denkst du?«, fragt er dann.

»Ich stelle mir vor, wie du gleich von der Polizei angehalten wirst«, sage ich düster, »ohne Führerschein, betrunken, bekokst und zu schnell in einem geklauten Auto.«

Wenn es nicht einen ganzen Rattenschwanz negativer Konsequenzen für mich hätte, würde ich mir sogar wünschen, dass sie ihn schnappen.

»Du hast 'ne scheißnegative Ausstrahlung«, findet Cosmo. Dann fängt er an, bei mittlerweile gut achtzig Stundenkilometern am Autoradio rumzufummeln.

Ich nehme einen neuen Anlauf. »Cosmo, bitte – halt an. Bitte. Du fährst wirklich gut, aber jetzt ist es genug, ja? Guck mal, da vorne kannst du rechts ranfahren. Bitte!«

Er hört mir nicht zu, glaube ich. Er sucht einen Sender mit Musik, die seinen Geschwindigkeitsrausch unterstützt, und findet einen. Aus den teuren Boxen dröhnt eine satte Mischung aus Kettensäge und Schmiedehammer. Zufrieden tritt er das Gaspedal weiter herunter und ruft: »Der geht ab wie 'n Zäpfchen, was?«

Wir haben eine Autobahnzufahrt erreicht. Cosmo lenkt den BMW auf die A 52. Die Kurve ist steil, er gerät ins Schlingern. Ich schreie erneut auf. Cosmo kriegt den Wagen wieder unter Kontrolle, und mein Herz hämmert so heftig, dass es mir in der Kehle wehtut.

Obwohl auf der Autobahn deutlich mehr los ist als in der Stadt, geht Cosmo ohne weitere Umstände auf die linke Spur und gibt Gas.

»So, jetzt geht's los«, grinst er.

Ich beobachte die Tachonadel, die sich kontinuierlich nach rechts bewegt, und zittere mit ihr. Als wir zweihundertdreißig Stundenkilometer erreicht haben, stößt Cosmo ekstatische Freudenschreie aus und hüpft wie ein kleiner Junge auf dem Fahrersitz auf und ab.

»Da! Da! Guck dir das an!«, quietscht er und starrt fasziniert auf den Tacho statt auf die Straße.

Ich bete flehentlich, dass ich diese Fahrt überlebe, und mir laufen Tränen über das Gesicht. Vor uns schert ein Fahrzeug zum Überholen aus.

»Pass auf!«, brülle ich. Cosmo geht voll auf die Bremse und schafft es so gerade, dem anderen nicht ins Heck zu krachen.

»Idiot!«, flucht er. »Ist der besoffen oder was?« Er scheucht ihn mit der Lichthupe und einem Abstand von höchstens drei Zentimetern von der Spur. Zum Abschied zeigt er ihm den Mittelfinger. Dann lehnt er sich befriedigt zurück und tritt das Gaspedal wieder durch.

Ich werfe einen verzweifelten Blick auf die Tankanzeige – und schöpfe neue Hoffnung. Wir fahren auf Reserve! Erst schicke ich ein kleines Dankgebet ab, dann sage ich: »Also, entweder musst du bald irgendwo tanken gehen, oder wir fahren zurück.«

Jetzt guckt auch Cosmo auf das Display. Er verzieht missmutig das Gesicht und haut mit der flachen Hand aufs Lenkrad. »Fuck!«

Ich vermute, das bedeutet, dass er umkehren wird. Meine Atmung wird regelmäßiger. Die nächste Ausfahrt ist Schiefbahn. Cosmo hält nichts vom Blinken – er weiß ja, wo er hinwill –, deshalb bleibe ich bis zur letzten Sekunde über seine Absichten im Unklaren, aber er reißt das Steuer nach rechts und verlässt die Autobahn. Auch diese Kurve hat er unterschätzt, er muss eine Vollbremsung machen und gerät ins Schlingern, wobei die Reifen schrill quietschen. Ich sehe die Leitplanke seitlich auf uns zurasen. Wir holpern über die Grasnarbe. Aber irgendwie schafft er es, das Auto wieder in die Spur zu kriegen. Ich schließe für einen Moment die Augen.

Als ich das nächste Mal zu Cosmo rübergucke, sieht er wütend aus. Es läuft nicht mehr nach seinem Plan. Er muss zurück, weil der Tank bald leer ist, und dann hätte er beinahe die Kurve nicht gekriegt. Ich gestehe: Wütend jagt er mir noch mehr Angst ein als so verzückt wie vorher.

Wir fahren jetzt auf einer schmalen, geraden, ereignislosen Landstraße in Richtung Neuss/Kaarst, also ungefähr dorthin, woher wir gekommen sind, und zwar mindestens mit dem Doppelten der erlaubten Geschwindigkeit. Inzwischen laufen nicht mehr nur einzelne Tränen über mein Gesicht, sondern ganze Ströme, und ich gebe mir auch keine Mühe mehr, mein Schluchzen zu unterdrücken. Ich glaube nicht, dass ich schon mal solche Todesangst hatte – jedenfalls nicht so anhaltend und lange.

Cosmo wirft mir einen schnellen Seitenblick zu und macht ohne Vorwarnung eine Vollbremsung. Hupend überholt uns ein roter Kleinwagen, zum Glück das einzige Fahrzeug weit und breit. Wir stehen mitten auf der Fahrbahn im dunklen Schiefbahner Nichts.

»Scheiße, was ist mit dir los?«, fragt Cosmo wütend. »Ist dir schlecht oder was?«

Ich schüttele schniefend den Kopf und finde ein Päckchen Taschentücher im Ablagefach der Seitentür. Nachdem ich mir die

Nase geputzt habe, sage ich: »Ich hab Angst. Ich will nach Hause.« Vielleicht klingt das unreif, aber ich sag bloß die Wahrheit.

Cosmo umklammert das Lenkrad, starrt mit zusammengezogenen Brauen geradeaus und ärgert sich. »Verdammt, Johannes«, faucht er. »Du bist die beschissenste Spaßbremse, die ich kenne! Mit dir kann man das Leben wirklich überhaupt kein bisschen genießen!«

Er legt den ersten Gang ein und startet, mit heulendem Motor und quietschenden Reifen, wie ein armseliger Proll in einem tiefergelegten Opel. Nach vierhundert Metern sagt er: »Und jetzt hör auf zu heulen, ich kann das nicht ab! Wir fahren ja nach Hause!«

Vor uns taucht das rote Auto wieder auf, das Cosmo vorhin ausgebremst hat.

»Da ist das Arschloch, das mich angehupt hat«, verkündet er streitlustig. »Na warte. Blöder Penner.«

Er beschleunigt weiter, bis er zum Anfassen dicht dahinter ist, dann setzt er zum Überholen an. Ich schließe die Augen und mache sie auch nicht auf, als ich höre, wie erneut Reifen quietschen, als ich heftig durchgerüttelt werde, als wir plötzlich eine komplett andere Richtung einzuschlagen scheinen und als Gereons BMW mit einem Knirschen, Splittern und Krachen jäh ausgebremst wird. Dann ist alles still, sogar die Kettensägenmusik ist verstummt.

Jetzt würde ich meine Augen gern öffnen, aber jetzt kann ich es nicht mehr.

*

Mit einem komischen, schwindligen Gefühl, als wenn man über den Scheitelpunkt einer Achterbahn fährt, komme ich zu mir. Das Erste, was ich wahrnehme, sind Schmerzen. Dann höre ich ein herzzerreißendes Schluchzen. Ich versuche, mich zusammenzunehmen – hat Cosmo nicht gesagt, er kann das nicht ab, wenn ich heule? –, aber so sehr ich mich auch bemühe, das Schluchzen hört nicht auf. Außerdem höre ich nun noch eine Art flüsterndes Wimmern: »Nicht sterben! Nicht sterben! Du darfst jetzt auf keinen Fall sterben! Bitte!«

Das kommt gar nicht von mir. Ich würde echt gern die Augen aufmachen, warum ist das so schwer? Es fühlt sich an, als wären meine Lider zusammengeklebt. Das muss Cosmo sein, den ich da höre, und ich muss unbedingt wissen, was mit ihm los ist. Ist er verletzt? Braucht er Hilfe? Mit beispielloser Anstrengung schaffe ich es doch irgendwie, meine Augen zu öffnen, und sehe direkt in Cosmos Gesicht, das voller Blutspritzer, Tränen und Dreck ist. Er beugt sich vom Fahrersitz aus über mich.

»Johannes!«, keucht er. »Geht's dir gut?«

Das ist unter diesen Umständen eine originelle Frage, aber ich kann jetzt leider nicht darüber lachen.

»Bist du verletzt?«, frage ich zurück.

»Ich glaub nicht«, sagt er. »Und was ist mit dir? Du blutest total doll!«

Ich versuche, die Schmerzen zu lokalisieren. Eins der zahlreichen Zentren scheint in meinem rechten Bein zu liegen, ein anderes im Stirnbereich; die übrigen sind großflächig verstreut.

»Mir tut einiges weh«, sage ich vage.

Cosmo fummelt an meinem Sicherheitsgurt herum und flucht. »Der klemmt! Ich krieg den nicht raus!«

Ich drehe mühsam den Kopf in seine Richtung, und er starrt mich verzweifelt an.

»Scheiße! Du brauchst 'nen Krankenwagen! Du siehst beschissen aus! Johannes, halt durch, ja? Nicht sterben! Bitte!« Er fängt wieder an zu heulen.

Ich kann nicht behaupten, dass ich mich getröstet fühle.

»Mein Handy«, sage ich, obwohl mir das Sprechen Mühe bereitet. »Hosentasche.«

Er quetscht seinen Arm zwischen die Sitzlehne und meinen Rücken und grapscht an meinem Hintern rum, wobei er nicht einen einzigen lüsternen Gedanken zu haben scheint – was wirklich alarmierend ist. Ich versuche, ihm den Zugriff auf meine Hosentasche ein bisschen zu erleichtern, aber jede Bewegung tut so erschütternd weh, dass ich es aufgebe.

»Ich komm nicht ran«, jault er, aber schließlich schafft er es doch. Er guckt das Handy an, dann mich, dann sagt er: »Was muss ich denn wählen?«

Wo hat er gesteckt, als der liebe Gott Reife, Verantwortungsbewusstsein und umsichtiges Handeln verteilt hat? Wahrscheinlich auf dem Klo, beim Koksen mit Sebastian. Ich flüstere »Eins-eins-zwei« und verliere erneut das Bewusstsein.

do, 02.04.

Ich glaube nicht, dass er meine Hand ein einziges Mal losgelassen hat

Die nächsten Tage pendele ich zwischen kurzen Wachmomenten und einem schwarzen Vakuum hin und her. Wenn ich zu mir komme, sitzt meistens Nuria an meinem Bett, manchmal Gereon, manchmal Esther – und immer Cosmo. Ich glaube nicht, dass er meine Hand ein einziges Mal losgelassen hat. Möglicherweise hat er sich sogar eine Urinflasche bringen lassen. Stets hat er diesen verzweifelten, vor Einsamkeit frierenden Ausdruck in seinen Augen, und ich möchte ihn trösten, aber ich bin zu schwach zum Sprechen, und die Schmerzen sind noch schlimmer geworden. Es ist eine Erleichterung, wieder in das schwarze Loch zu gleiten, auch wenn es mir wehtut, Cosmo allein zurückzulassen.

di, 07.04.

Dann hat es sich gelohnt

Heute gelingt es mir erstmals, mehrere Stunden bei Bewusstsein zu bleiben. Auch ein bisschen Kommunikation ist wieder möglich. Nachdem Cosmo mir erzählt hat, was in der Zwischenzeit passiert ist und was für ein Riesenärger ihm bevorsteht – wegen des zu Schrott gefahrenen Autos, wegen der elenden Blutprobe, die ihm die Polizei hat entnehmen lassen, und so weiter –, fragt er mich mit ängstlichem Blick: »Wenn du wieder aufstehen kannst, verprügelst du mich dann wieder?«

Ich denke darüber nach. »Wahrscheinlich schon.«

Cosmo lässt den Kopf hängen. Es ist nicht auszuschließen, dass er dieses Gespräch ernst nimmt. »Auch wenn ich 'ne Therapie machen würde?«, fragt er dann ganz leise.

Ich glaube zunächst, ihn falsch verstanden zu haben. Aber er guckt mich auf diese typische Weise an, schräg von unten und ängstlich-erwartungsvoll. Mein Pulsschlag beschleunigt sich. Ist das jetzt der Moment, auf den ich warte, seit ich ihn kenne? Hat er tatsächlich endlich kapiert, dass es so nicht weitergehen kann? Dann hat es sich gelohnt. Meine zertrümmerte Kniescheibe, mein Loch im Kopf, meine gebrochenen Rippen – es hat sich gelohnt.

»In diesem Fall«, sage ich, »würde ich die Prügel für drei Jahre zur Bewährung aussetzen. Aber das machst du doch sowieso nicht. Das ist doch bloß wieder so eine leere Versprechung.«

Cosmo schüttelt heftig den Kopf und reißt vor lauter Aufrichtigkeit weit die Augen auf. »Nein! Ich würd das echt machen. Wenn du willst.«

Als ob ich an meinem Willen jemals auch nur den kleinsten Zweifel gelassen hätte! Ich probiere aus, ob ich noch lächeln kann – das hab ich seit dem Unfall nicht mehr getan. Es gelingt, auch wenn es ein bisschen wehtut.

»Ich hab nämlich 'nen Deal gemacht«, erklärt Cosmo, »mit Gott, als der seine besch…, mpf, seine Finger nach dir ausgestreckt hat: Wenn ich dich behalten darf, mach ich 'ne Scheißtherapie. Glaubst du, das war okay?«

 T. A. WEGBERG wollte eigentlich Psychiater werden, scheute aber vor den obligatorischen Tierversuchen zurück und studierte stattdessen Germanistik und Anglistik. Er lebt als freier Autor, Übersetzer und Lektor in Berlin und arbeitet ehrenamtlich als Online-Berater für Jugendliche. 2009 erschien sein mehrfach preisgekröntes Debüt MEMORY ERROR bei Rowohlt, GRENZVERLETZUNGEN ist sein sechster Roman.

T. A. Wegberg
GRENZVERLETZUNGEN
*Eine Geschichte über Borderline,
Freundschaft und Abhängigkeit*

ISBN 978-3-86265-500-7
© Schwarzkopf & Schwarzkopf Verlag GmbH, Berlin 2015
Alle Rechte vorbehalten. Dieses Werk ist urheberrechtlich geschützt. Jede Verwendung, die über den Rahmen des Zitatrechtes bei korrekter und vollständiger Quellenangabe hinausgeht, ist honorarpflichtig und bedarf der schriftlichen Genehmigung des Verlages. | Lektorat: Anne Tröst

KATALOG
Wir senden Ihnen gern kostenlos unseren Katalog.
Schwarzkopf & Schwarzkopf Verlag GmbH
Kastanienallee 32, 10435 Berlin
Telefon: 030 – 44 33 63 00
Fax: 030 – 44 33 63 044

INTERNET | E-MAIL
www.schwarzkopf-schwarzkopf.de
info@schwarzkopf-schwarzkopf.de